什么是金融

The HBR Guide to Thinking Smart about the Numbers

哈佛商学院金融课

HOW FINANCE WORKS

[美] 米希尔·德赛（Mihir Desai）著/高源 译

中信出版集团 | 北京

图书在版编目（CIP）数据

什么是金融 / (美) 米希尔 · 德赛著 ; 高源译. --
北京 : 中信出版社, 2021.1（2025.11重印）
书名原文: How Finance Works
ISBN 978-7-5217-1632-0

Ⅰ. ①什… Ⅱ. ①米… ②高… Ⅲ. ①金融学–研究
Ⅳ. ①F830

中国版本图书馆CIP数据核字（2020）第035854号

什么是金融

著　者：［美］米希尔 · 德赛
译　者：高源
出版发行：中信出版集团股份有限公司
（北京市朝阳区惠新东街甲4号富盛大厦2座　邮编　100029）
承 印 者：三河市中晟雅豪印务有限公司

开　本：787mm × 1092mm　1/16　　印　张：26　　字　数：268千字
版　次：2021年1月第1版　　印　次：2025年11月第8次印刷
京权图字：01-2020-5073
书　号：ISBN 978-7-5217-1632-0
定　价：88.00元

致

帕尔瓦蒂、伊拉、米娅和蒂娜

目 录

3 • 金融生态系统

理解资本市场的参与者，内在逻辑和运行机制。

4 • 价值创造的来源

风险、资本成本，以及价值的来源。

5 • 估值的艺术与科学

如何估算一栋房屋、一项教育投入、一个项目或一家公司的价值？

6 • 资本配置

CEO 和 CFO 如何做出重要决策？

推荐序

非常高兴地看到米希尔·德赛教授的著作 *How Finance Works* 的中译本《什么是金融》即将与中国的读者见面。我在 2014—2017 年间曾担任清华 - 哈佛 - 中欧三校合作的全球高管发展课程的联席学术主任，而米希尔·德赛教授一直为该项目讲授金融课程。他的课程无论从选题上还是讲授方式上都深受学生们的好评。这本书正是以他在哈佛讲授的金融课程为基础撰写的。可以说，读这本书时，读者可以产生一种身临哈佛课堂的感觉。

确切地说，这是一本关于公司金融的非典型著作。之所以说它“非典型”，是因为作者没有遵循一般公司金融书籍的框架和体例。读者可能会想，一般公司金融书籍的框架和体例是怎样的呢？通常而言，会分成三个部分：投资、融资和分红。这很自然，因为怎么赚钱、怎么筹钱、怎么分钱是公司金融面临的三大决策。读者也许不容易从这本书中找到这三大主题。其实，这本书同样讨论了这三个问题，但是它换了一种逻辑。

德赛教授以一个通过财务指标来猜公司所处行业的“游戏”为切入

点，开始了他的讲述。通过这个过程，德赛教授让我们在一个更加宏观的背景下将财务指标和公司的业务联系在一起。这样的开头很像一本会计书。不过，德赛教授紧接着就引出了金融世界的主角——现金流。但是他并没有单纯地讲解概念、定理和计算，而是引导读者去思考一些非常重要的深层次问题——金融为什么不能简单一些？价值是如何被创造出来的？这些问题在一般的公司金融书籍中都是较少涉及的。它们看似对于学习“知识”不太有用，却是帮助读者建立金融思维的非常重要的基础。

说到金融思维，我想多说两句。我本人这些年来花了比较多的时间帮助大众建立财务思维，我说“人人都需要财务思维”，因为无论是在企业里工作，还是在日常生活中理财，甚至选择去哪家公司应聘，其中都有财务思维的影响。我把财务思维分为两个层级，第一个层级是明白经济活动与财务数据的关系，第二个层级是能够用财务的逻辑去思考商业问题。我常跟我的学生们说，金融和会计联系紧密，在国际的学科排名中，通常会把“会计与金融”作为一个学科。但是这样联系紧密的两个领域，致力于解决经济活动中的不同问题。会计解决信息不对称问题，金融解决不确定性问题。我们在经济活动中遭遇的各种复杂局面往往与这两个问题相关。比如，正是因为不确定，做决策才成为重要而艰难的事情，也正是因为不确定，商业活动才充满风险；信息不对称在商业世界中无处不在，正是因为人与人之间信息不对称，才需要进行信息披露，这就产生了会计，也正是因为信息不对称，才需要对会计进行监管，于是有了会计准则，需要对信息进行审计，等等。

如果说解决信息不对称问题的会计让我们通过其提供的信息从更宏观、更深入的角度理解企业的业务和商业活动，那么解决不确定性问题的金融是让我们在一个充满不确定的世界中学会理解、利用和管理不确定性。当今社会，几乎没有人能完全脱离经济活动，因此，每个人都应该具备一点儿财务思维和金融思维。也正是因为信息不对称的存在，企业向投资者融资的过程中才需要信息披露，投资者也需要对信息进行鉴别、传播和解读的种种信息中介；另一方面，管理不确定性需要金融工具和专业技能，各种金融机构也就应运而生了；同时，对于作为融资和信息披露方的企业、使用他人资金进行投资的投资者，以及作为第三方的信息中介和金融中介，都需要进行必要的监管。于是，金融系统就成为了一个非常复杂的系统。

估值是公司金融课程中必然涉及的重要内容。德赛教授的著作当然也讨论了估值问题，但是他并未把大量的笔墨放在教读者如何预测未来现金流、如何计算贴现率，以及如何使用各种估值模型上，而是更多地探讨价值的来源、估值中的艺术问题。在这一点上我非常赞同。我们都知道，估值过程中有太多的主观判断，如果说通过那些看似科学、准确的估值模型就能把企业的价值准确评估出来，金融早就完全被机器人替代了。如果我们不理解价值是如何被创造出来的，再熟练地使用估值模型都不能真正解决投资决策问题。

德赛教授的书中有一句话："价值创造的必要条件在于击败资本成本。"那么资本成本是什么呢？它是投资者要求的回报率，而投资者为什么要求这样一个回报率呢？用更通俗的角度来理解，这个资本成本就是行业的平均回报率。这样一来，问题就变得很清楚了，“价值创造的必要条件是打败平均”。也就是说，你要比“普通”做得好，你要成为中上游。那些行业中下游的企业，无论是否通过复杂的估值模型计算出一个较高的估值，都不能改变其毁灭价值的真实状况。因此，我在教学中经常说，估值是科学，更是艺术；估值需要定量计算，更需要有效的定性分析。进行投资决策，更重要的是进行有效的竞争力分析，判断企业是否能够达到“中上游”水平，在行业中是否在某一方面具有竞争优势，而不是急于进行模型的计算。甚至可以说，模型是用来“说事”的，真正的投资决策靠竞争优势分析。也正是因为如此，我在我的财务分析课程中花大量的时间教学生如何通过看似只能描述“历史”的财务数据判断企业“未来”的竞争优势。

因此，德赛教授的著作是难得的站在一个更高、更深刻的视角讲述公司金融的一本书。对于那些真正希望学到公司金融精髓的读者来说，这本书可以为你打开一扇能够深入其中一探究竟的大门。也许书中对一些细节技术问题的描述稍显简略，但是那些内容已经有大量书籍涉及了。很多时候，在我们急于学习细节的技术、工具和方法之前，先停下来，俯瞰全局、理清脉络往往能让你事半功倍。

肖　星

清华大学经济管理学院教授、会计系系主任

前言

对许多人来说，金融笼罩着一层神秘的色彩，让人望而却步。这种令人遗憾的印象并非偶然产生，因为许多金融从业者热衷于让自己从事的工作显得高深莫测以吓退局外人。但你如果想要在事业上有所成就，就必须对公司金融有更深层次的了解。公司金融是商业的语言，是经济运转的血液，其作用正日益增强，成为主导资本扩张的核心力量。因此，那种寄希望于在公司会议上凭借若有所思地点头蒙混过关，而忽略学习公司金融知识的行为已经难以为继。

不过好消息是，你可以选择不理会数据建模或衍生品定价等错综复杂的知识，只学习公司金融的核心要义。本书的目的就在于向读者介绍公司金融的核心理念，让你在面对它时不再心生畏惧。掌握公司金融的核心要义，并不是为了让你成为金融工程师，这个世界其实也不需要那么多金融工程师。当你理解公司金融的核心理念并融会贯通后，你会有十足的信心和好奇心解决遇到的相关问题，并在余生中受益。

撰写本书的念头萌生于我的执教生涯，我曾给本科生、MBA（工商管理硕士）学员、法学院学生以及公司高管等众多不同背景的学生讲授过公司金融课程。在过去 20 年的教学实践中，我着重强调表格、曲线图以及真实世界的案例，而不是公式和单纯的数值案例，因为我一直希望能在不使用非必要的复杂概念和工具的前提下，将问题的本质解释清楚。在实践过程中，我找到了无须执着于过于精准的数字又能保持逻辑严密性的可行方法。我将在本书接下来的章节中践行这一方法。

阅读本书的前提

在我父亲职业生涯的大部分时间里，他都在为医药公司从事亚洲和美国市场的营销工作。58 岁那年，他转向金融行业，开启了长达十余年的回报颇丰的第二段职业生涯。他把之前对行业的深入理解和后来涉猎的金融专业知识结合起来，成为一名股票分析师。但这条路他走得十分不易。

在父亲的转型时期，我是一名分析师、研究生，后来我又以年轻教授的身份在华尔街学习金融。我们经常深入沟通，因为对于他不懂的金融问题，父亲常常需要从我这里获取答案，这一切对他来说都是全新的。在我向他解释市盈率、现金流折现法等专业知识的过程中，他向我展示了好奇心与恒心的力量，正是这种力量使他成功实现了事业转型。

阅读本书唯一的前提条件就是拥有这两种品质：好奇心和恒心。只要对公司金融抱有足够的好奇心，你脑中不断萌生的问题就会带领你如饥似渴地学习所有章节。而有了百折不挠的恒心，你一定会理解书本中的知识，积跬步以至千里，最终发现自己对公司金融有了更深入的了解，并掌握了可以受用终身的工具。我希望你能发现这一切是必需的，而且值得为之付出努力。

本书的受众群体

本书适合所有想要对公司金融加深理解的读者。公司金融初学者可以在这里获取构建相关知识体系大厦的基石，夯实根基，或者至少可以尝试开口谈论与公司金融相关的内容。对于了解公司金融的人，“纸上谈兵”比付诸行动要容易得多，但公司金融的核心思想却并不容易提炼，本书会为他们提供一个不需要生搬硬套理论和术语就能加深专业理解的机会。雄心勃勃的高管们将在与金融专家及投资者的互动中用上从本书中学到的内容，使彼此的沟通更加富有成效。

阅读路线图

你可以在想要学习时或者在工作中遇到问题时翻开这本书，把它当作参考书。但是本书的章节设置是经过精心设计的，读者们最好从头至尾按顺序阅读。章节之间有着内在的逻辑关系。

第1章：财务分析

我们将从公司金融的基础部分——财务分析着手，你将在这个部分接触公司金融的语言。怎样利用历史财务数据来评价公司的表现？表格中的比率和数字究竟有什么含义？我将用一个具有挑战性但又很有趣的游戏，让你了解众多财务比率在真实世界中的关系。我刻意将第 1 章的内容单独作为一章。本章需要读者亲自参与游戏的过程，它是前言部分的拓展，也是学习后面章节的预热环节。

第2章：财务视角

很多人误以为财务分析和比率分析就是公司金融的全部内容。实际上，这些只是九层之台的奠基之土。为了解释清楚这一点，我们先明确了财务视角的两个基础理念：现金流比利润更重要；未来比过去和现在更重要。收益的真实来源是哪里？会计信息为什么可能是不可靠的？如果未来如此重要，那么我们如何基于未来现金流评估当下的价值？

第3章：金融生态系统

充斥着对冲基金、激进型投资者、投资银行以及分析师的金融生态系统，似乎令人困惑且看不透，但是，作为一位管理者和致力于对公司金融有所了解的人，你必须了解金融体系如何运行。我们在这一章将尝试回答两个问题：金融体系为何如此复杂？它可以有更简单的组织方式吗？

第4章：价值创造的来源

金融领域最重要的问题无外乎价值的产生和计量。我们将以第 2 章介绍的工具为基础，进一步回答以下问题：价值是怎样产生的？价值创造究竟意味着什么？什么是资本成本？如何衡量风险？

第5章：估值的艺术与科学

估值是做所有投资决策前的重要环节。在这一章，我们将探索估值是怎样融合科学和艺术的，并为估值的科学和艺术属性勾勒出轮廓。如何确认一家公司的价值？什么是值得投资的项目？我们如何避免估值中常见的错误？

第6章：资本配置

最后，我们将着手解决几乎所有公司的财务经理都要面临的基础问题——结余的现金要拿来做什么。这一章会整合前面所有章节涉及的知识。你应该投资新的项目吗？应该将现金分配给股东吗？现金应该怎样分配？

迈向公司金融领域的向导

有 5 位专业人士将自始至终地陪伴我们度过阅读本书的旅程，他们的实务视角和经验是本书理论框架的必要补充。我选择了第 3 章介绍的金融体系中不同领域的角色，他们会分别提供独特的视角。

两位 CFO（首席财务官）代表公司，两位投资者分别代表个人投资者和机构投资者，一位股票分析师（正是我父亲的职业角色）占据金融体系的中间位置。

第一位 CFO 是劳伦斯·德布鲁，喜力公司的 CFO。喜力公司是一家产品销售遍布全球 100 多个国家和地区的跨国企业。德布鲁毕业于法国一所商学院，在经历了投资银行的工作后，最终决定前往实业公司继续拼搏。由于有担任数家公司 CFO 的职业经历，她是一位绝佳向导，她将指导我们思考全球众多公司是如何投资以及与资本市场打交道的。

第二位 CFO 是保罗·克兰西，渤健公司的前任 CFO，在此之前，克兰西曾在百事公司工作数年。他在如何为创新和研发活动筹集资金方面提供了非常有价值的观点。

第一位投资者是艾伦·琼斯，他是摩根士丹利投资银行私募股权部门的全球负责人。琼斯及其团队寻找价值被低估的公司，并受客户的委托购买价值被低估的股票。

第二位投资者是 Scopia 资本（Scopia Capital）的联合创始人——杰里米·明迪奇。明迪奇最初是一名记者，但很快意识到自己深入挖掘公司的能力可以使自己在金融领域取得成就。经历了很多不同类型的对冲基金工作后，他与合伙人共同创建了Scopia资本。如今，这家位于纽约的对冲基金已经管理了数十亿美元的资金。作为对冲基金经理，明迪奇不断地评估各种公司，判断它们的价值是被高估了还是被低估了。

以上两位投资者将向读者解读他们如何评估公司，如何为其定价，进而通过自己的投资行为创造价值。

第五位专家是曾在股票研究机构伯恩斯坦工作的阿尔贝托·莫尔。莫尔经常与被研究公司的CFO和CEO（首席执行官）沟通交流，并根据自己的研究结果向投资者做推荐。他将向我们展示分析师是如何研究公司，判断公司内部状况，确定它们的价值，并最终成为连接以德布鲁和克兰西为代表的公司方面和以琼斯、明迪奇为代表的投资者方面的桥梁与纽带的。

以上诸位将合力为我们展现真实世界的观点，帮助读者理解如何在实践中使用从本书中学到的理论。对实践应用的指导也将贯穿本书，我将其作为每个章节的总结，并称之为“理论联系实际”。“思考”部分是与章节内容相关的问题集合，另外，每章都以包含了其中所有相关内容的“小测验”作为结尾。

接下来，让我们从一个小游戏开始吧。

1.

财务分析

在分析的过程中理解比率，学会利用比率分析公司的业绩表现。

为了帮助阅读本书的读者建立财务思维，我们先来做一个小游戏。这个游戏将通过介绍如何用数字评估公司业绩（财务分析的关键环节），让读者窥探财务世界的一角。财务分析为CFO、企业高管、投资者以及银行家等财务专家需要回答的很多基础问题给出了答案，这些看似简单的基础问题直指一家公司的业绩、可持续性及发展潜力的核心。

财务分析不仅仅是会计核算。在本章里，我们不会赘述会计核算机制（比如借贷关系），但将围绕以会计数据为基础的财务比率来构建财务思维。通过在游戏过程中使用财务比率，通过用同样的方式对比不同的数据，你会逐渐加深理解并建立起对公司业绩来源的初步印象。

将资金借给一家公司的安全性如何？成为一家公司的股东将会获得怎样的经济收益？这家公司为你提供了多大价值？这些问题都可以通过分别观察相关数据来回答。财务比率提供了一种比较不同公司数据的方法，使得原本没有特殊含义的数字具有价值。在接下来的游戏中，你仅仅依靠一系列比率就可以辨别14家企业所属的行业。在理解了这一点后，你就可以利用刚刚学习到的知识来分析公司在给定时间段内的业绩变化，体会数字是如何描述公司的兴衰起伏的。

游戏现在开始！

理解数字的含义

请看表 1–1，本章内容将围绕这张表格展开。表格中列出了 14 个真实存在的来自不同行业的公司，呈现在每一列里的是每个公司在 2013 年度的财务数据和一系列财务比率。所有公司均被隐去名称，这是游戏的需要。随着学习的深入，通过挖掘每家公司财务比率的特点，你会在将匿名公司与实际公司匹配在一起的过程中建立初步的财务思维。

表 1–1 自上而下分为三部分。第一部分代表了一家公司的资产分布情况，包括持有的现金、固定资产以及存货等。第二部分显示了公司积累以上资产所需要的资金到底从何而来，是来自外部借款，还是从所有权人或股东处筹集资金。最后一部分是一系列用于评价业绩表现的财务比率，财务比率可以使我们抛开一家公司所拥有的资产或者为购买资产所使用的具体融资方式等而进行比较。有时候你可能认为，财务人员喜欢将所有财务数据组合在一起相除，似乎目的只是让我们感到困惑，但事实并非如此。孤立地看数字并没有意义，相比较而言，财务比率更有解释力（比如，1 亿美元的利润总额究竟是好是坏？如果不与收入进行对比，我们无法得出结论）。

表 1-1 分辨行业的游戏

资产负债表（用百分比表示）	A	B	C	D	E	F	G	H	I	J	K	L	M	N
资产														
现金及有价证券	35	4	27	25	20	54	64	9	5	16	4	2	16	7
应收账款	10	4	21	7	16	12	5	3	4	26	6	2	2	83
存货	19	38	3	4	0	1	0	3	21	17	21	3	0	0
其他流动资产	1	9	8	5	4	4	6	6	2	4	1	2	5	0
固定资产（净值）	22	16	4	8	46	7	16	47	60	32	36	60	69	0
其他资产	13	29	37	52	14	22	10	32	7	5	32	31	9	10
总资产*	100	100	100	100	100	100	100	100	100	100	100	100	100	100
负债和股东权益														
应付票据	0	0	8	3	5	2	0	0	11	0	4	4	1	50
应付账款	41	22	24	2	6	3	2	8	18	12	13	2	6	21
应计项目	17	15	8	1	5	3	3	9	4	5	5	1	6	0

（续表）

资产负债表（用百分比表示）	A	B	C	D	E	F	G	H	I	J	K	L	M	N
其他流动负债	0	9	9	9	6	18	2	7	11	10	4	2	12	3
长期债务	9	2	11	17	29	9	10	33	25	39	12	32	16	13
其他负债	7	17	17	24	38	9	5	18	13	10	7	23	22	4
优先股	0	15	0	0	0	0	0	0	0	0	0	0	0	0
普通股	25	19	23	44	12	55	78	25	17	24	54	36	38	10
负债和股东权益总计*	100	100	100	100	100	100	100	100	100	100	100	100	100	100
财务比率														
流动资产/流动负债	1.12	1.19	1.19	2.64	1.86	2.71	10.71	0.87	0.72	2.28	1.23	1.01	0.91	1.36
现金+交易性金融资产+应收账款/流动负债	0.78	0.18	0.97	2.07	1.67	2.53	9.83	0.49	0.20	1.53	0.40	0.45	0.71	1.23
存货周转率	7.6	3.7	32.4	1.6	NA	10.4	NA	31.5	14.9	5.5	7.3	2.3	NA	NA
应收账款回收期（天）	20	8	63	77	41	82	52	8	4	64	11	51	7	8 047
总负债/总资产	0.09	0.02	0.19	0.20	0.33	0.11	0.10	0.33	0.36	0.39	0.16	0.36	0.17	0.63

（续表）

资产负债表（用百分比表示）	A	B	C	D	E	F	G	H	I	J	K	L	M	N
长期债务/总资本	0.27	0.06	0.33	0.28	0.70	0.14	0.11	0.57	0.59	0.62	0.18	0.47	0.29	0.56
收入/总资产	1.877	1.832	1.198	0.317	1.393	0.547	0.337	1.513	3.925	1.502	2.141	0.172	0.919	0.038
净利润/收入	−0.001	−0.023	0.042	0.247	0.015	0.281	0.010	0.117	0.015	0.061	0.030	0.090	0.025	0.107
净利润/总资产	−0.001	−0.042	0.050	0.078	0.021	0.153	0.004	0.177	0.061	0.091	0.064	0.016	0.023	0.004
总资产/股东权益	3.97	2.90	4.44	2.27	8.21	1.80	1.28	4.00	5.85	4.23	1.83	2.77	2.66	9.76
净利润/股东权益	−0.005	−0.122	0.222	0.178	0.171	0.277	0.005	0.709	0.355	0.384	0.117	0.043	0.060	0.039
息税前利润/利息费用	7.35	−6.21	11.16	12.26	3.42	63.06	10.55	13.57	5.98	8.05	35.71	2.52	4.24	NA
息税折旧摊销前利润/收入	0.05	0.00	0.07	0.45	0.06	0.40	0.23	0.22	0.05	0.15	0.06	0.28	0.09	0.15

注：在资产、负债和股东权益中，每一列的总数已四舍五入为100。

来源：《未指明行业的案例，2013》之案例214–028，波士顿：哈佛商学院，2013。作者：米希尔·德赛、威廉·E. 弗鲁汉、伊丽莎白·A. 迈耶。

表 1–2 列出了部分行业和这些行业的代表公司。你可以看到，这些公司全都是所在行业中的翘楚。

表 1–2 游戏中需要分辨的行业和公司

行业	公司名称
航空业	美国西南航空公司
连锁书店	邦诺
商业银行	花旗银行
计算机软件开发	微软
连锁百货商场（拥有自有品牌的赊账卡）	诺德斯特龙
电力和天然气公司（80%的收入来自电力销售，20%的收入来自天然气销售）	杜克能源
线上“工厂至顾客”个人计算机供应商（50%以上收入来自公司客户，绝大多数制造环节外包）	戴尔
线上零售商	亚马逊
包裹递送服务	UPS（联合包裹速递服务公司）
制药公司	辉瑞
连锁餐厅	百胜
连锁零售药店	沃尔格林
连锁食品杂货店	克罗格
社交网络服务	脸书

表 1–1 里有 406 个数字，让人忍不住想打退堂鼓。其实很多数字现在还没有什么意义，不必惊慌。我来快速解释每一列数字的含义——总资产、负债和股东权益总计两行数字全都是 100，它们代表了前两部分某一列所有数字的总和。表格中列出的公司，虽然规模各异，但这些数

字代表了资产和资金来源的百分比。因此，在四舍五入后，每一列数字的和都是100。

为了给你的分析再提供一些帮助，表1–3给出了一张通用的资产负债表和取自星巴克（全球连锁零售集团）2017年度报告中对应的数据。在表1–3（b）中，资产负债表左半部分的“资产”列出了星巴克所拥有的资产，而右半部分的“负债和股东权益”则给出了获取左端资产所需要的资金的来源。在你个人的资产负债表上，衣服、洗衣机、电视、手机、房屋等都是你的资产。你背负的任何债务都可能是一项负债，两者的差额就是你的股东权益。股东权益、净资产、普通股是含义相同的等价术语。

表1–3 资产负债表（简化版）

（a）资产负债表

资产：一家公司拥有的财产	**负债和股东权益：购买资产的融资方式**
流动资产	流动负债
现金	应付账款
应收账款	其他流动负债
存货	非流动负债
其他流动资产	长期债务
非流动资产	其他负债
固定资产	**股东权益**
	留存收益
	其他权益
总资产	**负债和股东权益总计**

（b）摘自星巴克2017年年报的资产负债表

资产		负债和股东权益	
现金	19%	应付账款	5%
应收账款	6%	其他流动负债	15%
存货	9%	长期债务	36%
其他流动资产	2%	其他负债	5%
固定资产	34%		
无形资产和其他资产	29%	股东权益合计	38%
总资产*	**100%**	**负债和股东权益总计***	**100%**

注：总数已四舍五入为100%。

为了使用第三部分的财务比率对公司业绩进行评估，我们需要借助利润表。利润表反映的是公司持续经营期间的成果。表1–4给出了一张通用的利润表以及取自星巴克2017年年度报告的对应数据。利润表体现了一家公司在考虑了收入和成本后实现净利润的全过程，就像将你的工资视为收入，剔除成本（比如食物、住房开销等）之后才能计算出你究竟结余多少钱一样。

表1–4　摘自星巴克2017年年报的简化利润表

收入	
营业收入	100%
营业成本	–40%
毛利	60%

（续表）

收入	
营业开支	-42%
营业利润（或称息税前利润，EBIT）	18%
利息费用	-1%
税前收入	17%
所得税费用	-6%
净利润	**11%**

财务分析的大多数内容其实是从一堆杂乱无章的数字中提取出值得一谈的有趣信息。看一看表 1-1 中给出的各种比率，你的第一感觉是什么？你可能很好奇为什么有一部分比率与其他比率相比有如此大的差异。如果真是如此，那可太棒了！在一系列数字中发现有趣的事情正是财务分析入门的第一课。在面对海量数据时，最佳的第一步就是寻找极端值，然后给它们编上一段故事。在匹配游戏开始之前，让我们逐步了解三大部分的内容，找出极端值。接着，我们会解释这些数字所代表的含义。

资产

公司为了完成特定目标而投资资产，因此对资产建立直观的理解很重要。在某种意义上，资产就是公司本身。举例来说，哈根达斯拥有待售的冰激凌、生产冰激凌的工厂以及用来运输的卡车。它的资产也不过就是这些东西而已。从表 1–5 中可以看出，总资产按照可变现能力的顺序自上而下进行排列；容易转换成现金的资产被称为流动资产，它们排列在最上面几栏。在表 1–5 中，哪些数字是让你特别感兴趣的呢？

现金和有价证券

我们从表 1–5 的第一行看起，请注意，F 公司和 G 公司的现金及有价证券科目的价值占比超过了总资产的一半。这令你感到奇怪：什么样的公司会持有如此高比例的现金呢？这在财务领域是个值得深究的问题，因为如今，公司普遍持有越来越多的现金——仅美国公司就合计持有 2 万亿 ~ 3 万亿美元的现金。比如，苹果公司持有超过 2 500 亿美元现金。我们在后面将回过头来更细致地讨论这个问题，但通常来说，持有大量现金可以被理解为：（1）在不确定的经济环境下的避险行为；（2）为未来的兼并收购准备好现金弹药；（3）缺乏投资机会的表现。

考虑到被舍弃的利息收益，对于公司来说，持有现金是不明智的选择，因此它们将大部分现金投资于可以快速变现的政府债券——所谓的有价证券。由于有价证券可以在市场交易中快速转换为现金，因此它们通常与现金合并，列在资产负债表上。

表 1–5　分辨行业的游戏——负债和股东权益

资产负债表（用百分比表示）	A	B	C	D	E	F	G	H	I	J	K	L	M	N
资产														
现金及有价证券	35	4	27	25	20	54	64	9	5	16	4	2	16	7
应收账款	10	4	21	7	16	12	5	3	4	26	6	2	2	83
存货	19	38	3	4	0	1	0	3	21	17	21	3	0	0
其他流动资产	1	9	8	5	4	4	6	6	2	4	1	2	5	0
固定资产（净值）	22	16	4	8	46	7	16	47	60	32	36	60	69	0
其他资产	13	29	37	52	14	22	10	32	7	5	32	31	9	10
总资产*	100	100	100	100	100	100	100	100	100	100	100	100	100	100

注：每一列的总数已四舍五入为 100。

应收账款

应收账款代表一家公司在未来可以从客户那里收回的现金金额。在公司与其客户的合作过程中，双方逐步建立信任，公司会允许客户延后付款。很多公司准许信用交易，他们为客户（通常是企业客户）提供 30 天、60 天或 90 天不等的账期。公司 N 的主要资产就是应收账款。你认为原因是什么？为什么公司 B、公司 H 和公司 I 的应收账款金额如此少？

. . . .

思 考

分析一下这三家公司：沃尔玛（一家跨国零售集团公司），史泰博（办公用品连锁企业）和英特尔（半导体芯片制造商）。相对于各自的收入，哪一家公司的应收账款比例最高？

2016 年，沃尔玛应收账款金额为 56 亿美元，占收入的 1.1%。史泰博有 14 亿美元的应收账款，达到了收入的 6.7%。英特尔的应收账款金额为 48 亿美元，占其收入的 8.9%。在英特尔这类以企业客户为主要销售对象的公司中，应收账款占收入之比相对较高。沃尔玛的应收账款占比很低，因为它主要面向个人消费者。史泰博代表了介于两者之间的一类公司，他们的主要销售对象既包括企业客户又包括个人消费者。

. . . .

存货

存货是一个公司将在未来出售的商品（或用于生产商品的各种投入）。存货包括原材料、在产品、产成品等。哈根达斯的存货包括其生产的所有冰激凌，以及为生产冰激凌而准备的巧克力、牛奶焦糖和咖啡豆等。

请注意，有些公司（E、G、M、N）并没有存货。一个公司怎么会“无货可卖”呢？答案是（这将是整道题目中的第一个提示），这些公司销售的是服务。想想看，一家律师事务所、一家广告公司或提供医疗服务的公司，并不出售有形商品，它们是服务提供商。

房产、厂房和设备

房产、厂房和设备（泛指固定资产）是一家公司用于生产或销售商品所使用的长期有形资产。公司的总部用房、工厂、工厂中的机器设备、仓库等均属于这一科目。比如，发电厂拥有的水电大坝，零售商店拥有的众多店面等都作为固定资产核算。公司I、L和M有大量固定资产，占总资产的比例高于60%，它们可能属于哪些行业呢？

其他资产

除了那些拥有大量现金的公司，还有一些公司，比如D公司，在其他资产科目拥有大量资产。实际上，现金和其他资产两大科目的重要性逐步提升是公司财务领域的重要趋势。“其他”一词如何理解？其他资产可以代表很多东西，但基本都属于无形资产——无法用身体感知却价值非凡的东西，比如专利和品牌。

这里有一个很矛盾的问题，在会计账面上我们并不会确认无形资产的价值，除非它们可以被精确计算。因此，我们以可口可乐为例，这是个价值连城的品牌，甚至可能是可口可乐公司拥有的最值钱的资产，但没有人能算清楚它到底价值几何。因此，会计师选择无视它的存在。这是出于会计的谨慎性原则考虑的。我们无法精确计量某些事物，因此必须无视其存在，这也是导致很多财务专业人士并不信任会计核算的原因。

当某家公司收购另一家公司时，很多原本无法精确计量的无形资产有了可以确认的价格，因为第三方在收购中为此支付了真金白银。由此产生了其他资产中的一个重要内容：商誉。当一家公司为收购另外一家公司支付了超过被收购方资产负债表中净资产的金额时，超出的部分在收购方的资产负债表中被确认为商誉。结果，公司拥有大量其他资产和商誉的原因很可能在于，它们购买了那些拥有许多无形资产的公司，这些无形资产由于会计的谨慎性原则而没有被记录。

. . . .

思考

微软公司 2016 年斥资 262 亿美元收购了账面净资产 70 亿美元的领英公司。为此多支付的 192 亿美元将体现在微软公司资产负债表上包含了商誉的其他资产科目上。那么微软多付的192亿美元到底买回了什么？

其中一个好处是，完成交易后，微软可能利用领英4.3亿用户，优化企业解决方案和创新产品的营销。由于缺乏精确估值的方法，领英用户数据的价值永远不会出现在它的资产负债表上，但通过收购行为，微软让用户数据的价值得以体现。

…………

负债和股东权益

第二部分——负债和股东权益——提供了公司融资方式的信息（见表1–6）。归根结底，为购买资产而进行的融资只有两种来源——债权人和所有权人。负债代表了公司从债权人手中筹集的资金数额；股东权益对应的是股东提供的资金。

你可以用自己的生活做类比。你的负债（信用卡、按揭贷款、车贷以及助学贷款）帮你获取资产（房子、车，以及最重要的人力资本）。资产和负债之间的差额就是你的股东权益。

在表1–6中，你会发现，公司和行业不同，其融资模式也天差地别。比如公司G，主要的融资来源就是股东权益（普通股）。而另一些公司，比如公司N，则使用了很少的股东权益。形成公司资产的不同筹资组合被称为资本结构——我们将在第4章专门讨论这个课题。负债按照偿付期限进行排列，在短期内需要偿还的负债被归为“流动负债”。

表 1–6 分辨行业的游戏——资产

资产负债表（用百分比表示）	A	B	C	D	E	F	G	H	I	J	K	L	M	N
负债和股东权益														
应付票据	0	0	8	3	5	2	0	0	11	0	4	4	1	50
应付账款	41	22	24	2	6	3	2	8	18	12	13	2	6	21
应计项目	17	15	8	1	5	3	3	9	4	5	5	1	6	0
其他流动负债	0	9	9	9	6	18	2	7	11	10	4	2	12	3
长期债务	9	2	11	17	29	9	10	33	25	39	12	32	16	13
其他负债	7	17	17	24	38	9	5	18	13	10	7	23	22	4
优先股	0	15	0	0	0	0	0	0	0	0	0	0	0	0
普通股	25	19	23	44	12	55	78	25	17	24	54	36	38	10
负债和股东权益总计*	100	100	100	100	100	100	100	100	100	100	100	100	100	100

注：每一列的总数已四舍五入为 100。

应付账款和应付票据

应付账款代表了公司应当支付给其他方的金额，该科目下的负债通常是在短期内需要支付给供应商的。一家公司的应付账款通常对应着交易对方的应收账款。A 公司账面上存在大量需要支付给供应商的应付账款。为什么会出现这种情况？有一种可能性是公司 A 正面临财务困境，没有能力向供应商支付现金。还有一种可能是它的支付账期很长。哪一种解释更符合现实情况？

有时，公司可能会有应付票据，即一种短期金融债务工具。你会注意到公司 N 是唯一一家大量使用应付票据的公司。同时，N 的应收账款占比也远超其他公司，这两个特点结合起来，使人们觉得这家公司似乎很奇怪。你认为还有哪家公司看起来与众不同？

. . . .

思考

之前我们介绍了关于沃尔玛、史泰博和英特尔三家公司的应收账款比例。请思考有哪些客户可能对这三家公司有欠款。换句话说，哪些公司在账面上有对这三家公司的应付账款?

英特尔是最简单的例子。它出售芯片，向电子产品制造商提供计算能力，联想或戴尔可能是它的客户。因此英特尔的应收账款对应着联想或戴尔的应付账款。

. . . .

应计项目

应计项目广义上代表了公司已经计提但尚未以货币形式支付的负债金额，该项目对应的服务已经发生。常见的例子是工资：资产负债表是在某个支付周期当中的特定时点编制的，此时，员工的劳动已经发生，但公司尚未支付工资，从而形成一笔负债。

长期债务

当我们从短期负债转移到表 1–6 中的长期债务时，我们第一次遇见债务，不同于其他负债，债务的独特之处在于它有明确的利率。你在日常生活中也会接触到债务。比如，学生们会借债以支付大学的学费，就像房主会借款购买房屋一样。在表 1–6 中，你会发现有些公司借入了相当数量的金额——30% ~ 40% 的资产是通过债务形式获取的。

. . . .

思 考

分析一下公司 E 和公司 I 的长期债务占总资产比，两家公

司分别为 29% 和 25%。你认为向哪一家公司借款更危险?

要回答这个问题，你还需要观察两家公司的现金水平——公司 E 持有的现金占总资产的 20%，而公司 I 仅有 5%。金融分析师有时把现金作为“负借款”来看待，因为现金可以用于立刻偿付借款。在这个案例中，公司 E 的净负债为 9%，而公司 I 的净负债则达到了 20%。从这个角度来看，相对而言，在继续增加借款的情况下，公司 I 比公司 E 更危险。

. . . .

优先股和普通股

股东权益代表了所有权人在企业收益中享有的可变回报，以及对企业的剩余权益索取权——实际上是所有权人在扣除成本和负债以后，从企业经营中获得的全部剩余现金。债务有固定的回报（比如利率）而没有剩余权益索取权，但在公司破产之际，债权人可以优先于股东获得偿付。股东享受可变回报和剩余权益索取权，但如果公司破产，股东就可能一无所获，无法得到任何偿付。股东权益不仅是所有权人最初投入公司的资金。在公司赚取净利润的过程中，这些利润可以作为股利派发给股东或者留在公司内部进行再投资。留存收益也是股东权益的组成部分，因为留存收益相当于所有权人收到股利后再次投入公司——正如他们最开始投资公司时所做的那样。

只有公司 B 发行了优先股。为什么？到底什么是优先股？为什么某个类型的所有权人是优先的？优先股经常被称为混合工具，因为它结合了债务和剩余权益索取权两者的部分元素。与债务类似，优先股股利可以是固定的，并优先于普通股股利支付；但又类似于权益，优先股与所有权有关，在破产时，优先股股东优先于普通股股东在债务发放之后得到偿付。优先股的优先体现在：当情况恶化时，优先股股东优于普通股股东得到偿付；而当经营情况向好时，他们也会像普通股股东一样从中获益，这一点区别于债权人。

为什么公司会发行这样一种证券？想象一种场景：公司遭遇困境，前途未卜。如果破产具有现实可能性，那么你愿意投资它的普通股股票吗？与此同时，你愿意向它提供借款，只为了获取与其风险完全不匹配的固定收益吗？优先股的独特属性使得一家公司在困难时期更容易获得资金。

. . . .

思考

为创业公司提供资金的风险资本公司，几乎总是以优先股的形式向创业公司提供资金。它们为什么青睐这种融资方式?

优先股的使用让它们在被投资公司运营情况糟糕的时候得以保全资产，而当被投资公司运作良好时可以分享快速成长的收益。在创业公司发展态势良好时，它们通过将优先股转换为普通股来实现高额回报。

. . . .

理解比率

我们已经学习了如何通过资产负债表来辨别公司，现在让我们继续深入研究对于分析一家公司来说更有用的工具——财务比率。比率是商业的语言，财务专业人士热衷于创造各式各样的比率、讨论它们、做不同的变换、把它们倒过来或拆分等等。

比率使得不同公司以及不同时期的数据具有可比性，数据不再是单纯的数字，而变得富有意义。比如，可口可乐在 2016 年度的净利润是 73 亿美元。这对于公司来说是很可观的数字吗？如果没有其他资料，我们就无从判断。反之，如果我们知道可口可乐的净利润是收入的 16%（净利润/收入），就好办了。类似地，我们知道可口可乐有 640 亿美元负债可能没什么意义，但如果得知其资产的 70%（负债/资产）是通过负债的方式融资获得的，那么我们会对公司有更深的了解。你也可以将这些比率与其他公司或同一公司的历史数据进行比较。

一般来说，表 1–7 中的比率回答了 4 个方面的问题。第一，在创造利润这件事情上，公司表现如何？第二，一家公司的效率或生产效益如何？第三，一家公司通过何种方式融资？最后一个问题围绕流动性展开，流动性指的是一家公司快速产生现金的能力。如果你所有的个人资产都集中在房地产上，那么你是缺乏流动性的；相反，如果你的财富全部存在活期存款账户中，那么你具有非常高的流动性。

表 1–7　分辨行业的游戏——财务比率

财务比率	A	B	C	D	E	F	G	H	I	J	K	L	M	N
流动资产/流动负债	1.12	1.19	1.19	2.64	1.86	2.71	10.71	0.87	0.72	2.28	1.23	1.01	0.91	1.36
现金+交易性金融资产+应收账款/流动负债	0.78	0.18	0.97	2.07	1.67	2.53	9.83	0.49	0.20	1.53	0.40	0.45	0.71	1.23
存货周转率	7.6	3.7	32.4	1.6	NA	10.4	NA	31.5	14.9	5.5	7.3	2.3	NA	NA
应收账款回收期（天）	20	8	63	77	41	82	52	8	4	64	11	51	7	8 047
总负债/总资产	0.09	0.02	0.19	0.20	0.33	0.11	0.10	0.33	0.36	0.39	0.16	0.36	0.17	0.63
长期债务/总资本	0.27	0.06	0.33	0.28	0.70	0.14	0.11	0.57	0.59	0.62	0.18	0.47	0.29	0.56
收入/总资产	1.877	1.832	1.198	0.317	1.393	0.547	0.337	1.513	3.925	1.502	2.141	0.172	0.919	0.038
净利润/收入	-0.001	-0.023	0.042	0.247	0.015	0.281	0.010	0.117	0.015	0.061	0.030	0.090	0.025	0.107
净利润/总资产	-0.001	-0.042	0.050	0.078	0.021	0.153	0.004	0.177	0.061	0.091	0.064	0.016	0.023	0.004
总资产/股东权益	3.97	2.90	4.44	2.27	8.21	1.80	1.28	4.00	5.85	4.23	1.83	2.77	2.66	9.76
净利润/股东权益	-0.005	-0.122	0.222	0.178	0.171	0.277	0.005	0.709	0.355	0.384	0.117	0.043	0.060	0.039
息税前利润/利息费用	7.35	-6.21	11.16	12.26	3.42	63.06	10.55	13.57	5.98	8.05	35.71	2.52	4.24	NA
息税折旧摊销前利润/收入	0.05	0.00	0.07	0.45	0.06	0.40	0.23	0.22	0.05	0.15	0.06	0.28	0.09	0.15

流动性

大多数公司破产的原因是现金被消耗殆尽。流动性比率通过计算一家公司可快速变现的资产对短期负债的覆盖程度来衡量其破产风险。供应商希望自己客户的流动性比率高，因为这样回收货款的安全性会更高。对于股东来说，更高的流动性产生了抵消效应。的确，他们要保证公司不会破产，但同样，现金和有价证券这类流动性极高的资产可能无法提供良好的回报。

流动比率

流动资产 / 流动负债

流动比率站在供应商的角度提出了这样的问题：如果公司需要关停，那么此时它有能力支付欠供应商的款项吗？它当前拥有的流动资产足够偿付流动负债（包含对供应商的欠款）吗？这一比率是供应商判断是否允许这家公司赊账采购的重要指标，也是判断公司在未来 6 ~ 12 个月内能否继续运营的重要标准。

速动比率

（流动资产 – 存货）/ 流动负债

速动比率与流动比率很接近，但是在分子上扣除了存货。扣除存货的目的是什么？你可能会把存货与日常运营联系在一起，但对于财务人员来说，存货就意味着有融资需求的风险。存货可能会很危险。以黑莓为例，黑莓从事的智能手机行业是一个产品更新迭代非常迅速的行业。2013 年，公司发布 Z10 系列产品的时间过晚，最终不得不公告 10 亿美元的存货实际上已经毫无价值。对于存货减值风险很高的公司而言，速动比率能提供更加严格的视角去审视公司的流动性。

···········

思考

让我们思考三个不同类型的公司：力拓矿业集团（全球矿业和金属集团公司）；纽科公司（一家小型钢铁生产商）；以及博柏利（一个奢侈品时尚品牌）。对于这三家公司来说，你应该用流动比率还是速动比率去分析？

这个问题的关键之处在于，你认为哪家公司的存货风险最大。从很多方面考虑，博柏利的存货风险是三者之最，因为并不存在一个现成的市场可供它将存货快速变现。如果在某款新品上出现了风格误判，即便采取高折扣措施，也几乎不可能将存货出售完。与之相反，力拓和纽科更可能在短时间内处理掉存货（当然纽科的存货变现能力要略低于力拓），因为它们从事的是有成熟现货市场的大宗商品贸易。

. . . .

盈利能力

盈利能力可以用多种方式评估，具体方式的选择取决于你关注的是哪个方面的问题。盈利能力的评估也同样可以脱离传统的以会计核算为基础的盈利计算方式来进行。

一如既往，将盈利与哪些数据进行比较很关键。比如，你可以看净利润，即扣除所有成本和费用后的所得，将它与销售额相除（代表利润率），或者与股东权益相除（代表净资产收益率）。两者均为衡量盈利能力的重要方法。第一种方式回答了对于赚来的每 1 美元，公司在扣除所有相关成本和费用后最终能得到多少；第二种方式，即净利润除以股东权益，回答了对于股东投入公司的每 1 美元，他们每年可以收获多少钱。这就是回报的概念，即净资产收益率。

利润率

净利润 / 收入

从表 1-1 中可以看到，衡量盈利水平的方式根据成本扣减方式的不同有很多种。毛利是只从收入中扣减了与产品生产有关的成本费用，而经营利润在此基础上还扣减了其他经营成本，比如销售费用和管理费用等。最终，净利润在经营利润的基础上继续扣除利息和所得税。有趣的是，公司 A 和 B 的利润率为负，而公司 D 和 F 的利润率接近 25%。

净资产收益率（ROE）

净利润 / 股东权益

净资产收益率衡量了公司股东每年的收益情况。具体来说，就是对于股东投入公司的每 1 美元，他们能够得到的年度利润回报。公司 C 的净资产收益率是 22%，而公司 M 的净资产收益率仅为 6%。

资产收益率（ROA）

净利润 / 总资产

资产收益率提出的问题是，公司拥有的每 1 美元资产所能创造的年度净利润是多少。我们换一种方式理解，就是公司资产创造利润的效率如何。

息税折旧摊销前利润率

息税折旧摊销前利润（EBITDA）/ 收入

息税折旧摊销前利润是财务中最常用的缩略语之一，在读 EBITDA 时，你的发音要连续急促——“E-BIT-DA”。谈到息税折旧摊销前利润也意味着我们脱离了会计意义上的净利润，将关注点转向财务上的现金流。究竟什么是息税折旧摊销前利润？我们将它分成两个部分来探讨——息税前利润（EBIT）和折旧与摊销（DA）。

息税前利润是一种听起来更为专业的财务术语，实际上它就是你已经知晓的“经营利润”。如果从利润表的最下面一行向上看，你可以将经营利润描述为“在扣除利息和所得税以前的收入”。由于不同公司所承担的税负和资本结构均有区别，息税前利润提供了一种直接进行业绩比较的方式。比如，一家美国出版公司和一家德国出版公司可能面临不同的税率。净利润包含了所得税的影响，直接对比净利润的结果可能存在偏差；息税前利润将所得税排除在外，这样可以消除税负差异带来的影响。

那折旧与摊销是什么呢？折旧指的是汽车和机器设备等实物资产在财务报表上随着时间流逝逐步消耗价值的过程，摊销指的是无形资产同样的消耗过程。强调折旧与摊销的原因在于，它们是与现金流出不相关的费用，它们代表的仅仅是资产价值损失的模拟近似值。假设你修建一座工厂。在会计处理上，你需要对它计提折旧，并在账面上体现为一项费用；但是在财务上，我们强调的是现金，而折旧与摊销在持续运营中并没有表现为真实的现金流出，因此息税折旧摊销前利润（在支付利息、所得税，折旧，摊销前的收入）是衡量通过运营所产生的现金的一种计量方式。息税前利润是扣减了折旧与摊销之后的利润，因此计算息税折旧摊销前利润时需要在息税前利润的基础上将折旧与摊销加回来。

我们在第 2 章会看到，对现金的关注是财务视角的关键点。接下来将要全面分析的案例——亚马逊就几乎不盈利，但有非常可观的息税折旧摊销前利润。在表 1–7 列举的公司中，公司 D 因产生大量现金而引人注目，每赚取 1 美元的收入就能够获得 45 美分的现金！与之类似的公司 L，利润率为 9%，在合理区间内，但是息税折旧摊销前利润率却高达 28%。为什么会有如此大的差异？

融资和杠杆

杠杆是财务领域最强大的概念之一，它与我们先前提到的融资选择和资本结构紧密相关。你可能有从事财务和金融工作的朋友，他们提到杠杆时可能百感交集。商业帝国成于杠杆也毁于杠杆，接下来你会知道原因所在。

为什么要叫杠杆？理解杠杆力量的最简单方式就是回想一下物理学课本中关于杠杆的内容。有一块儿巨大的岩石，你无法靠自己的力量将它移动，但加入一个杠杆就可以将力量放大数倍，从而移动这块岩石，这看起来真的很神奇。这与财务杠杆有着异曲同工之妙。就像一个杠杆可以让你移动本来无法被挪动的岩石一样，财务领域的杠杆使得资产所有者得以控制原本无法控制的资产。

让我们来看一看，在购买了一套房屋后，你个人的资产负债表情况——如果没有按揭贷款的支持会怎么样。如果你有 100 美元，那么你只能购买价值 100 美元的房屋。假如有按揭贷款市场的支持，你就可以贷款购买一幢 500 美元的房屋。让我们来分别比较在两种情况下，你的个人资产负债表的构成情况。（见表 1–8）

表 1-8 购置房产的资产负债表

情形A		情形B	
资产	负债和财富净值	资产	负债和财富净值
价值100美元的房屋	100美元财富净值	价值500美元的房屋	400美元的按揭贷款、100美元的财富净值

实际上，杠杆的使用让你住上了本来没有可能住上的房子。这是不是跟借助杠杆移动岩石一样充满了魔力？

这里有个大问题：在哪一种情形之下，你更富有？是情形 A 还是情形 B？有些人会认为情形 A 中的你更富有，因为你不欠其他人任何东西。而有些人则认为情形 B 中的你更富有，因为你住在了更优质的房子中。实际上，你的财务状况在两种情景下并无区别，你拥有的都是 100 美元的股东权益。

杠杆不仅可以让你控制本来没有能力控制的资产，还可以增加你的收益。假设在上面两种情形下，你拥有的房子增值了 10%。在情形 A 中，你的净资产收益率是 10%，但是在情形 B 中，这一数字变成了 50%，你的房子价值 550 美元，但你的贷款金额仍然保持在 400 美元不变。

然而，甘蔗没有两头甜。如果房屋价值下跌 20%，那么在情形 A 中，你的股东权益降低了 20%，但是在情形 B 里，你损失了 100%！因此，掌控杠杆至关重要，它赋予你同时放大资产和回报（也可能是损失）的能力。

资产负债率

总负债 / 总资产

资产负债率衡量了总资产中以负债作为融资方式的金额占比。它提供了衡量杠杆的资产负债表视角。

全部债务资本比率

债务 /（债务 + 股东权益）

长期债务与资本之比提供了审视杠杆的更精妙的视角，资本强调了债务和权益两方面的结合。这个比率公式的分母是资本总额，即债务和权益的总合。我们知道，公司融资的方式主要有两种，我们用不同的方式分析它们。债务是有固定利息成本的负债，权益的收益则是可变的、上下波动的。这一比率追溯了公司通过债务方式进行融资的比例，将债务与公司在运营中承担的负债区分开来。

资产与股东权益之比

总资产 / 股东权益

杠杆为权益所有者提供了得以控制超过其自身资产规模的能力。该比率告诉我们，相对于自身的权益资本而言，所有权人能够控制的资产到底有多少。自然而然地，它可以衡量所有权人通过杠杆的使用可以将收益放大至何种程度。

利息保障倍数

息税前利润 / 利息费用

前面三个比率的数据均来源于资产负债表，但最关键的问题其实在于一家公司支付利息的能力。利息保障倍数衡量的是一家公司用经营活动中产生的现金来支付利息费用的能力，该比率仅使用利润表中的数据。

举个例子，利息保障倍数为 1 代表着一家公司通过当年的运营实现的利润仅能支付利息费用，你可以将自己每个月的收入和需偿付的按揭贷款之间的关系作为类比。

还有一个混合比率——债务 / 息税折旧摊销前利润，它结合了资产负债表和利润表两张表格的信息来反映公司的杠杆使用情况。

· · · · · · · · · · ·

真实世界观点

艾伦 · 琼斯（摩根士丹利投资银行私募股权部门的全球负责人）这样评价私募股权公司对杠杆的使用：

住房抵押贷款的类比恰如其分。假设我们要购买一家价值 100 美元的公司，我们可以直接用 100 美元的权益或者从其他人手中借的 70 美元加上自有资本 30 美元来完成这项收购。如果在我们的控制下，这家公司的资产得以翻倍，那么首先我们的收益是 100 美元，或差不多 100% 的持有期收益率。但是如果用其他人的 70 美元来购买同样的资产，我们现在的权益总额就会从 30 美元增加到 130 美元。这可不仅仅是翻倍，我们的收益超过了原始出资额的 4 倍。因此，人们更倾向于使用“别人的钱”，而且多多益善。

. . . .

思考

过去 20 年中，制药公司的杠杆率缓慢增长。例如，2001 年，默克公司的债务股本比为 0.53；辉瑞公司的数据为 1.14。而到了 2016 年，默克公司的债务股本比为 1.28；辉瑞公司的数据是 1.58。是什么造成了制药行业杠杆率上升的趋势呢?

其中一个合理的解释是，制药行业产生足额稳定的现金流，可以支撑更大规模的债务。大型制药公司逐渐倾向于直接从生物科技公司购买有前景的技术，而不再承担自行研究新疗法和新药物的风险。这一趋势的结果使大型制药公司在整体上降低了风险，资金方更愿意给它们授信。

私募股权公司有时会在交易中使用债务融资的方式对标的公司进行收购，这种方式被称为 LBO（杠杆收购）。在此类交易中，私募股权公司借款收购尽可能多的股权，在收购完成后，

杠杆率大幅提升。什么类型的行业最容易成为 LBO 的目标呢？

简单来说，商业模式和客户稳定的公司是 LBO 的最佳标的。如果被收购方的业务能产生稳定现金流，那么收购方维持高杠杆的危险性则大大低于收购具有高风险特性的高科技公司。传统 LBO 目标包括烟草公司、博彩公司以及公共事业等，因为它们的客户群体相对稳定，需求可预期而且被替代的风险很低。

....

生产力或生产效率

生产力是一个很流行的专业术语，但是从财务视角看，它到底是什么意思？简而言之，生产力的提升意味着你可以事半功倍。更确切一点儿，生产力比率衡量的是一家公司利用其资产进行产出的能力。长期来看，提高生产力是保持经济增长的最重要因素。

资产周转率（资产周转次数）

收入 / 总资产

这个比率衡量了一个公司利用资产产生收入的效率。这是衡量公司生产效率的一个重要指标。

存货周转率（存货周转次数）

销售成本 / 平均存货成本

存货周转率衡量公司在给定周期中，企业从取得存货开始至存货消耗、销售完成为止的一个循环重复的次数，简单来说就是公司在一个经营周期里能够售空多少次存货。该比率数字越大，公司管理存货销售产品就越有效率。存货实际上是需要融资支持的风险资产，因此，存货周转率越高，越具有财务意义上的价值。

我们可以用这个周转率数字来计算另一个衡量存货管理能力的指标：存货周转天数。

存货周转天数

365/ 存货周转率

用 365 除以存货周转率得到的数字就是单位存货在售出之前停留在公司内部的平均时间。请看表 1–1 中的公司 C，它的存货周转率超过 30，这意味着一年中单位存货在公司存放的时间不过十几天。与之相反，公司 B 的存货周转率低于 4，也就是说，在一年中，公司 B 的单位存货平均在公司内部停留近 100 天！

应收账款回收期

365/（销售额 / 平均应收账款）

一家公司在出售它的存货后需要收回货款。应收账款回收期越短，公司从销售中获得现金的速度越快。你能观察到的是，公司 N 看起来很奇怪——它从客户手中收回现金需要 20 多年！为什么会有这种情况？

你有没有从其他公司的应收账款回收期数据中发现什么规律？余下的公司被分成泾渭分明的两组，第一组公司收回现金的速度非常快（小于 30 天），另一组的速度则慢得多。这种差别将是区分不同公司所属行业类型的重要线索之一。

…………

思考

在过去几十年里，信息技术的发展给经济社会带来的影响就是生产力提高的典型案例。比如，在 20 世纪 90 年代，零售和批发业（尤其是沃尔玛）为美国生产效率的快速提高做出了重要贡献。根据麦肯锡全球研究所的报告，在零售业，沃尔玛通过旨在提升竞争力的持续管理创新和传播最优实践的方式，直接或间接地引发了生产效率的大幅提高。这些收益是如何在经济中体现出来的呢?

这些收益可以体现在不断增加的工资、提升的资本收益率以及更低的消费品价格中。尽管很多评论员控诉居民工资并未从生产效率提升中获益，但这些收益其实在消费品价格中得到了很明显的体现，低收入群体从中获益良多。因此，生产率的提升可能并没有降低收入不平等的程度，但它的确减少了消费层面的不平等。

…………

游戏开始

在对所有数字有了些许了解之后，请你自己试试，找到匹配数据和公司的方法。自己动手寻找方法的过程远比直接阅读答案更能加深对知识的理解。

你可以从表 1–9 开始看，我们在前文中提到的数字已经被重点标注出来了。先不要尝试一次性辨认出全部 14 家公司，我们先把注意力放在两个子集——服务型公司和零售商上，这两个行业比较容易辨别，接着我们再分析其他选项。

服务型公司

看看表格中所有比率，服务型公司相对容易辨认。由于该类型公司提供服务而非有实体形态的商品，不持有存货，因此我们可以确定公司 E、G、M 和 N 属于服务型公司。接下来，到底哪 4 家公司分别对应公司 E、G、M 和 N 呢？有两家公司所属的行业里面有“服务”二字，分别是 UPS（包裹速递服务）、脸书（社交网络服务）。那其他两家公司是什

表 1–9　分辨行业的游戏

资产负债表（用百分比表示）	A	B	C	D	E	F	G	H	I	J	K	L	M	N
资产														
现金及有价证券	35	4	27	25	20	54	64	9	5	16	4	2	16	7
应收账款	10	4	21	7	16	12	5	3	4	26	6	2	2	83
存货	19	38	3	4	0	1	0	3	21	17	21	3	0	0
其他流动资产	1	9	8	5	4	4	6	6	2	4	1	2	5	0
固定资产（净值）	22	16	4	8	46	7	16	47	60	32	36	60	69	0
其他资产	13	29	37	52	14	22	10	32	7	5	32	31	9	10
总资产*	100	100	100	100	100	100	100	100	100	100	100	100	100	100
负债和股东权益														
应付票据	0	0	8	3	5	2	0	0	11	0	4	4	1	50
应付账款	41	22	24	2	6	3	2	8	18	12	13	2	6	21
应计项目	17	15	8	1	5	3	3	9	4	5	5	1	6	0

（续表）

资产负债表（用百分比表示）	A	B	C	D	E	F	G	H	I	J	K	L	M	N
其他流动负债	0	9	9	9	6	18	2	7	11	10	4	2	12	3
长期债务	9	2	11	17	29	9	10	33	25	39	12	32	16	13
其他负债	7	17	17	24	38	9	5	18	13	10	7	23	22	4
优先股	0	15	0	0	0	0	0	0	0	0	0	0	0	0
普通股	25	19	23	44	12	55	78	25	17	24	54	36	38	10
负债和股东权益总计*	100	100	100	100	100	100	100	100	100	100	100	100	100	100
财务比率														
流动资产/流动负债	1.12	1.19	1.19	2.64	1.86	2.71	10.71	0.87	0.72	2.28	1.23	1.01	0.91	1.36
现金+交易性金融资产+应收账款/流动负债	0.78	0.18	0.97	2.07	1.67	2.53	9.83	0.49	0.20	1.53	0.40	0.45	0.71	1.23
存货周转率	7.6	3.7	32.4	1.6	NA	10.4	NA	31.5	14.9	5.5	7.3	2.3	NA	NA
应收账款回收期（天）	20	8	63	77	41	82	52	8	4	64	11	51	7	8 047
总负债/总资产	0.09	0.02	0.19	0.20	0.33	0.11	0.10	0.33	0.36	0.39	0.16	0.36	0.17	0.63

（续表）

资产负债表（用百分比表示）	A	B	C	D	E	F	G	H	I	J	K	L	M	N
长期债务/总资本	0.27	0.06	0.33	0.28	0.70	0.14	0.11	0.57	0.59	0.62	0.18	0.47	0.29	0.56
收入/总资产	1.877	1.832	1.198	0.317	1.393	0.547	0.337	1.513	3.925	1.502	2.141	0.172	0.919	0.038
净利润/收入	−0.001	−0.023	0.042	0.247	0.015	0.281	0.010	0.117	0.015	0.061	0.030	0.090	0.025	0.107
净利润/总资产	−0.001	−0.042	0.050	0.078	0.021	0.153	0.004	0.177	0.061	0.091	0.064	0.016	0.023	0.004
总资产/股东权益	3.97	2.90	4.44	2.27	8.21	1.80	1.28	4.00	5.85	4.23	1.83	2.77	2.66	9.76
净利润/股东权益	−0.005	−0.122	0.222	0.178	0.171	0.277	0.005	0.709	0.355	0.384	0.117	0.043	0.060	0.039
息税前利润/利息费用	7.35	−6.21	11.16	12.26	3.42	63.06	10.55	13.57	5.98	8.05	35.71	2.52	4.24	NA
息税折旧摊销前利润/收入	0.05	0.00	0.07	0.45	0.06	0.40	0.23	0.22	0.05	0.15	0.06	0.28	0.09	0.15

注：在资产、负债和股东权益中，每一列的总数已四舍五入为100。

来源：《未指明行业的案例，2013》之案例214–028，波士顿：哈佛商学院，2013。作者：米希尔·德赛、威廉·E. 弗鲁汉、伊丽莎白·A. 迈耶。

么？银行是服务提供商，航空公司也是，因此另外两家公司分别是美国西南航空公司和花旗银行。航空公司有点儿令人诧异，因为你可能会把那些飞行器及备用零件视为存货。但航空公司的核心业务并不是出售飞机或备用零件——它们的业务是提供客运服务，这显然是一项服务，不需要存货。

让我们从一些简单的目标着手，试着分析表 1–10 中的每一列分别对应的是哪家公司。

表 1–10　辨认服务型公司

资产负债表（用百分比来表示）	E	G	M	N
资产				
现金及有价证券	20	64	16	7
应收账款	16	5	2	83
存货	0	0	0	0
其他流动资产	4	6	5	0
固定资产（净值）	46	16	69	0
其他资产	14	10	9	10
总资产*	100	100	100	100
负债和股东权益				
应付票据	5	0	1	50
应付账款	6	2	6	21
应计项目	5	3	6	0

（续表）

资产负债表（用百分比来表示）	E	G	M	N
其他流动负债	6	2	12	3
长期债务	29	10	16	13
其他负债	38	5	22	4
优先股	0	0	0	0
普通股	12	78	38	10
负债和股东权益总计*	100	100	100	100
财务比率				
流动资产/流动负债	1.86	10.71	0.91	1.36
现金+交易性金融资产+应收账款/流动负债	1.67	9.83	0.71	1.23
存货周转率	NA	NA	NA	NA
应收账款回收期（天）	41	52	7	8 047
总负债/总资产	0.33	0.10	0.17	0.63
长期债务/总资本	0.70	0.11	0.29	0.56
收入/总资产	1.393	0.337	0.919	0.038
净利润/收入	0.015	0.010	0.025	0.107
净利润/总资产	0.021	0.004	0.023	0.004
总资产/股东权益	8.21	1.28	2.66	9.76
净利润/股东权益	0.171	0.005	0.060	0.039
息税前利润/利息费用	3.42	10.55	4.24	NA
息税折旧摊销前利润/收入	0.06	0.23	0.09	0.15

注：在资产、负债和股东权益中，每一列的总数已四舍五入为 100。

公司N：局外人（离群值）

哪家公司的应收账款需要相当长的时间才能收回，而主要融资来源于应付票据？哪种类型的公司从客户手中收回款项的时间会平均长达20余年？

答案是银行。银行不太容易被理解，因为它们的资产负债表和普通的资产负债表刚好是镜像关系。你所负担的贷款是你的负债，但它是银行的资产。因此，在购置房屋案例中的抵押贷款对于银行来说是一笔资产。存款对你来说是资产，却是银行的负债，即它的应付票据。花旗银行在这个小组中杠杆最高，这是真实银行的典型特征。

银行是如何经营的？银行经营的是一门赚取“利息差”的生意，它们为贷款收取更高的利息，支付给储户较低的利息。在这个过程中，它们吸收你的短期资本（存款）并将之转换成为经济体服务的长期资本（贷款）。短期资本向长期资本的转换就是我们如此重视银行以及银行可能倒闭的原因所在。银行的资产和负债之间期限错配与高杠杆的特征结合，导致它的容错空间非常小。几乎所有金融危机都是从投资者对资产质量的质疑开始的，接着存款流出银行，银行必须通过快速出售贷款提供流动性，致使贷款价格下降，进而陷入一个不可控的恶性循环中，最终导致银行破产。

资本密集型的服务供应商

我们要如何区分剩下的三家公司？与公司G和组外的其他公司相

比，公司 E 和公司 M 有更多的固定资产。美国西南航空公司和 UPS 本质上是交通运输公司，它们都拥有飞行器以及大量设备。再看一下其他数字，分析两者之间在哪些方面有所不同。（参见表 1–10 中的公司 E 和公司 M。）

两家公司有一个非常明显的区别在于：公司 M 在 7 天之内即可收到客户支付的款项，这意味着其客户主要是个人；公司 E 的现金回收时间相对长很多，它更有可能主要与其他公司客户有业务往来。美国西南航空公司为你我这样的个人客户提供服务，我们在购买服务时就会立刻付款。相反，UPS 作为物流供应商，为其他公司提供服务。因此公司 E 更可能是 UPS，公司 M 则是美国西南航空公司。你还能够找出支持这一论断的其他证据吗？

公司 E 还有很多其他负债。UPS 承担的长期负债究竟是什么？这些负债是为退休人员计提的养老金计划。在这里，我们需要一些公司的背景知识才能理解，UPS 拥有世界上最大的养老金固定收益计划之一。养老金固定收益计划是廉价航空公司所竭力避免的负担，但 UPS 作为一家曾推行员工持股的老牌公司，一直维持了它的传统养老金计划。

现金充裕、依赖于权益资本的服务型公司

使用排除法可知，脸书就是公司 G。但这个结果符合你的预期吗？公司 G 有大量的权益资本和现金——这符合脸书的特征吗？脸书是表格中最年轻的公司，它于 2013 年公开上市。资产负债表上的价值体现的

是股票发行或收购（还记得谨慎性原则吗？）时点的情况，高权益占比符合年轻公司的特征。它用募集来的资金做了哪些事情？在上市那个时点，它选择持有现金。

随着脸书的成熟，它的资产负债表也发生了变化。脸书完成了一系列大型收购，包括收购 WhatsApp（一种可供智能手机用户使用的通信软件）和 Instagram（照片墙）。这些收购行为如何体现在资产负债表上？脸书的现金水平降低，我们刚才提及的“其他资产”上升。由于脸书购买标的公司的出价远超标的资产的账面净值（脸书的出价中包含了被会计忽略的无形资产的价值），脸书的商誉科目大幅提升。2014 年，脸书支付 190 亿美元收购 WhatsApp，而当时 WhatsApp 的账面价值仅为 5 100 万美元。成交价格与账面价值的差额作为商誉体现在脸书账面上。

零售商

在审视应收账款回收期时，我们将表格中的公司分成快周转和慢周转两组。什么类型的公司会从客户手中快速回笼资金？零售商直接向客户出售商品，它们的应收账款回收期非常短，因为顾客在购买商品时会通过信用卡或现金直接支付。相反，主要客户为其他企业客户的公司会被要求给予客户最少 30 天的账期。

因此零售商包括公司 A、B、H、I 和 K。清单上的哪些公司是面向个人客户的零售商？亚马逊、邦诺、克罗格、沃尔格林和百胜均为零售商。我们可以先把诺德斯特龙排除在外，因为这家连锁百货发行自己的品牌赊账卡。与其他公司不同，它的顾客可以在很长时间以后为自己的消费行为付款。通过自有品牌赊账卡的使用，诺德斯特龙更像一家银行而非零售商。

我们如何给这 5 家零售商分类？如果曾在零售商店里工作过，你就会知道零售的核心在于存货周转。这 5 家公司在存货周转方式上有非常大的差异。有些公司存货周转迅速（比如公司 H），而另外一些则耗时相对较长（比如公司 B）。（见表 1–11）

表 1–11 辨认零售型公司

资产负债表（用百分比来表示）	A	B	H	I	K
资产					
现金及有价证券	35	4	9	5	4
应收账款	10	4	3	4	6
存货	19	38	3	21	21
其他流动资产	1	9	6	2	1
固定资产（净值）	22	16	47	60	36
其他资产	13	29	32	7	32
总资产*	100	100	100	100	100
负债和股东权益					
应付票据	0	0	0	11	4
应付账款	41	22	8	18	13
应计项目	17	15	9	4	5
其他流动负债	0	9	7	11	4
长期债务	9	2	33	25	12

（续表）

资产负债表（用百分比来表示）	A	B	H	I	K
其他负债	7	17	18	13	7
优先股	0	15	0	0	0
普通股	25	19	25	17	54
负债和股东权益总计*	100	100	100	100	100
财务比率					
流动资产/流动负债	1.12	1.19	0.87	0.72	1.23
现金+交易性金融资产+应收账款/流动负债	0.78	0.18	0.49	0.20	0.40
存货周转率	7.6	3.7	31.5	14.9	7.3
应收账款回收期（天）	20	8	8	4	11
总负债/总资产	0.09	0.02	0.33	0.36	0.16
长期债务/总资本	0.27	0.06	0.57	0.59	0.18
收入/总资产	1.877	1.832	1.513	3.925	2.141
净利润/收入	−0.001	−0.023	0.117	0.015	0.030
净利润/总资产	−0.001	−0.042	0.177	0.061	0.064
总资产/股东权益	3.97	2.90	4.00	5.85	1.83
净利润/股东权益	−0.005	−0.122	0.709	0.355	0.117
息税前利润/利息费用	7.35	−6.21	13.57	5.98	35.71
息税折旧摊销前利润/收入	0.05	0.00	0.22	0.05	0.06

注：在资产、负债和股东权益中，每一列的总数已四舍五入为 100。

存货周转率各不相同的公司

在零售商这一组里，哪家公司存货周转速度最快？公司 H 每年的存货周转次数高达 32 次，因此它任意一次周转存货的时间仅为 11 天左右。你可能认为这是百胜集团，完全正确。食品连锁公司同样销售生鲜食物，但由于还要销售其他干粮以及罐装食物，它们的存货周转速度要远慢于餐饮连锁公司。

公司 B 代表了另一个极端，它的存货周转速度非常慢，差不多要 90 天。哪类公司的存货库龄相对较长且需要较长的流通时间？如果对书店有些了解，你就应该对此比较熟悉了。但是有什么其他的特征能佐证公司 B 就是一家书店呢？

持续亏损让公司 B 格外显眼。全球范围内的书店正在加速消失，图书销售已不再是一门好做的生意了。由于亚马逊的崛起，书店经营利润率由正转负。公司 B 是唯一一家发行优先股的公司，进一步印证了它正在面临糟糕的财务状况。

最后三家零售商

余下的三家公司 A、I 和 K 在固定资产科目上差异巨大，其中公司 A 的固定资产最少。我们知道三家公司中有两家（沃尔格林和克罗格）属于传统行业，因此只有唯一的在线商城亚马逊才可能有较低的固定资产，由此可以判断亚马逊就是公司 A。

鉴于亚马逊在当今经济体中的巨无霸地位，我们再寻找一些其他证据来证明公司 A 就是亚马逊的猜想吧。首先，公司 A 未实现盈利。如果你一直关注亚马逊，你就会知道亚马逊因不盈利而出尽风头。我们将在第 2 章继续深入研究亚马逊。

第二个证据是公司 A 拥有大量应付款项。这意味着要么它正处于财务困境，要么它由于自身的规模优势可以很轻易地从供应商处获得高额授信。鉴于公司 A 的账面现金规模庞大，它并不存在资金周转困难，因此亚马逊的市场地位和对供应商的话语权，使其完全符合公司 A 的特征。

至此，还有两家公司需要进一步甄别，即把公司 I 和公司 K 与连锁药店公司和食品零售连锁公司进行匹配。

两家公司的固定资产规模差异很大，公司 I 的固定资产占总资产比例远高于公司 K。回想一下上一次你在食品店或药店里购物的场景，哪一类零售店配有更多的设备？在食品商店里，维持冷链设备的运行耗资巨大，因此公司 I 更有可能是食品零售连锁公司。但让我们再多找一些证据来证明吧。

公司 I 回收现金的速度要快于公司 K，这进一步印证了它是食品零售连锁公司。相对于药店，食品商店更可能立即收到顾客支付的款项。连锁药店的收入中有相当一部分来自保险公司，这样的客户结构使连锁药店更像 B2B 类型（business to business，泛指业务往来的供需双方都是公司的商业形式）的公司。公司 I 的存货周转也更快，符合食品零售的特点。综上，我们可以判断公司 K 是沃尔格林，而公司 I 是克罗格。

暂未归类的离群值

在完成零售商和服务型公司的归类分析后，我们要面对的是剩下的混合组——微软、诺德斯特龙、杜克能源、辉瑞制药、戴尔（见表1–12）。

表1–12 辨认离群型公司

资产负债表（用百分比来表示）	C	D	F	J	L
资产					
现金及有价证券	27	25	54	16	2
应收账款	21	7	12	26	2
存货	3	4	1	17	3
其他流动资产	8	5	4	4	2
固定资产（净值）	4	8	7	32	60
其他资产	37	52	22	5	31
总资产*	100	100	100	100	100
负债和股东权益					
应付票据	8	3	2	0	4
应付账款	24	2	3	12	2
应计项目	8	1	3	5	1
其他流动负债	9	9	18	10	2
长期债务	11	17	9	39	32
其他负债	17	24	9	10	23
优先股	0	0	0	0	0
普通股	23	44	55	24	36
负债和股东权益总计*	100	100	100	100	100
财务比率					
流动资产/流动负债	1.19	2.64	2.71	2.28	1.01
现金+交易性金融资产+应收账款/流动负债	0.97	2.07	2.53	1.53	0.45
存货周转率	32.4	1.6	10.4	5.5	2.3

（续表）

资产负债表（用百分比来表示）	C	D	F	J	L
应收账款回收期（天）	63	77	82	64	51
总负债/总资产	0.19	0.20	0.11	0.39	0.36
长期债务/总资本	0.33	0.28	0.14	0.62	0.47
收入/总资产	1.198	0.317	0.547	1.502	0.172
净利润/收入	0.042	0.247	0.281	0.061	0.090
净利润/总资产	0.050	0.078	0.153	0.091	0.016
总资产/股东权益	4.44	2.27	1.80	4.23	2.77
净利润/股东权益	0.222	0.178	0.277	0.384	0.043
息税前利润/利息费用	11.16	12.26	63.06	8.05	2.52
息税折旧摊销前利润/收入	0.07	0.45	0.40	0.15	0.28

注：在资产、负债和股东权益中，每一列的总数已四舍五入为100。

其中，公司C、D、F几乎没有固定资产，而其他两家公司的固定资产占比则非常高。杜克能源主要运营发电厂，因此大概率是两者之一。传统百货诺德斯特龙应该是另外一家，但它们到底分别对应哪家公司呢?

换个角度分析，看一下其余3家公司的固定资产情况，戴尔、辉瑞、微软都没有重资产生产环节，因此，拥有较低占比的固定资产是说得通的。

前面提到的两家有高额固定资产的公司，到底哪一家是杜克能源，哪一家是诺德斯特龙百货呢？区分二者的重要因素是存货，诺德斯特龙百货的存货占比应该更高，杜克能源应该几乎没有存货，因为电力无法储存。据此分析，公司 L 是杜克能源，公司 J 是零售商诺德斯特龙百货。

此外，公司 L 的息税折旧摊销前利润很高，意味着其折旧摊销金额巨大，这是电力行业的特点。在电力行业，人们通常谈论息税折旧摊销前利润而非净利润，因为大家清楚，那些折旧与摊销无法反映真实的营运表现。

最后三家公司——戴尔、微软和辉瑞，我们看到公司 C 的利润率水平相当低，而公司 D 和 F 则有令人惊讶的利润率（超过 20%），息税折旧摊销前利润则高达 40% 以上。余下三家公司里，哪一个处于消费品行业？在过去的 10 ~ 15 年，笔记本计算机的消费品化趋势非常明显，行业的盈利水平逐渐降低，而这种消费品化的趋势并没有出现在软件和制药行业。

与此同时，公司 C 的存货停留在公司内部的时间仅有 10 天出头，符合戴尔公司“零库存高周转”的供应链管理模式。戴尔公司在接到客户订单后才安排生产，这样可以使存货尽可能保持在最低水平。

辨认最后两家公司

最后两家公司看起来很相似，这让我们的最后一步工作变得极为困难。两家公司的重要区别之一在于公司 D 拥有大量其他资产，这一特点意味着它很有可能处于无形资产密集型行业，并经历了多次并购。

你如果关注制药行业，就可能会推断公司 D 是辉瑞。辉瑞在行业整合潮中进行了一系列并购，从法玛西亚到惠氏再到赫士睿，均是辉瑞的并购标的。所以公司 D 应该是辉瑞。此外还有一个证据可以确认我们的判断。你会发现公司 D 的其他负债占比远超公司 F，这同样符合辉瑞的特征。辉瑞执行的是传统养老金计划，而微软作为一家年轻公司，执行的是养老金固定缴款计划。最后，你可能知道微软账面有大量现金，公司 F 却恰恰相反。

我们做到了！这真的是一场困难的游戏，但如果理解了这些比率和内在逻辑，你就已经为接下来的学习打下了坚实基础。

最重要的比率

遍历以上全部数字后，你能认定其中哪一个是最重要的数字吗？在众多比率中，管理者最看重的是什么？

这个问题很有争议性，但很多金融分析师最关注净资产收益率，因为该指标衡量了所有权人的收益水平，所有权人才是公司的最终老板。由于净资产收益率是被广泛使用的指标，因此理解影响净资产收益率的因素非常重要。杜邦分析法是由杜邦公司在 20 世纪初期提出的一套分析公司财务健康状况的方法，它提供了理解净资产收益率杠杆的有效方式。（见图 1–1）

杜邦公式从纯数学的角度将净资产收益率分解为三个要素：盈利能力、营运效率和杠杆水平。

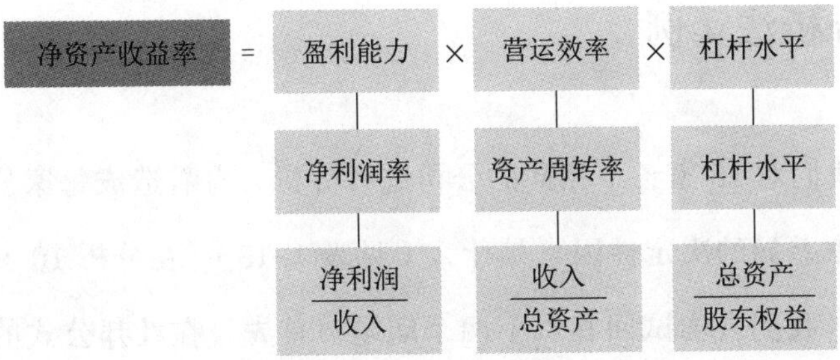

图 1-1　杜邦分析法

盈利能力。影响净资产收益率水平的第一个重要因素就是公司的盈利能力。回到利润率的概念，对于获得的 1 美元收入来说，公司最终究竟赚取了多少净利润？

营运效率。盈利很重要，但净资产收益率也受到营运效率的影响。我们使用总资产周转率衡量公司的营运效率，即公司利用单位资产产出收入的能力。

杠杆水平。我们知道，杠杆可以放大回报。它也是影响净资产收益率的重要因素。在公式中，我们可以用公司总资产和股东权益之比来衡量杠杆水平。

这个简单的公式可以指导你分析净资产收益率的来源。与其他任何一种方法一样，净资产收益率并不完美。它有两个很明显的缺陷。首先，由于包含了杠杆的影响，它并不能单纯评价公司的运营业绩，这也是有人倾向于使用资本收益率的原因，资本收益率是息税前利润与公司资本（债务 + 权益）之比。其次，这关乎我们将在后面涉及的重要内容——净资产收益率并不关注公司产生现金的能力。

杜邦分析法实例

让我们对 10 家各不相同的公司进行分析，看看造成每家公司净资产收益率差异的决定性因素是什么（见表 1–13）。在分析 10 家公司的过程中，我们来尝试回答以下两个问题：首先，在杜邦公式的 4 个参数——净资产收益率、盈利能力、营运效率和杠杆水平中，哪一个参数数据是所有公司趋同的？其次，针对公式里的每一个参数，最高值和最低值分别对应哪家公司？对于第一个问题，我们试着思考为什么不同公司的参数数值有差异，又是什么因素促使他们趋同。对于第二个问题，我们从杜邦公式的每个参数分别代表的含义入手分析。

表 1–13　杜邦分析（1998年10家不同公司的净资产收益率和杠杆水平情况）

	净资产收益率（%）	=	净利润率（%）	×	资产周转次数（次）	×	财务杠杆（倍）
美国银行		=		×		×	
卡罗来纳电力与照明公司		=		×		×	
埃克森石油公司		=		×		×	
雄狮食品		=		×		×	
哈雷·戴维森		=		×		×	
英特尔		=		×		×	
耐克		=		×		×	
美国西南航空公司		=		×		×	
蒂芙尼公司		=		×		×	
添柏岚		=		×		×	

第一个问题的答案是净资产收益率。在表 1–14 中，各公司的净资产收益率一栏里的数字波动范围远低于其他三个参数栏（仅比较最高值和最低值的差额）。为什么会出现净资产收益率最相近这种情况呢？

表 1–14 杜邦分析（1998年10家不同公司的净资产收益率和杠杆水平情况）

	净资产收益率（%）	=	净利润率（%）	×	资产周转次数（次）	×	财务杠杆（倍）
美国银行	11.2	=	10.8	×	0.1	×	13.5
卡罗来纳电力与照明公司	13.5	=	12.8	×	0.4	×	2.8
埃克森石油公司	14.6	=	6.3	×	1.1	×	2.1
雄狮食品	17.0	=	2.7	×	2.8	×	2.3
哈雷·戴维森	20.7	=	9.9	×	1.1	×	1.9
英特尔	26.0	=	23.1	×	0.8	×	1.3
耐克	12.3	=	4.2	×	1.8	×	1.7
美国西南航空公司	18.1	=	10.4	×	0.9	×	2.0
蒂芙尼公司	17.4	=	7.7	×	1.1	×	2.0
添柏岚	22.2	=	6.9	×	1.8	×	1.8

尽管这些公司在产品市场中不存在竞争关系，但它们一起在资本市场中厮杀。如此，不同公司的净资产收益率不能相差太远，因为资本只会追逐能带来高额回报的公司。这就是以上所有公司净资产收益率趋同的原因。

那么，所有公司的净资产收益率都应该相同吗？并非如此，因为风险与收益应当匹配（我们在第 4 章会深入探讨这个话题）。如果股东承担了更多风险，那么他们自然会要求更高的回报。资本市场的竞争导致净资产收益率趋同，而各自公司风险水平的差异又让净资产收益率出现差异。

让我们把关注点放在不同栏的较高值和较低值上。首先从盈利能力开始，雄狮食品的盈利水平较低，净利润率仅为 2.7%，而英特尔的利润率则高得令人侧目。为什么会出现这样的情况？

你可能会将它们之间的差异归因于竞争环境不同，但事实上，以上所有公司都处于高度激烈的竞争环境中。其实，盈利能力衡量的是一家公司创造的财富增加值，它随着财富增加值的变化而波动。食品零售商的确无法创造太多附加值，因此即便是最优秀的食品零售商也仅能获得约 4% 的净利润率。反观英特尔，它将沙子变成计算机芯片，真正创造了可观的附加值。所以，盈利能力反映的是内在的财富创造过程。雄狮食品的资产周转率为什么是最高的呢？经营一家食品零售店是怎样赚钱的？要知道，它每卖出一箱谷物，利润都极其微薄，整个运营的核心就在于如何让存货周转得再快一点儿。这就是资产周转率对于食品零售商提高净资产收益率水平来说至关重要的原因。

最后，我们的目光来到了财务领域中最重要的工具——杠杆身上。杠杆水平最高和最低的分别是哪两家公司？毫无疑问，银行是杠杆水平最高的，但它有特殊性，我们暂时排除银行，只分析其他实体企业。

在其余 9 家公司里，哪家公司的杠杆水平最高，哪家最低？卡罗来纳电力与照明公司的杠杆水平最高，英特尔则最低。为什么？杠杆水平的高低反映了经营风险的大小，将财务风险置于经营风险之上是本末倒置的。卡罗来纳电力与照明公司有稳定的客户需求，其产品定价也被政府严格监管，所以现金流十分稳定。因此，它有能力驾驭更高的杠杆水平。

相反，类似于英特尔这类经营着高风险业务的公司不应选择承担较高的杠杆。思考一下英特尔的业务，它每两年就要推出尺寸和成本均减半的新型芯片，同时还要耗费数十亿美元的成本在全球范围内建厂，用于生产下一代芯片。任何一代版本一旦出错，产品将失去市场。如此高的经营风险要求它们必须有足够低的财务风险。这是我们分析杠杆水平的通常模式。

至此，我们已经分析了不同行业之间财务比率的差异，但使用财务分析的最佳方式是将同一家公司与其所在行业中给定一段时间范围的表现进行对比。我们将视角缩小到一家公司——添柏岚身上，从杜邦分析法出发，试着用数字讲述一段故事。

对添柏岚影响深远的变革

添柏岚（Timberland）是户外装备制造商和零售商，在 20 世纪 90 年代，该公司经历了一系列影响深远的财务和组织结构变革。我们来看一下 1994 年该公司财务情况与行业中位数的对比。（见表 1–15）

表 1-15 添柏岚杜邦分析结果（添柏岚及行业中位数的比率分析，1994）

	1994年	行业中位数*
盈利能力比率（%）		
净资产收益率（%）	*11.9*	*12.3*
投入资本收益率（%）	7.1	9.7
净利润率（%）	*2.8*	*4.2*
毛利率（%）	35.0	38.4
周转率		
资产周转率	*1.3*	*1.8*
存货周转率	1.9	2.7
回收期（天）	73.5	39.1
应付账款账期（天）	32.6	36.3
杠杆和权益比率		
资产权益比	*3.2*	*1.7*
债务比率	68.5	39.6
利息保障倍数	2.9	9.1
流动比率	3.5	3.0

注：样本中包含了 5 家具有代表性的制鞋公司：布朗集团、凯尼斯 · 柯尔、耐克、喜健步和金刚狼。

杜邦公式中的参数——净资产收益率、盈利能力、营运效率和杠杆水平以斜体形式标注在表格中。观察这些数据，尽你所能得出更多结论，试着比较添柏岚和行业数据，据此描述一个故事。

首先，添柏岚业绩表现如何？如果我是公司的 CEO，那么我会强调公司的净资产收益率为 11.9%，与行业平均水平 12.3% 十分接近，因此我觉得公司经营得还不错。你会同意这个判断吗？当我们用杜邦分析法来解读时，眼前呈现的却是一幅截然不同的画面。添柏岚的净资产收益率源自何处？是盈利能力吗？并不是，添柏岚的盈利表现低于行业平均水平。是营运效率吗？也不是，营运效率数据也仍然弱于行业平均数。

添柏岚的净资产收益率主要来自杠杆水平，这意味着它是通过让所有权人承担更多风险的方式来弥补糟糕的经营业绩的。

这是净资产收益率指标的重要缺陷之一。尽管它很有价值，但杠杆对最终计算结果有着一以贯之的影响，这也是为什么有些人会使用其他略有改动的衡量指标，比如资产收益率和资本收益率等。这些指标剥离了杠杆的影响，揭示了添柏岚的管理层使用资本的效率低于其同行的事实。

资本收益率，也称投入资本收益率或已投资资本收益率，是一个尤为重要的指标，因为它既考虑了资本提供方（出资人），又考虑了综合收益。综合收益是什么？对于出资人来说，收益是指全部的经营利润扣减税费后的剩余收益，即息前税后利润（EBIAT）。

资本收益率

息前税后利润 /（债务 + 权益）

其他一些指标也在向我们发出添柏岚业绩弱于同行业其他公司的警告。请看利息保障倍数或盈利与利息之比，它衡量的是经营利润可以覆盖利息费用的倍数。添柏岚的这一数字不足 3，而行业平均水平接近 10。这说明了什么？添柏岚正走在它的竞争者们竭力回避的财务钢丝上。

再来看看添柏岚的经营情况。存货周转率大幅低于同业，它的应收账款回收期高达 73.5 天，与同行业 39.1 天的数据实在相差甚远。造成回收期过长的原因可能有以下几点：其一，管理松散导致催收力度不够；其二，为了刺激销售而采取了激进的信用政策，更危险之处在于，公司可能存在账龄达 200 天以上的应收账款，这类客户已经几乎不太可能再付款了。所以 73.5 天的数字可能是管理层在隐匿坏账的信号。添柏岚的应付账款周期，即对供应商的平均付款天数几乎与行业平均水平持平。

一年后的数字

接着，我们来看添柏岚在 1995 年的数据（见表 1–16）。杜邦分析的结果显示，净资产收益率为负，因为公司的盈利由正转负。营运效率略有提升，杠杆水平有所下降。让我们继续挖掘杠杆水平的下降传达了什么信息，利息保障倍数从 3 直降到不足 1。这意味着添柏岚的经营利润已不足以覆盖利息费用。此时添柏岚已经濒临十分危险的境地。在绝境中，应该如何自救？添柏岚需要筹集更多现金，数据显示，它正是这么做的。

表 1–16　添柏岚杜邦分析结果（添柏岚及行业中位数的比率分析，1994—1995）

	1994年	1995年	行业中位数（1998年）*
盈利能力比率（%）			
净资产收益率（%）	*11.9*	*−8.2*	*12.3*
投入资本收益率（%）	7.1	0.7	9.7
净利润率（%）	*2.8*	*−1.8*	*4.2*
毛利率（%）	35.0	33.7	38.4
周转率			
资产周转率	*1.3*	*1.6*	*1.8*
存货周转率	1.9	2.4	2.7
回收期（天）	73.5	53.4	39.1
应付账款账期（天）	32.6	21.2	36.3
杠杆和权益比率			
资产权益比	*3.2*	*3.0*	*1.7*
债务比率	68.5	66.2	39.6
利息保障倍数	2.9	0.2	9.1
流动比率	3.5	4.8	3.0

注：样本中包含了 5 家具有代表性的制鞋公司：布朗集团、凯尼斯 · 柯尔、耐克、喜健步和金刚狼。

首先，存货周转速度明显提升，利润率迅速下滑，这说明公司正在大力促销，折价出清存货。它尽可能在短时间内将存货处理掉以回笼资金清偿利息。应收账款回收期减少了 20 天，这绝非偶然，公司筹集资金的另一种方式就是对客户的应收账款进行打折清收，比如客户只需要支付原始账面金额的 80% 即可终结欠款。简而言之，公司渴求现金，愿意在支付条件上妥协以求快速回笼资金支付利息。

除存货和应收账款以外，营运资本的最后一部分就是应付账款。在前一年度，应付账款的规模还很大。现在，公司却在加速支付应付账款，这对于一家处于现金流困境的公司来说看似很奇怪，但快速缩小的应付账款规模最可能是在供应商的压力下形成的。鉴于添柏岚的财务状况，供应商不愿意给予它信用期，他们可能要求公司现金提货。营运资本对现金的影响将是第 2 章的重点话题。

1994—1998年的数字

让我们继续看接下来几年的数字（见表 1-17）。情况似乎稳定下来并向好的方向发展了。

表 1-17　添柏岚杜邦分析结果（添柏岚及行业中位数的比率分析，1994—1998）

	1994年	1995年	1996年	1997年	1998年	行业中位数（1998年）*
盈利能力比率（%）						
净资产收益率（%）	*11.9*	*−8.2*	*12.3*	*22.1*	*22.2*	*12.3*
投入资本收益率（%）	7.1	0.7	9.6	18.3	17.9	9.7
净利润率（%）	*2.8*	*−1.8*	*3.0*	*5.9*	*6.9*	*4.2*
毛利率（%）	35.0	33.7	39.4	41.7	41.9	38.4
周转率						
资产周转率	*1.3*	*1.6*	*1.5*	*1.9*	*1.8*	*1.8*
存货周转率	1.9	2.4	2.6	3.3	3.8	2.7
回收期（天）	73.5	53.4	53.2	34.7	33.4	39.1
应付账款账期（天）	32.6	21.2	18.6	16.0	18.9	36.3

（续表）

	1994年	1995年	1996年	1997年	1998年	行业中位数（1998年）*
杠杆和权益比率						
资产权益比	*3.2*	*3.0*	*2.7*	*2.0*	*1.8*	*1.7*
债务比率	68.5	66.2	63.2	48.8	43.3	39.6
利息保障倍数	2.9	0.2	2.5	5.6	10.2	9.1
流动比率	3.5	4.8	3.7	3.5	4.0	3.0

注：样本中包含了5家具有代表性的制鞋公司：布朗集团、凯尼斯·柯尔、耐克、喜健步和金刚狼。

1996年，添柏岚的盈利能力仍略低于行业平均水平，但营运效率得到提升，杠杆水平得以降低。添柏岚周转了更多存货，但周转方式已不再是降价促销。如果要说与之前有什么不同的话，毛利率证明了在库存周转提升的同时，公司也在赢得定价权。

1997年，情况好转得更加明显。总体表现引人注目，净资产收益率几乎是行业平均水平的两倍。一切都在回归正轨。存货周转率提高到1994年的两倍左右，毛利率也显示出它的产品在提高售价。

上升趋势在1998年继续延续。添柏岚维持了两倍的行业平均净资产收益率水平，但这一次，净资产收益率的来源更加健康。净资产收益率来自盈利能力的增长，而不仅是营运效率和杠杆水平的变化。在这一期间，添柏岚内部究竟发生了什么？濒临破产的绝境倒逼公司从家族式管理模式转型为现代公司专业化管理模式，与此同时，添柏岚成为嘻哈艺术家青睐的品牌，在两者的共同作用下，添柏岚的财务情况发生了翻天覆地的变化。

从这个练习案例中，你学到了什么？你可以利用财务比率和数字讲述任何一家公司在一段时间里发生的变化。你可以创造一个像侦探小说一样的故事，如此，枯燥的数字变得有意义起来。任何类型的公司都有这些数据，我们通过公开渠道也很容易获取。我建议你任意找一家你感兴趣的公司，利用刚刚学习到的知识分析一下。

. . . .

真实世界观点

劳伦斯·德布鲁（喜力公司 CFO）在谈到对于学习财务和金融的人来说最重要的事情是什么时，是这样说的：

如果你在 20 年前问我，要想在财务领域取得一番成就，最重要的是拥有怎样的特质？我可能会告诉你，要努力、要非常专业和进取。这些特质当然会引领你到达一定高度，但之后它可能无法推动你继续前进。你当然可以永远保持努力，但现在，坚持和好奇心可能是我觉得最重要的。坚持之所以重要，是因为你不可能永远在一开始就找到正确答案，最初的结论不见得能够一直站得住脚。财务是一项关于挖掘的工作，试着还原数字背后的真相，探究不同假设代表的含义。这个数字是正确的吗？如果不是，为什么？它想让你呈现的是现实还是被扭曲的事实？如果你只看到表面，数字就是极其枯燥乏味的，但如果你想了解隐藏在数字背后的现实，它就会变得有趣起来。

如果你关注和好奇的是那些数字背后的人的行为，那么数字也会用丰富的信息来回报你。

. . . .

小测验

1. 杠杆水平的提升让公司控制更多资产并提高净资产收益率水平。那么杠杆的不利之处在于哪些方面？

 A. 降低营运效率，从而降低整体净资产收益率水平

 B. 基于杠杆产生的利润并非基于现金流的利润，财务上并不认可

 C. 杠杆也会放大亏损，因为它增加了公司承担的风险

 D. 杠杆没有坏处——使用他人的钱是增加公司价值的好方法

2. 什么类型的公司杠杆水平可能最高？

 A. 具有高增长机会的新兴行业公司

 B. 稳定可预期的行业里具有稳定现金流的公司

 C. 科技公司

 D. 盈利能力较低的公司

3. 2009 年，沃伦·巴菲特斥资 30 亿美元投资了陶氏化学发行的优先股。对于优先股股东来说，以下哪一项不是优先股的优点？

 A. 公司破产时，优先股股东可以优先于普通股股东分配剩余资产

B. 即使普通股股东未得到股利分红，优先股股东也可能得到分配的股利

C. 与债务不同，优先股与公司所有权相关

D. 优先股股息率必须是偶数（比如 2%、4% 等）

4. 以下哪一项最不可能是资产负债表中列示的资产？

A. 吉列德科学公司自行研发的丙肝疗法——一项能带来高额回报的专利

B. 谷歌公司总部大楼

C. 福特汽车账面上由于汽车销售而形成的应收款项

D. 2017 年年底，脸书银行账户里的 420 亿美元

5. 以下哪个公司的存货周转率可能是最高的？

A. 赛百味，快餐连锁公司

B. 百万书店，连锁书店

C. 全食超市，食品杂货连锁店

D. 英国航空，航空公司

6. 以下哪一项是零售公司的典型特征？

A. 较高的净资产收益率水平

B. 较短的应收账款回收期

C. 较高的存货周转率

D. 较高的资产负债率

7. 必和必拓是全球最大的矿业公司之一，其应收账款占总资产的比例达 21%（2016 年）。以下哪一家公司最可能是必和必拓应收账款的付款方？

A. 美国银行，一家全球性银行

B. 矿业招聘机构，一家专注于矿业员工招聘的人力资源服务机构

C. 西斯科（Sysco），食品分销商

D. 美国钢铁公司，钢铁制造商

8. 以下哪一个利益相关方最关心公司的流动比率？

A. 股东　　B. 供应商　　C. 竞争者　　D. 客户

9. 判断：高净资产收益率总是一件好事情。

A. 正确　　B. 错误

10. 家得宝——一家家居百货连锁店，在 2006 年年底发行了 20 亿美元的债务。债务与应付账款等其他负债的最大区别是什么？

A. 债务有明确的利率

B. 债务代表了对公司的所有权

C. 债务是剩余资产索取权

D. 债务仅是欠供应商的款项

本章总结

我希望你能明白，财务分析关注的并不仅仅是数字本身。数字只不过是协助我们理解不同时期、不同公司、不同行业业绩增长驱动因素的工具。每个数字都有价值，但没有哪一个数字能反映故事的全貌。实际上，每个数字都有其局限性，只有将所有数字碎片拼凑在一起，我们才有可能理解一家公司。随着你投入学习和研究的时间不断增加，财务分析的过程将变得更简单而且更有价值。你最好引导其他人一起玩儿这个匹配不同行业的公司的游戏，以确认自己是否真正理解了本章内容。

我希望你感觉到自己已经打下了培养财务能力的坚实基础。很多财务知识是由直觉产生的，你需要结合具体数字来讲述一个故事。接下来，我们将深入讨论现金的话题，探究为什么未来比当下和过去更重要。如果条件允许，你可以试着使用在本章学习到的工具去分析你的公司或其他任何公司的财务情况。

2. 财务视角

为什么财务如此关注现金流和未来？

会计报表对理解公司业绩至关重要，但也存在一些弊端。为了减少这些弊端带来的影响，财务专业人士建立了一整套独特的方法，用于做出决策和分析公司业绩。

这套方法有两大支柱。首先，财务专业人士质疑了衡量经济收益的最佳方式。尽管会计人员强调净利润，但财务专业人士认为净利润有缺陷，因为它忽略了一些重要因素。在寻找解决方案的过程中，财务领域逐渐形成共识，把现金作为衡量经济收益的方式。实际上，可以用迷恋来形容他们对现金的喜爱程度。

现金可以有很多含义，所以我们用三种不同的概念——息税折旧摊销前利润、经营性现金流、自由现金流——来定义现金。接着我们将分析自由现金流为什么对投资和估值决策有着重大影响，以及它为什么代表了财务的最高标准。

其次，金融专注于未来，因此从本质上就有前瞻性和预见性的要求。这要求我们脱离资产负债表去解答一些重要金融问题：资产的价值究竟是多少？价值来源于何处？我们如何衡量未来现金流的价值？基于未来的视角，我们要考虑货币的时间价值以及将未来现金流转换为当前价值的方法，二者是我们做任何投资或估值决策的基础。

财务与会计的差异：谨慎性和权责发生制

财务与会计在两个方面有着很大的差异，这两个方面是谨慎性和权责发生制。

谨慎性原则

谨慎性原则是指公司按照较低的价值确认资产，引申开来，也按照较高的价值计量负债。简而言之，会计人员选择尽量保守。因此，资产负债表上的资产通常以历史成本计量，不考虑当前价值或重置价值，而且很多资产根本无法体现在账面上。比如，苹果公司 2016 年的资产负债表上体现的品牌价值为零，而福布斯对这个有着 40 年历史的品牌的估值高达 1 541 亿美元。你认为哪一个更符合现实情况?

权责发生制原则

权责发生制原则试图使收入和成本平滑，从而更好地反映经济运行的现实情况。比如，它允许一家公司将一笔投资进行资本化，形成资产，在资产存续期间计提费用。举个例子，欧洲航天和国防制造商空客集团，在美国亚拉巴马州的莫比尔斥资 60 亿美元建造了一座新工厂。由于遵从权责发生制原则，空客集团的利润表将更加平滑，而不是在 2015 年实现巨额亏损之后的运营中实现较高的利润。但是这种利润的表现形式与实际现金流情况大相径庭，忽略了货币的时间价值，可能会造成管理决策的失误，而现金流则不会带来这类问题。

…………

真实世界观点

劳伦斯·德布鲁（喜力公司CFO）这样评价现金的重要性：

我始终记得这句话：收入是虚无，业绩是虚无，只有现金最真实。只强调收入增长是荒谬而危险的，只衡量利润增长同样危险。现金才是最重要的。现金可以为公司运营提供资金，偿付贷款，给股东分配股利。从经营过程中获取现金的能力才是最重要的指标。

…………

当谈论现金时，我们到底指的是什么？

在第 1 章里，我们使用净利润衡量公司业绩。尽管净利润有其优点——它是评价股东们经营公司成果的有力指标，但也存在很多问题。第一，它不加区分地对待现金和非现金支出。第二，净利润的计算口径是扣除了利息费用，这就很难衡量业务模式相近但融资结构不同的两家公司的业绩表现。

第三，也是最重要的问题，净利润数据受很多管理决策的影响。会计要求管理层的决策尽可能使利润平滑，因为会计师认为这样更贴近现实情况。比如，一项设备的购入支出需要在被资本化后列在资产负债表上，接着在后续的使用过程中进行折旧。与其类似，收入也是逐渐被确认的。但是这个平滑业绩的过程很主观，它留给管理者根据自己的利益诉求进行利润操纵的空间。相反，现金就是现金，毫无争议，它不可能被管理层按照自己的意图随意支配。

为了建立评估经济收益的基础，我们需要识别与净利润截然不同的现金流。但是当谈论“现金”的时候，我们到底指的是什么？很遗憾，答案是视情况而定。我们将从第1章里提到的息税前利润和息税折旧摊销前利润开始，在此基础上构建经营性现金流，最终来到财务最高殿堂：自由现金流。

息税前利润公式

净利润

+ 利息费用

+ 所得税

= 息税前利润

可见，在不扣除利息费用和所得税的情况下，息税前利润很清晰地展示了公司经营的效率和盈利能力，因为利息费用和所得税实质上与公司的经营情况无关。息税前利润仍不是衡量现金的好指标，因为它扣除了类似折旧与摊销等非现金支出。为了更全面地反映情况，财务专业人士转而使用息税折旧摊销前利润。

息税折旧摊销前利润公式

净利润

+ 利息费用

+ 所得税

+ 折旧与摊销

= 息税折旧摊销前利润

亚马逊的净利润、息税前利润和息税折旧摊销前利润

亚马逊提供了一个分析三个指标的不同之处的绝佳案例（见表 2–1）。

2014 年，亚马逊的净利润是 –2.41 亿美元。亚马逊当年的息税前利润为 1.78 亿美元，二者的差额（4.19 亿美元）代表了所得税、利息费用以及汇率调整损益。那息税折旧摊销前利润表现如何呢？由于高达 47.46 亿美元的巨额折旧与摊销的存在，亚马逊当年的息税折旧摊销前利润为 49.24 亿美元——与净亏损 2.78 亿美元有着天壤之别。因此，用息税折旧摊销前利润来衡量，亚马逊创造了大量现金，但根据盈利衡量，

公司正在承受损失。

表 2–1 亚马逊公司2014年度利润表（单位：百万美元）

销售收入	88 988
销售成本（包含4 746美元折旧）	–62 752
毛利	**26 236**
营业费用	–26 058
息税前利润	**178**
利息费用	–289
所得税费用	–167
营业外收入	37
净利润（亏损）	**–241**

. . . .

思考

与其他一般行业相比，息税折旧摊销前利润对于某些特定行业来说是更重要的指标。我们来对比以下三家公司：美国艺电公司（一家视频游戏开发商），迈克尔斯公司（一家艺术品和工艺品连锁零售商），以及康卡斯特公司（一家互联网、电话及有线电视服务供应商）。哪家公司的折旧与摊销金额最大，为什么？

计算折旧与净利润的比值是一种评估折旧差异的方法。

2015 年，美国艺电、迈克尔斯和康卡斯特公司的折旧额与净利润之比分别为 17%、34% 和 106%。这个数据合乎逻辑，与美国艺电这种软件公司不同，康卡斯特在前期要投入大量资金，在全美范围内建设电缆和互联网基础设施。由于这些前期投入的存在，用净利润来衡量业绩表现会导致对比结果失真。迈克尔斯公司是传统的实业公司，因此它的折旧与摊销情况介于两者之间。

从息税折旧摊销前利润到经营性现金流

鉴于财务专业人士对现金的热爱，为现金流设置一张专门的报表就不足为奇了。这张报表就是现金流量表。很多财务专业人士更看重现金流量表，因为利润表存在非现金费用和管理层操纵的问题，资产负债表存在历史成本计量和遵从谨慎性原则的弊端，而现金流量表展现的纯粹是公司真实的现金流情况。

一张标准的现金流量表由三部分组成：经营活动、投资活动和筹资活动。第一部分是经营活动产生的现金流（经营性现金流），它既是衡量现金流的方法，又将我们之前讨论过的很多元素汇集在一起。回想一下添柏岚是如何处理存货和应收账款以回收资金的。从普遍意义上来说，营运资本，即应收账款、存货和应付账款，对公司现金流有非常重大的影响。

经营性现金流公式

净利润

+ 折旧与摊销

– 应收账款增加值

– 存货增加值

+ 预收款项增加值

+ 应付账款增加值

= 经营性现金流

经营性现金流在几个方面区别于息税折旧摊销前利润。首先，也是最重要的，经营性现金流包含营运资本的变动；其次，由于它从净利润出发开始计算，因此包括了所得税和利息费用的影响。最后一点，经营性现金流不仅包括了折旧与摊销，在最终的计算结果中还涵盖了股权激励等非现金支出的因素。

其余部分的现金流量表里是什么内容？简单来说，投资活动部分强调了被利润表忽略而直接体现在资产负债表中的当前正在进行的投资项目。筹资活动反映的是公司举借或偿付债务、发行或回购股票等行为对现金流产生的影响。图 2–1 使用 2017 年星巴克的数据，展现了一个通用格式的现金流量表。这张表描绘了公司现金头寸在一年的周期里是如何随着经营活动、投资及筹资决策而发生变动的。

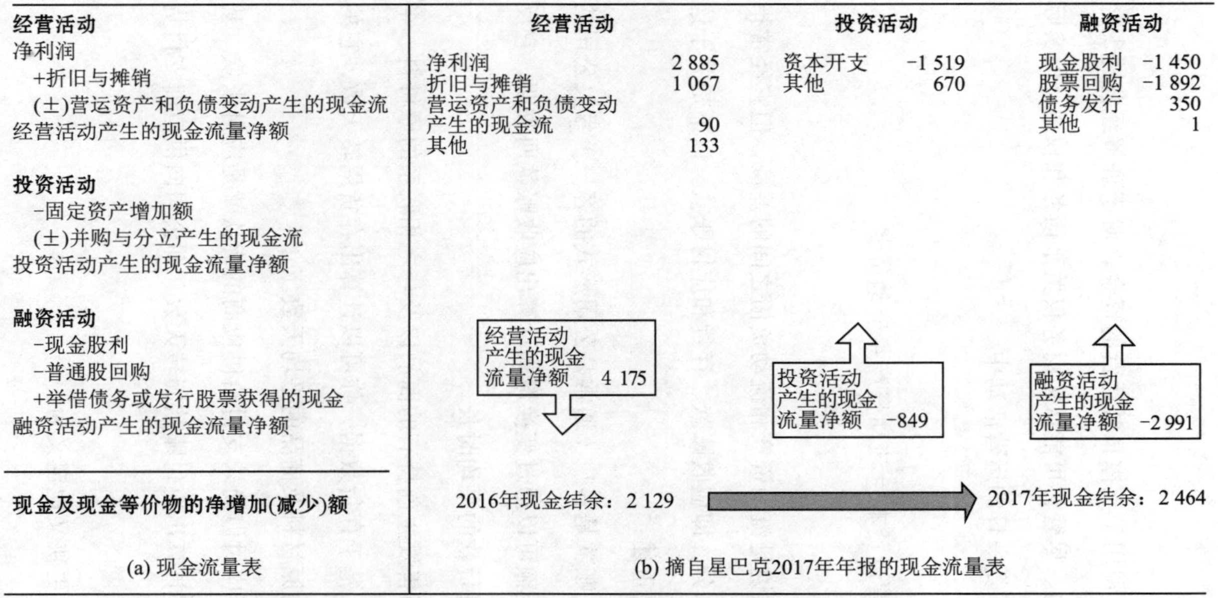

图 2-1　现金流量表样表及星巴克 2017 年度现金流量表（百万美元）

营运资本

营运资本——公司用于支撑日常运营的资金，对于理解经营性现金流而言是非常重要的。尽管你可能认为财务仅关乎债务和权益，但实际上财务深深地嵌在日复一日的运营活动中。

营运资本 = 流动资产 – 流动负债

营运资本通常来说是流动资产和流动负债之间的差额，但它经常指其中三个重要组成部分，即应收账款、存货和应付账款。以下是关于这三个会计科目的简要重述：

应收账款。应收账款是客户（通常是公司形式的客户）亏欠公司的货款。应收账款的金额可以通过变换形式计算出应收账款回收期，它反映的是公司客户支付货款的平均时长。

存货。公司在销售发生前持有的商品以及与之相联系的原材料、半成品等都属于存货。基于存货数据，你可以计算出存货周转天数，它的含义是指公司持有的原材料及商品的平均天数。

应付账款。公司应付但尚未支付给供应商的货款就是应付账款。基于该项金额，你可以计算出应付账款周转天数，即公司向供应商支付货款的平均时长。

营运资本可以被更狭义地定义为：

营运资本 = 应收账款 + 存货 – 应付账款

理解营运资本的一个简单方法是，把它视作一家公司在日常经营活动中产生的资金需求，就像获取其他任何一种资产都需要资金一样。如果营运资本的金额降低，那么公司的融资需求也随之降低。因此，管理营运资本的方式对财务有着非常深远的影响。

现金循环周期

从时间框架视角而非货币视角看待营运资本，是衡量营运资本对公司财务的影响的有力方式。这个框架被称为现金循环周期。

要在实务中理解现金循环周期，请想象你在经营一家五金店，你要做的事情就是从批发商手中购买锤子，然后将它们出售给装修工人。围绕着一个锤子发生了很多笔交易，它们并不是在同一时间发生的。你必须先购买锤子，支付货款，卖出锤子，然后回收货款。假设在你进货后的 70 天，锤子才能售出，但是在售出后 40 天才能收到客户支付的款项。以上数据意味着你的存货周转天数是 70 天，应收账款回收期为 40 天。从经营生意的角度来看，从你购买锤子开始直到能得到现金的那天间隔了 110 天。此外，你不需要在购买锤子时立刻付款，而是可以在 30 天后支付现金。

从现金的角度来看，你需要在收到客户支付货款的 80 天前筹集到要付给批发商的货款。如果公司必须在收到客户付款之前就向供应商付款，那么他们必须筹集公司在一个现金循环周期里短缺的现金。这些需求都不会在净利润或息税折旧摊销前利润中体现出来。因此，仅仅是买入卖出锤子这一个动作就产生了融资需求。（见图 2-2）

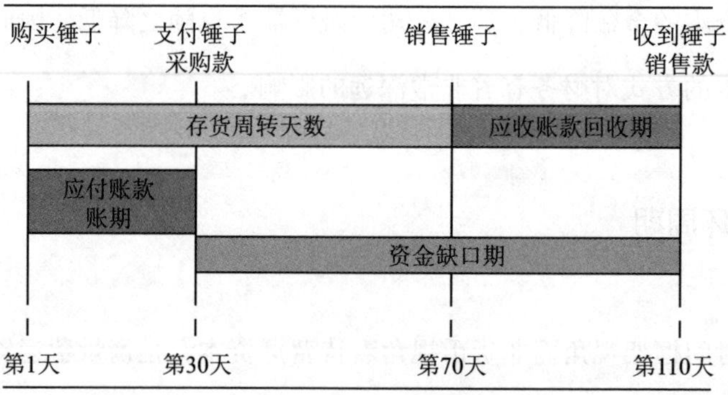

图 2-2 现金循环周期

现金循环周期的缺口引出了另外一些问题。为弥补缺口而进行融资需要承担多少成本？公司要做哪些改变才能降低这些成本？这些改变所花费的成本会不会超过它们带来的收益？

为了更好地理解以下营运资本循环的过程，我们先在脑海里想一下在经济衰退期会发生什么。公司持有存货的周期变长，即便成功出售了锤子，那些被下游客户施加了压力的承包商也要求更长的付款周期。现金循环周期整体被拉长，这就是发生在 2008 年金融危机时期的情形。经济衰退导致存货周转天数增加和应收账款回收期变长，银行在此时收紧银根，企业找不到其他的方式来满足资金需求。这就是 2008 年全球贸易额大幅下滑（下滑 50%）的原因。

我们再回到五金店案例。一个供应商为了鼓励你在10天之内付款而愿意给出2%的现金折扣——这是一笔非常优惠的出价。但对于你来说这是一笔划算的买卖吗?

尽管你下意识地想接受这笔诱人的出价,但其实现在你并没有掌握决策所需的足够信息。这是一个融资决策,需要考虑其他融资方式的成本。由于要提前20天支付供应商货款,你需要融资以弥补20天的资金缺口。对于这20天来说,哪一种渠道的成本更低——银行还是供应商?假设你的银行提供的贷款年化利率为12%,也就是说20天的融资成本低于1%。这意味着你应该接受供应商的这笔交易,因为,为了满足20天的资金需求、维持现金循环,你向银行借款所耗费的成本将低于1%。

换个角度考虑,供应商提供的现金折扣可以转换成你为了获取20天的账期所支付的成本。如果拒绝现金折扣,你为了20天的资金需求而承担了2%的利息,那么,供应商实际上为你提供了利率为2%的为期20天的贷款。同样是20天的贷款,你愿意付2%的利息还是不到1%的利息呢?答案当然是不到1%的利息。银行融资价格更低廉,你应该接受供应商的这笔交易,并从银行借款以满足这20天的资金需求。

. . . .

思考

假如你被指派去管理一家位于亚特兰大的家得宝商店的营

运资本。该商店当前的存货周转天数是 50 天，应收账款回收期是 20 天，应付账款周转天数是 25 天，因此资金缺口期为 45 天。利用你学到的有关现金循环周期的知识，如何缩短商店的资金缺口期？

你可以

- 减少存货周转天数；
- 缩短应收账款回收期；
- 增加应付账款周转天数。

减少商店存货周转天数的代价是什么？为什么要这样做？又有什么原因让你觉得不可以这样做？

降低存货周转天数的最简单方法就是储存更少的存货，可以确定的是存货会卖得更快，融资需求也随之降低。然而，这样做的危险在于，如果消费者无法在你的商店里找到某个特定品牌的油漆或者某种工具，那么他们将转身前往你的竞争对手那里，然后再也不会回来。

缩短应收账款回收期的代价是什么？

你可以通过缩短客户账期的方式来缩短应收账款回收期。但是，这些客户可能需要或者已经习惯了从供应商处获得账期；如果原有的账期缩短，他们就可能会去你的竞争对手那里采购。

增加应付账款周转天数的代价是什么?

延迟支付供应商的货款可能会破坏商业关系；他们可能不愿意继续向你提供货物或者不愿意给予你信用账期。当飓风即将袭击亚特兰大，每个人都需要更多供给时，你的供应商可能更愿意与你的竞争对手合作。

....

思考

Salesforce.com 是一家软件即服务提供商，它的业务模式有点儿类似于杂志订阅。商业用户提前付款以获得软件在一定时期内的使用权。这种模式对 Salesforce.com 的现金循环周期有怎样的影响?

Salesforce.com 有一个负的应收账款回收期，因为它在提供服务之前就收到了客户支付的款项。它的账面上没有存货，因此不存在存货周转天数，它也不需要立刻向供应商付款，因而获得了账期。通过预收款项，Salesforce.com 从客户及供应商处获得维持日常运营的资金。

很多公司，比如戴尔，使用零库存的制造方式，因此它们仅在有订单的情况下才安排生产销售。这种模式是如何影响戴尔的现金循环周期的呢?

戴尔首先从客户手中获得订单，然后开始生产产品，因此其存货周转天数很短，进而减少了现金循环周期，从而降低了公司营运资本的融资成本。

首屈一指的电动汽车制造商特斯拉向客户收取定金，在未来向客户交付目前尚未问世的车型。这一行为将对特斯拉的现金循环周期产生何种影响?

定金并不是一辆车的全部价款，但它仍代表着特斯拉从客户手中融资以维持运营。通过在交付商品前支付定金，客户帮助特斯拉减少了对公司资本提供者的依赖。

· · · · · · · · · · ·

亚马逊是如何不断增长的

要见识营运资本对一家公司财务模型的影响力，还是让我们看看亚马逊的案例吧。亚马逊管理存货、应收账款、应付账款的方式最终形成了一个负营运资本周期，或称作负现金循环周期。在五金店那个案例中，小商店在运营中形成了对资金的融资需求。想象一下，在你生活的世界里，买卖锤子的过程并不形成对资金的需求，反而产生了现金。亚马逊就做到了这一点。

2014 年，亚马逊存货周转天数平均为 46 天，从客户手中收回货款平均花费 21 天（比一般的零售商要长一些，因为这里包含了亚马逊的云计算业务）。但最重要的是，凭借自身的市场地位，亚马逊可以要求它的供应商提供较长的账期，亚马逊支付供应商款项的平均天数为91天。如此，形成了24天的负现金循环周期。

结果，亚马逊的营运过程本身就成为现金来源。在这一点上，同亚马逊一样，苹果也利用营运资本循环，无须寻找外部融资即可支持自身的高速增长。从营运资本中产生的现金已经成为它们商业模式的重要一环。

事实上，供应商为亚马逊和苹果的成长提供了资金。两家公司都利用营运资本循环中产生的廉价资金来替换外部融资渠道。营运资本最终成为经济回报的重要部分，而无论是息税折旧摊销前利润还是息税前利润或净利润，都无法反映这个重要因素。

经营性现金流的分析让我们离财务最高境界更近一步，我们从净利润出发，调整了非现金费用（最主要是折旧与摊销以及股权激励），最后又调整了全部营运资本的影响。

....

思考

假设你的公司支付供应商货款的周期为40天，现行银行利率是20%。一家供应商提出，如果在10天之内付款，就可以给予你的公司1%的现金折扣。你应该接受这笔交易吗？为什么？

一方面，供应商提供给你为期 30 天的贷款，利率为 1%；另一方面，银行提供的 30 天贷款利率超过 1%（每 12 个月利率为 20%）。供应商提供的贷款成本更低，所以你应该从供应商处而不是银行那里获得资金。换句话说，不要接受供应商的提议。

· · · · · · · · · · ·

真实世界观点

劳伦斯·德布鲁（喜力公司 CFO）评价营运资本的重要性：

重视营运资本是个好习惯。你可以持续改进。但同时，你不应该沉溺于此，因为它可能引领你走向极端，导致一些你不愿意看到的结果。对于销售和采购来说尤其如此：你必须非常小心。

喜力公司在 80 个国家经营，我们希望进行本地化采购，因此需要与供应商维持长期和可持续的合作关系。如果坚持从每个供应商身上榨干最后一分钱以改善自身的营运资本状况，那么你最终会逼得供应商没有活路。这并不是你真正想要的生态环境。因此，营运资本固然重要，你需要重视它，但同时，也应该清醒认识到过分执着于营运资本的提升所面临的可能后果。

....

思考

亚马逊将股权激励的金额增加在经营性现金流里，为什么？

股权激励在利润表中被确认为一项费用，降低了公司净利润，但是同折旧一样，它并非现金支出。这就是股权激励费用被加回经营性现金流项目的原因。在过去20年里，股权激励支出是美国公司重要的非现金费用之一。

如果亚马逊以发行股票的方式进行融资，支撑公司增长，比如建设服务器集群以支撑亚马逊的网络服务，那么这一行为将如何体现在公司的现金流量表中？

发行股票是融资方式的一种，所以通过发行股票获取的资金将体现在现金流量表的筹资活动部分。

如果仅观察亚马逊2014年的数据，我们就会发现，当年的营运资本情况似乎是在消耗现金。但我们不是说亚马逊的营运资本是公司的现金来源之一吗？

我们如果看看亚马逊公司在2013—2014年的数据就会很

清楚，亚马逊的现金循环周期从 −27 天增加到 −24 天。这就是在此期间亚马逊需要现金的原因。负营运资本循环的绝对值数字变小，与正的营运资本循环数字变大产生的是同样的效果。

. . . .

最后一步，自由现金流

衡量现金的最后一种方法是自由现金流，这是财务领域衡量经济回报最重要的指标之一。在学习公司估值以及评价公司业绩时，你会发现自由现金流反复出现在眼前。

自由现金流计算公式实质上提供了一种计算完全不受业务经营影响的现金流金额的方法。它计量的纯粹是现金，形成的结果是估值的基础。它移除了诸如折旧与摊销等非现金开支对经营结果的影响（类似于息税折旧摊销前利润），包含了营运资本变动的因素（类似于经营性现金流），以及确认了一直以来被我们忽略的资本支出对公司增长的助推作用。简而言之，自由现金流将公司可以自行裁量使用或者分配的现金单独区隔出来。

要计算自由现金流，我们需要从能代表公司经营业绩的息税前利润开始。由于我们需要的是自由现金流，你必须扣除所得税，然后得到接下来的结果，即息前税后利润。接下来，增加非现金费用，比如折旧与摊销等。然后，视公司营运资本循环的情况来增减现金，如果公司有营运资本的需求，那么从前面的结果中减掉相应数量。下一步，确保你扣减了在持续经营假设基础上做的任何计划或必要的资本支出，因为这是一个未进入利润表的现金开支。

图 2-3 提供了一张解释自由现金流的流程图和公式。你可以将它想象成一张简化的资产负债表。资产负债表的净资产端被分成营运资本（应收账款 + 存货 - 应付账款）和固定资产（房产、厂房、设备等）两部分，资金来源端被分为债务和权益两部分。这张简化的资产负债表将运营（左边）和资本提供者（右边）区分开来。资产运营产生的现金流中最终被资本提供者掌握的就是自由现金流，计算过程如下：业务经营产生息税前利润，但向政府缴纳所得税后变成了息前税后利润。接下来，你必须考虑公司要投入营运资本以及固定资产以维持运营的资金金额。最后，折旧与摊销等非现金费用并没有真正流出企业，因此必须被加回来。最后的结果就是自由现金流。

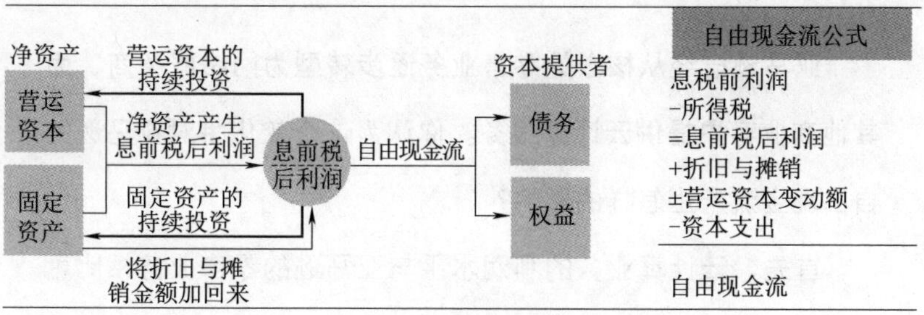

图 2-3 自由现金流

财务领域逐步认可了自由现金流作为评估经济回报的基础。为什么？因为它考虑了一项业务所能产生的所有现金成果，并且能够保证所有的现金流对于资本提供者而言是自由的。图 2-4 是一条从 20 世纪 60 年代开始的时间轴，它显示了财务领域的关注点从收入向净利润、息税前利润、息税折旧摊销前利润、经营性现金流直到自由现金流转变的历程，并标注了不同指标之间的区别所在。

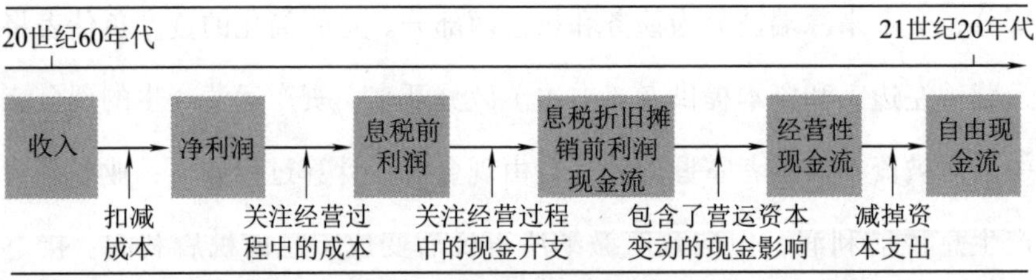

图 2-4 从收入向自由现金流的转变（20 世纪 60 年代—21 世纪 20 年代）

· · · · · · · · · · ·

思考

亚马逊已经从核心的零售业务逐步转型为网络服务商，为其他商业客户提供云计算服务。你认为这个变化将对亚马逊的自由现金流产生怎样的影响？

首先，云计算业务的利润水平与亚马逊的零售业务相比可能截然不同，这影响了公司的息税前利润。云计算订阅模式下的预收款将改变亚马逊原有的营运资本循环。此外，亚马逊可能需要在资本支出方面消耗更多，因为云计算业务需要建造服务器集群，这也会导致后续年度里折旧金额的不同。

. . . .

真实世界观点

艾伦·琼斯（摩根士丹利投资银行私募股权部门的全球负责人）评论道：

在进行收购时，我们喜欢分析并列出一长串我们可以对公司做出的变革。我们非常系统地从利润表开始分析，接着是现金流量表，最后是资产负债表。从利润表的第一行开始，我们能采取哪些措施对其改进，如何改善毛利水平，如何降低营业费用以使毛利更多地留在利润表的最后一行，如何更好地进行税收筹划。

我们接着看现金流量表。在资本支出方面，我们能做些什么？在制订更高的预期收益标准时，我们是否足够谨慎？我们是否有能力掌控和评价两三年后的结果？营运资本对于我们来说是一个巨大的机会。我们时常被那些几乎不关注营运资本的公司震惊，因为忽视营运资本的结果就是无法控制营运资本占总收入的比例。在审视现金流量表时，我们严格遵守规则，管理应收账款、应付账款以及存货。最后，在资产负债表上，我们会关注非核心资产以及如何更好地管理资产的资本密集度。

. . . .

亚马逊与网飞

在介绍下一个财务视角的重要元素——考虑未来——之前，我们来分析一下为什么从现金角度出发可以得到如此多的有效信息。首先，让我们从收入的角度比较两家行业领先者——亚马逊和网飞（见图2–5和2–6）。

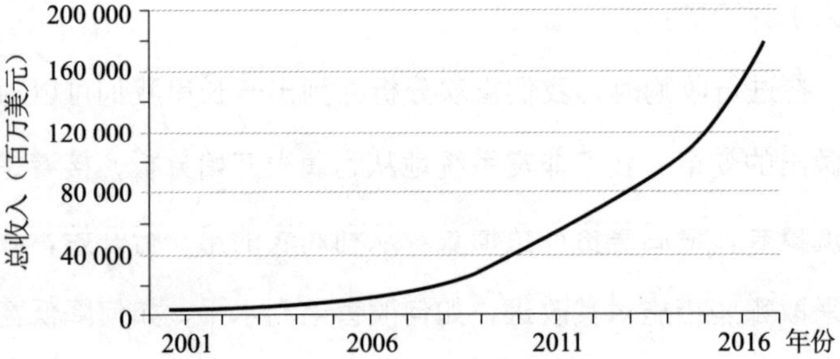

图 2–5 亚马逊的总收入（2001—2017）

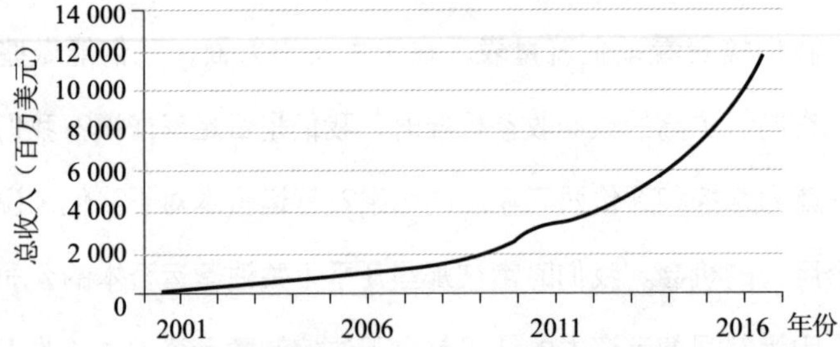

图 2–6 网飞的总收入（2001—2017）

二者在收入规模上差别很大（亚马逊比网飞大很多），但很显然，两家公司在2001—2017年都获得了飞速增长。但这仅仅代表了收入。我们来看一下更多的财务指标（见图2–7和2–8）。

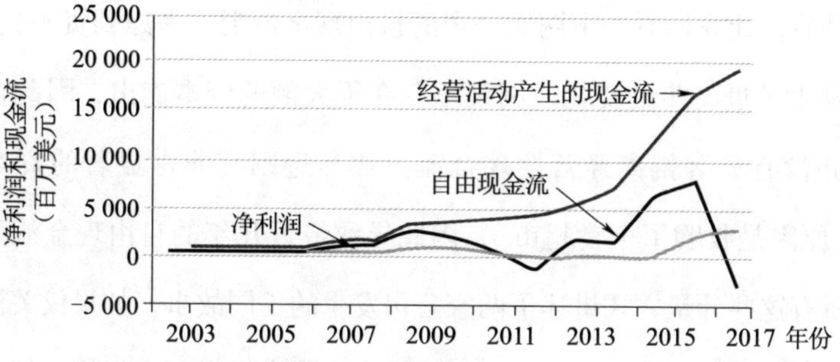

图 2-7 亚马逊的净利润和现金流情况（2003—2017）

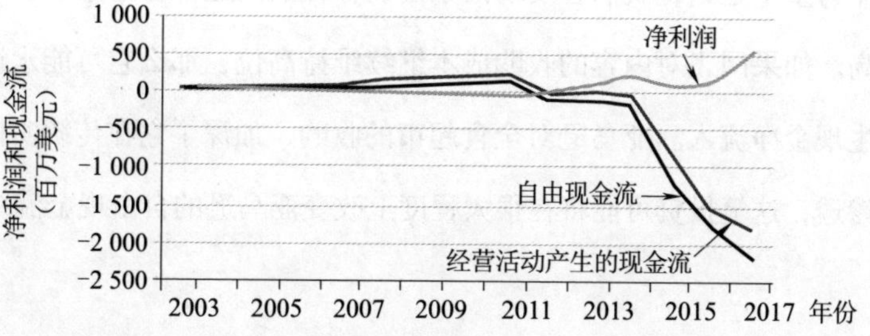

图 2-8 网飞的净利润和现金流情况（2003—2017）

至少在最近的年度里，亚马逊没有产生利润。从利润的度量标准来看，网飞似乎比亚马逊更赚钱，网飞的净利润率接近 5%，而亚马逊的净利润率则不到 2%。

现在，看一下经营性现金流。事情开始发生变化，我们可以认识到使用其他衡量标准的好处了。发生了什么？在亚马逊身上，现金流的增长被非现金费用和对营运资本的管理驱动。而网飞呢？这些利润由于公司对内容的巨额投入而变成了负的经营性现金流。简单来说，网飞正不断购买持续增长的内容并进行快速摊销，导致了现金流出。经营性现金流讲述了一个与净利润截然不同的故事。

最后，让我们看一下两家公司的自由现金流吧。考虑到资本支出后，情况发生了进一步的变化。网飞不存在很大额的资本支出，因此自由现金流并没有显著偏离经营性现金流。亚马逊则有非常显著的资本支出（部分原因是收购了全食超市），因此导致最近几年的自由现金流为负。

所有这些计量方式讲述了两家公司发生的不同故事，如果仅关注收入或净利润，那么这些故事我们将无从知晓。综合以上所有指标，把自由现金流作为重中之重，我们会发现两家公司存在的问题都在于某项资产的权重过高。如果网飞对内容的收购成本继续维持高位，那么它可能永远也无法产生现金净流入。亚马逊对全食超市的收购，加深了它在传统实体零售业的渗透，这笔投资可能将在很大程度上改变亚马逊的自由现金流结构。

专注于未来

会计和财务分析立足于刻画过去和现在。而财务专业人士要解决的是确定决策的内在价值这一重要问题，因此他们天然是关注未来的。简而言之，当下价值最终都来源于以现金流的形式体现出的未来业绩。这里出现了一个难题，因为现金流并不是等同的。今天收到的 1 美元和 10 年后收到的 1 美元没有区别吗？显然不是。因此财务专业人士首先要测算一项资产在未来会产生的自由现金流，然后计算这项资产在当下的价值。

计算的过程要比把所有未来现金流简单相加稍微复杂一些。原因来自金融领域的一个基本概念：货币的时间价值。金融领域的这个核心概念其实说起来很简单：今天的 1 美元比 1 年以后的 1 美元更值钱。

为什么？如果你现在有 1 美元，那么你可以做一些事情并赚取一定的收益。这意味着 1 年以后你将拥有超过 1 美元的价值。这个简单的道理反过来看就是，你在一年后收到的 1 美元的价值要低于在当下收到的 1 美元。但是它具体低了多少？

二者的差额取决于持有 1 美元的机会成本。为了获取收益，你放弃的机会是什么？如果你没有选择等待，那么你会用这笔钱做什么？一旦计算出等待的成本，你就可以评估机会成本的大小，并对未来现金流施加相应的"惩罚"。这被称作折现率。惩罚现金流的概念可能看起来比较奇怪，但这就是你进行折现的字面含义——你正在惩罚那些让你等待一段时间才能取得资金的人，因为你不喜欢等待，如果他们没有让你等待，你就可以利用这笔钱去做其他事情。

在后面的章节里，我们将利用这些原理对公司进行估值，但现在，我们要深入了解折现背后的原理以及一些基本公式。

折现

如何将货币的时间价值以及机会成本的概念具象化？一个简单的方式是利用利率的概念。假设你今天将 1 美元存入银行，年利率为 10%，那么 1 年后，你的账户里将有 1.1 美元。本质上说，今天的 1 美元和一年后的 1.1 美元完全等价。这就是今天的 1 美元比一年后的 1 美元更有价值的第一个实证。

如此，你就清楚该如何惩罚未来现金流了。每等待一年，你就要对未来现金流施加一个估值折扣，用未来现金流除以"1+利率"，计算出的结果就是在不选择等待的情况下你能够得到的金额。

折现公式

CF/（1+r）

注：CF 为现金流，r 为折现率。

在这里，r 就是在选择其他替代投资方案的情况下能够得到的利率，即你为等待付出的机会成本。举例来说，你想确定 1 年后能收到的 1 000 美元在当下的价值。假设一家银行提供了 5% 的利率，这就是你现在得到了一笔现金之后有可能做的替代性投资。你可以套用上面的公式，1 年后的 1 000 美元用 5% 的折现率计算出的现值为 952.38 美元。如果你将 952.38 美元存入银行，在明年的此时，它会还给你 1 000 美元。

假设利率突然间上升到 10%，1 年后的 1 000 美元的价值在当下还会是 952.38 美元吗？它的价值会提高还是会降低？如果利率水平下降会产生什么样的影响？

如果利率提高到 10%，那么你需要在银行存入 909.09 美元，而不是 952.38 美元，以保证 1 年后刚好收到 1 000 美元。如果利率下降到 2%，为了在 1 年后得到 1 000 美元，你得存入 980.39 美元。这说明什么？在 10% 的利率水平下，你对未来现金流的惩罚力度更大（1 年后的 1 000 美元在当下的价值仅为 909.09 美元），因为你承担的机会成本更高，而在 2% 的假设情景下，你对未来现金流的惩罚力度就小了很多（1 年后的 1 000 美元在当下的价值为 980.39 美元）。

多年期折现

如果在未来很多年，你的现金流都会持续流入流出的话，那将如何进行折算？想一下之前学习到的惩罚方式。如果你连一年的时间都不愿意等，就更不用说要等待 5 年了。怎样衡量呢？如果你的等待时间超过一年，你就需要将对应的现金流进行数次折现。多年期折现与一年期折现其实原理相同，只不过多年期的折现要把一年期折现的过程重复数次而已。你可以将原始公式进行简单拓展：

多年期折现公式

$$\frac{CF_1}{1+r}+\frac{CF_2}{(1+r)^2}+\frac{CF_3}{(1+r)^3}+\cdots$$

注：CF 为现金流，r 为折现率。

在这里，r 仍然是年度折现率，或利率。为了区别年份，我引入了下角标，现金流的下角标代表了现金流的年数。每多等一年，就要增加折现力度，因为等待时间增加，你需要得到的收益也更多。

假设银行在未来三年的每个年末都会支付你 1 000 美元，现行利率仍为 5%。那么这笔现金流现在的价值是多少？首先，你需要计算出每一笔款项的现值。如果你需要计算多年现金流的合计数，那么首先需要将每一年的现金流用公式转换为当前价值。如果不做这一步，你就相当于在用苹果与橘子相比较。但当你把所有现金流都统一转换成苹果时，你就可以将它们直接相加了。

将三个数值相加，就得到了银行提供的这笔交易在当前的价值：

$$\frac{1\,000}{(1+0.05)}+\frac{1\,000}{(1+0.05)^2}+\frac{1\,000}{(1+0.05)^3}$$

或者

$$952.38+907.03+863.84=2\,723.25\text{（美元）}$$

折现率的影响

让我们看一下折现率对现金流现值的影响。假设你在未来 10 年，每年都可以收到一笔 1 000 美元的现金，那么，这一系列的现金流随着折现率的变动会发生哪些变化？从图 2-9 中可见，折现率的影响非常大。

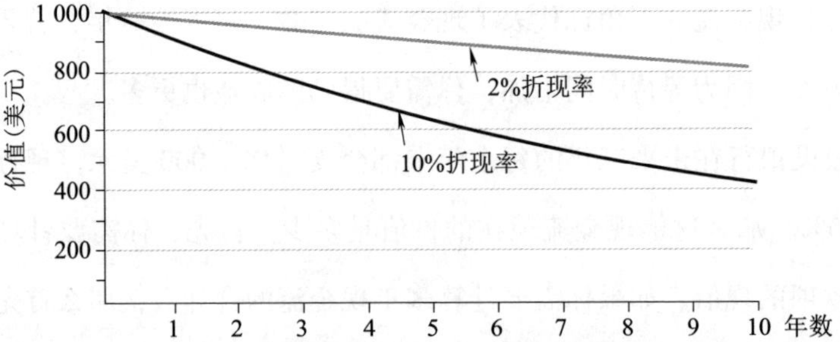

注：2%折现率假设下的总现值: 9 982美元；10%折现率假设下的总现值: 7 144美元。

图 2-9 折现率为 2% 和 10% 时的结果对比

· · · · · · · · · · ·

思考

一位朋友需要向你借钱。你希望他在一年之内还是两年之内偿还呢?

大多数人都希望对方在一年之内偿还欠款，因为这样可以用这笔钱去做其他事情，这就是机会成本的含义。等待的成本与你用这笔钱可以做的其他事情相关。始终考虑机会成本是财务金融领域的重要观念，因为机会成本反映的是你需要为自己的等待索取多少回报。对于不同的投资来说，机会成本也不尽相同，因为机会成本反映的不是任意一种可替代项目的成本，而是与拟投资项目相关的其他可选择项目的成本。

如果你的朋友只能在两年之内把钱还给你，那么他能做些什么让你更愿意多等一年呢?

让你的朋友在到期偿还时多付点儿钱似乎是对多等待一年的合理补偿。因此，当不得不等待时，人们需要更多回报。

如果多等待一年，那么哪些因素会影响你对朋友要求的必要回报金额?

很多人会想到这位朋友的信用度如何（他过去的还款记

录、工作稳定性如何、赚多少钱等）。你额外要求获得的金额应该反映这位朋友在你心中的还款风险程度。我们将在第4章回到风险补偿的话题上。

. . . .

沉没成本和净现值（NPV）

沉没成本是财务和会计的重大区别之一，也是折现过程中的重大课题。沉没成本是指已经发生且无法回收的支出。尽管资产负债表和利润表都会反映出沉没成本对公司财务状况造成的影响，但财务专业人士却将这部分为取得资产而产生的前期开支视为已经消失的资金。

举例来说，假设你的公司为一项新产品的市场调研花费 10 万美元。无论调研的结论如何，这笔钱都花掉了。相应地，关于产品的任何决策（比如是否投产）都应该考虑市场调研的反馈结果，但是已经支出的 10 万美元是不相关的，不能作为决策依据。不仅调研的经费不能考虑，为产品创意和开发而付出的成本也不能作为决策依据。无论你多想追回这部分支出，它们都不会再回来了。

简而言之，估值需要：（1）预测未来；（2）思考未来所产生的增量现金流情况；（3）使用资本的机会成本进行折现，计算出未来现金流在当下的价值。

计算一个项目的现值需要将所有经折现的潜在现金流汇总，包括正向和负向的现金流。（你收到的现金或资金流入为正数；你消耗的现金或资金流出为负数。）确定净现值也需要同样的计算过程，但它包含了项目的初始投资成本。

例如，假设耐克公司准备斥资 7 500 万美元建造一座新制鞋工厂。新工厂生产耐克鞋并进行销售，预计在接下来 5 年内每年将收回 2 500 万美元现金。我们为该项目确定了 10% 的折现率。

耐克工厂的现值

$$\frac{2\,500}{1.10}+\frac{2\,500}{1.10^2}+\frac{2\,500}{1.10^3}+\frac{2\,500}{1.10^4}+\frac{2\,500}{1.10^5}=9\,476.97\text{（万美元）}$$

该项目的现值为 9 476.97 万美元。通过为一个价值 9 476.97 万美元的项目斥资 7 500 万美元，耐克将产生 1 976.97 万美元的增量价值——这个数字就是该项目的净现值。由于有 1 976.97 万美元的价值增量，耐克应该投资建设这个工厂。这是财务领域做投资决策的重要准则之一——公司应该只投资净现值为正的项目。

次年，耐克重新审视了生产情况。很不幸，销售情况难言可观。耐克在第一年收回 1 000 万美元的资金，远低于预期的 2 500 万美元，而这一水平将在接下来的 4 年继续维持。

耐克工厂的现值 2

$$\frac{1\,000}{1.10}+\frac{1\,000}{1.10^2}+\frac{1\,000}{1.10^3}+\frac{1\,000}{1.10^4}=3\,169.87\text{（万美元）}$$

耐克工厂的未来现金流现值现在仅剩约 3 170 万美元了。在第一年的业绩出炉后，如果竞争对手此时找到耐克公司，提出以 4 000 万美元购买工厂的要约，耐克应该接受这项提议吗？要知道，耐克公司可是花了 7 500 万美元建造这座工厂的。

耐克应该毫不犹豫地接受这笔交易。工厂的未来现金流价值仅为 3 169.87 万美元，4 000 万美元的收购价格显然更有利。此时，之前投入的资金在这一过程中被放弃了。这项要约的净现值是 830 万美元，也就是说，耐克公司如果接受这笔交易会给公司增加 830 万美元的价值。此时，为建设工厂而投入的 7 500 万美元就是沉没成本，与当前的决策无关。耐克的竞争对手应该有一个比耐克更好的计划，否则，它不应为该笔收购报出 4 000 万美元的价格。

耐克的案例涵盖了财务领域中最重要的两个公式。首先，任何投资项目的现值都是选择合适的折现率将所有未来现金流折现到现在时点后的数额之和。

现值公式

$$\text{现值}_0 = \frac{CF_1}{1+r} + \frac{CF_2}{(1+r)^2} + \frac{CF_3}{(1+r)^3} + \frac{CF_4}{(1+r)^4} + \cdots$$

注：CF_1 为第一年现金流，以此类推，r 为折现率。

其次，任何投资项目的净现值都是选择合适的折现率将所有当前以及未来现金流折现到现在时点后的数额之和。

净现值公式

$$NPV_0 = CF_0 + \frac{CF_1}{1+r} + \frac{CF_2}{(1+r)^2} + \frac{CF_3}{(1+r)^3} + \frac{CF_4}{(1+r)^4} + \cdots$$

注：CF_1 为第一年现金流，以此类推，r 为折现率。

如果管理层关注价值创造，那么最应该遵守的决策规则就是选择净现值为正的项目。

....

思考

很多人认为，由于许多央行在2008年金融危机后一直让利率保持在低水平，所以股票市场会大幅上涨。为什么会这样?

低利率引发最近一轮牛市的原因可以解释为，由于利率下降，上市公司未来的现金流无论是股利还是资本收益都以更低的利率进行折现，导致现值增加，股票价值随之上升。

在风险较高的国家，投资者通常会要求更高的收益率以弥补自身承担的风险。由于不得不接受高折现率，在这样的环境下，投资者更愿意投资哪种类型的公司?

投资者在高风险和高利率的国家更可能寻找在短期内可以获得收益的机会。因为长期的现金流经高利率折现后价值很低。因此，与投资耗时很久、耗资巨大的铝冶炼厂相比，在当地投资一家贸易公司是更理性的选择。

....

· · · · · · · · · · ·

思考

假设你是一支 NBA（美国职业篮球联赛）职业篮球队的总经理。在 2018 年选秀后，你发现自己在第一轮选中的和第 10 轮选中的球员同样优秀。你会给谁更多的上场时间?

如果他们是同等优秀的篮球运动员，那么你应该不加区分地给两位球员相同的上场时间。然而，一项发表于 1995 年《行政科学》季刊的研究结果显示，NBA 球队更愿意给较早选中的球员更多上场时间，因为他们花费了球队更多的训练经费。甚至在控制了球员表现、伤病和场上位置等变量因素的影响后，结果依然如此。看来即便是在篮球竞技领域，要无视沉没成本也是相当困难的。

· · · · · · · · · · ·

理论联系实际

对康宁玻璃股票的分析

假设你是一名股票分析师或投资者，你是如何研究应该投资哪家公司的？让我们来看一下股票分析师阿尔贝托·莫尔关于康宁玻璃的研究，从中我们可以学习估值的机制，认识正确应用估值理论的强大力量。

康宁公司生产的玻璃制品可用来制造智能手机、电视、笔记本电脑等电子产品的显示屏。可用来制造显示屏的玻璃制品制造工艺极为复杂，难以掌握，康宁公司是美国仅有的几家掌握了玻璃显示器制造工艺的厂商之一。正是由于对核心技术的掌握，康宁公司具备了控制市场的能力。

康宁公司在21世纪初期增长极为迅猛，因为平面电视和智能手机行业需求井喷。随着时间的推移，需求增长放缓，平面电视和智能手机行业告别了飞速增长的时代，因此康宁的终端市场逐渐萎缩。渐渐地，尽管康宁在技术规模以及行业领导力等方面依然无人能望其项背，但它在股票市场上的表现却由于玻璃显示器业务（康宁的下游客户）的下滑而逐渐落后于市场整体水平。

我们来看一下康宁公司2008—2012年的股价与标准普尔500指数和康宁的客户之一——LG（乐金）显示的股价走势情况。（见图2-10）

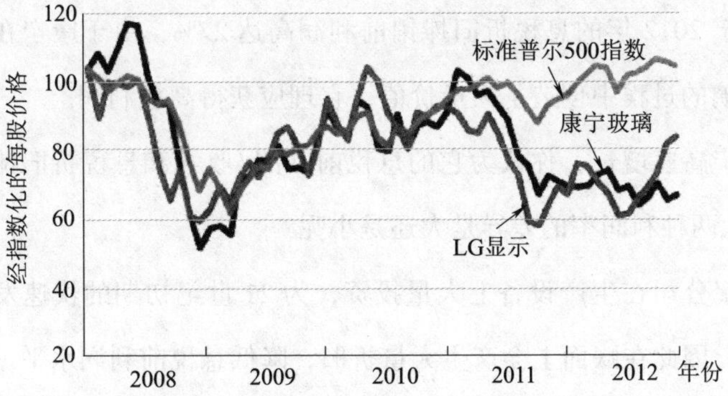

图2-10　康宁玻璃股价表现（2008—2012）

数据显示，从2010年年初开始，LG显示等公司的显示器业务利润空间收窄，面板价格下降15%~20%，股票市场开始在面板行业供应商的股价中反映上游行业利润下滑的影响。

鉴于以上因素，如果你是莫尔，那么你会买入还是卖出康宁股票呢？

一方面，康宁的客户似乎陷入了困境。LG显示以及显示器行业的整体利润都在压缩，影响了现金流状况。但这对于康宁来说意味着什么？

实际上，影响康宁利润水平的玻璃价格并没有呈现出与显示器价格相同的走势。这是因为康宁的竞争力赋予了它定价权。由于显示器制造商受制于对康宁的需求，尽管显示器成本一降再降，康宁依然可以维持高价。因此莫尔意识到，由于忽视了康宁的定价权，股票市场过度估计了终端市场需求下降对康宁产生的影响。

基于我们在第1章里对英特尔和雄狮食品的利润率分析以及康宁的业务特点，你认为康宁的利润水平是高还是低呢？

康宁2012年的息税折旧摊销前利润高达27%，由于康宁在将沙子变成玻璃的过程中创造了大量价值，它理应获得高额利润。

康宁高速增长，你认为它的息税前利润/收入和息税折旧摊销前利润/收入两种利润率的差异是大还是小呢？

康宁公司在生产设备上大量投资，为21世纪初期的快速发展打下了基础，因此在账面上会产生大量折旧，降低息税前利润水平。它的息税前利润/收入和息税折旧摊销前利润/收入会有较大差别，息税折旧摊销前利润是更为合理的业绩衡量指标。2012 年康宁公司的息税前利润为 14%，息税折旧摊销前利润为 27%。

预测现金流

对康宁公司进行估值的第一步就是预测其未来现金流，然后利用经预测的现金流来大致估算康宁公司的自由现金流情况（见表 2–2）。你能计算出 2014 年的自由现金流吗？提示：参考 2012 年和 2013 年的自由现金流计算方式。

表 2–2　康宁玻璃的估值（单位：百万美元）

	2012年	2013年	2014年	2015年	2016年	2017年
息前税后利润	**2 046**	**2 136**	**2 195**	**2 144**	**2 154**	**2 126**
+折旧与摊销	983	1 056	1 108	1 169	1 238	1 315
–资本支出	1 775	1 300	1 491	1 615	1 745	1 864
–营运资本增加额	112	32	50	53	46	47
自由现金流	**1 142**	**1 860**	?			
折现因子						
自由现金流的现值						
自由现金流现值累计额						
–债务	3 450					
+现金	6 351					
股东价值						
股份数量	1 400					
隐含股价						

使用自由现金流公式，我们可以得出结果：

2 195+1 108–1 491–50=1 762（百万美元）

现在，用折现因子乘以自由现金流计算出现值。折现因子来自折现公式，它对应的是一年后的 1 美元在当下时点的价值。确定了折现因子后（分析师莫尔使用了 6% 的折现率），将折现因子与现金流相乘即可。你可以计算 2015 年的自由现金流情况，参考 2014 年的数字。（见表 2–3）

表 2–3 康宁玻璃的估值（单位：百万美元）

	2012年	2013 年	2014年	2015年	2016年	2017年
息前税后利润	**2 046**	**2 136**	**2 195**	**2 144**	**2 154**	**2 126**
+折旧与摊销	983	1 056	1 108	1 169	1 238	1 315
–资本支出	1 775	1 300	1 491	1 615	1 745	1 864
–营运资本增加额	112	32	50	53	46	47
自由现金流	**1 142**	**1 860**	**1 762**	**1 645**	**1 601**	**1 530**
折现因子		0.943 4	0.890 0	0.839 6	0.792 1	0.747 3
自由现金流的现值		**1 755**	**1 568**	?		
自由现金流现值累计额						
–债务	3 450					
+现金	6 351					
股东价值						
股份数量	1 400					
隐含股价						

把折现因子和自由现金流相乘，结果为 13.81 亿美元——2015 年预计现金流的现值。

要得到康宁的估值，你需要将所有经折现的未来现金流加起来，得到 182.51 亿美元。（表 2–2 和表 2–3 没有包含全部相关的现金流，原因我们将在第 5 章中介绍。）这代表了企业的整体价值，但我们想知道的是公司股票是不是好的投资标的。要想找出答案，我们需要把资产负债表中的现金考虑进来（因为除了未来现金流，这部分现金也属于公司资产），同时扣除债务金额，因为股东得到的是公司偿还债务以后的剩余价值。因此，康宁的股权估值为 211.52 亿美元，其在外发行的股票约为 14 亿股，每股价值为 15.11 美元。在莫尔发表报告时，股价仅为 11 美元，被低估的股价意味着康宁客户群正在经历的衰退对康宁公司产生的影响被投资者过度放大了。

莫尔在 2012 年 12 月的报告中给出了“买入”评级，再来看看康宁公司在接下来两年里对比标准普尔 500 指数和 LG 显示股价的表现。（见图 2–11）

理解了康宁净利润的来源后，莫尔清楚，尽管终端市场难言乐观，但康宁的现金流情况远比显示器制造商更好。他也知道息税折旧摊销前利润是比息税前利润和净利润更可靠的评价指标。通过使用折现率和货币的时间价值，他确定了康宁股票的当前现值，向投资者做出了优秀的推荐建议。

这就是股票分析以及更广泛的投资分析的全部过程。

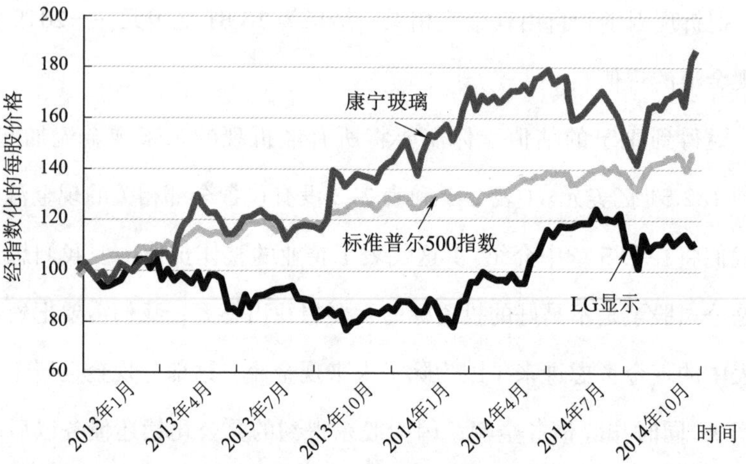

图 2-11 康宁玻璃股价表现（2013—2014）

鸿海夏普

接下来，我们看一下夏普公司和鸿海精密（更广为人知的是其旗下的富士康科技集团）。夏普公司设计和制造电视机等电子产品，鸿海精密是全球最大的电子产品代工企业。与康宁案例一样，我们将在接下来的几个章节中反复提及和分析鸿海夏普案例。

本案例的主角是夏普的坂井液晶显示器工厂。夏普是第一家制造出平板显示器并将其商业化的公司，它现在面临一个选择——到底是否制造更大尺寸的显示器，比如65英寸的电视机。液晶显示器尺寸曾经很小，夏普认为，由于规模经济的存在，通过制造大尺寸显示器，它可以获得竞争优势。要实现这一目标，需要克服生产环节的挑战，大尺寸显示器需要大量玻璃基板，必须有大型工厂进行配套。

2011 年，夏普估算，在靠近日本大阪的坂井建成世界最大的显示器工厂需耗时 3 年，耗资 48 亿美元。一旦在 2014 年投产运营，这个工厂就会开始给公司产生现金。假设折现率为 8%，让我们通过计算净现值来判断夏普是否应该建造这个工厂。表 2–4 提供了现金流数据表，你可以据此加总全部经折现的自由现金流来确定该项目的净现值。

表 2–4　2007—2029年夏普公司的预计自由现金流（单位：百万美元）

年份	自由现金流	折现因子*	经折现的自由现金流
2007	−1 378.00	0.93	−1 275.93
2008	−3 225.00	0.86	−2 764.92
2009	−282.00	0.79	−223.86
2010	−430.35	0.74	−316.32
2011	−177.30	0.68	−120.67
2012	−83.33	0.63	−52.51
2013	6.83	0.58	3.99
2014	89.91	0.54	48.57
2015	166.32	0.50	83.20
2016	236.49	0.46	109.54
2017	300.80	0.43	129.01
2018	359.61	0.40	142.81
2019	413.26	0.37	151.95
2020	462.08	0.34	157.32
2021	457.46	0.32	144.21
2022	452.88	0.29	132.19
2023	448.36	0.27	121.18
2024	443.87	0.25	111.08
2025	439.43	0.23	101.82
2026	435.04	0.21	93.34
2027	430.69	0.20	85.56
2028	426.38	0.18	78.43
2029	422.12	0.17	71.89
净现值			**−2 988.11**

注：折现因子经四舍五入后保留两位小数。

坂井工厂的净现值为 –29.88 亿美元。夏普应该建造这座工厂吗？根据我们目前学到的知识，结果显然是不可以。

尽管净现值为负，夏普还是决定兴建这座工厂，因为它实在醉心于科技挑战，渴望站在技术前沿。同很多公司的管理团队一样，夏普的管理层并不相信净现值分析给出的结果，现实将让他们为这种不信任付出代价。不出所料，夏普很快陷入危机。它希望现实情况能与我们预测的数据截然相反，同时希望消费者对大尺寸电视的需求足够强劲。夏普公司原计划每台电视机卖到几千美元，这样就有足够多的利润、息税折旧摊销前利润以及现金流以保证该项投资是成功的。但消费者们认为夏普大尺寸电视机的定价实在太高。

夏普别无选择，只能降价，公司利润大幅缩水，唯一的希望就在于增加销量以弥补利润差额。但为了吸引更多消费者，夏普必须以更大的力度降价，但力度如此之大，缺乏经济上的可行性。在这种恶性循环的作用下，坂井工厂成了一项搁浅资产。公司并没有从投资中获得回报，毛利空间被压缩并开始亏损。股价下跌让股东变得焦虑，出于会计报表数字层面的考虑，公司急于剥离这项资产。

2011 年夏普应该接受的最低报价是多少?

以下信息可以帮助你回答这个问题：

- 夏普花费了 48 亿美元建造工厂；
- 项目的初始净现值为 –29.88 亿美元；
- 夏普在 2011 年计算的工厂未来现金流现值为 32 亿美元。

最终，夏普迫切地将坂井工厂46%的股权以7.8亿美元的价格出售给时任鸿海精密董事会主席郭台铭。这笔交易反映出工厂的估值仅为17亿美元。尽管夏普为摆脱这项资产而庆幸不已，但成交价格远低于其真实价值32亿美元。实际上，夏普做了两个糟糕的决定：首先，它一开始就不应该建造这座工厂，因为该项目净现值为负；其次，它本应该在出售资产时做更多的努力，结果夏普向郭台铭让渡了大量财富。

....

真实世界观点

股票分析师阿尔贝托·莫尔在评价现金流在股票估值中的重要性时说道：

“现金为王”的陈述基本是正确的。所有投资者寻求的都是现金收益。你投入一些资金，希望能收回全部收益。能把你的钱全部收回的唯一方法就是将任何一种形式的资产转变成现金。假设你是一位股东，如果股票增值，那么你可以变卖股票获得现金。如果你是一位偏好股利的投资者，那么你会希望以分红的形式获得现金。如果你是一名债务投资者，那么你会期望得到任何来源的现金流收益。因此，有能力向股东或者公司剩余资产权利人分配现金收益是至关重要的。

你可以观察多个现金指标，分析一家公司到底是如何成长的。它能产生现金吗？如果可以，那么非常好。如果不能，那么你可能遇到麻烦了。

现金是非常重要的，学会分析现金指标是关键。最终，它们都构成估值的基础。追本溯源，估值就是关于现金流折现的问题。记住，不是经折现的收益流，而是经折现的现金流。我投入了现金，我希望得到收益。这就是折现现金流关乎一切的原因。

. . . .

小测验

请注意，有些问题的答案可能不止一项。

1. 你负责电子产品和电器零售商百思买的采购部门，你很关注现金循环周期，以下不会缩小资金缺口的是：

A. 延长应付账款账期　　B. 增加销售额

C. 缩短应收账款回收期　　D. 减少存货周转天数

2. 以下哪个选项属于财务和会计的区别？（选择符合题目描述的全部选项）

A. 构成经济收益的内容（是净利润还是自由现金流）

B. 资产的计量方式（是历史成本还是未来现金流）

C. 记录存货的地方（是利润表还是资产负债表）

D. 对权益进行估值的方式（是账面价值还是市场价值）

3. 2016 年，辉瑞在中国投资 3.5 亿美元建造了新工厂，以下哪些假设的现值可以说明这笔投资是有价值的？

A. 3 亿美元　B. 4 亿美元　C. 5 亿美元　D. 以上全部

4. 你正在考虑开一家名为"5 个家伙"的汉堡薯条店，预计初始投入为 25 万美元。你预期这家店在未来 5 年之内会赚取相当多的自由现金流，在此之后你打算把这个店面以 20 万美元的价格出售。经折现的未来 5 年的现金流分别为 9 万美元、8 万美元、7 万美元、6 万美元、18 万美元（包含第 5 年的现金流以及出售店面的收益）。以下哪一个选项最接近这笔投资的净现值？

A. 18 万美元　B. 23 万美元　C. 48 万美元　D. 60 万美元

5. 在财务分析框架下，为什么要把折旧与摊销加回计量经济收益的指标中？

A. 折旧是高度不确定的，不应被计量

B. 公司通常会在资产上超支，导致折旧过高

C. 折旧并不是现金开支

D. 折旧体现在资产负债表而不是利润表上

6. 每股脸书股票当前交易价格为 150 美元。以下选项中，哪一个观点是股票市场认为正确的？

A. 脸书从业务中获取的未来现金流经折现后的现值加总，扣除现金

和债务差额后所得的价值，除以股本总额后，每股脸书股票的价值为 150 美元

B. 你可以总是以最低 150 美元的价格出售一股脸书的股票

C. 购买一单位脸书股票的净现值为 150 美元

D. 以未来现金流为脸书股票估值时所使用的折现率为 15%

7. 美国钢铁公司的应收账款回收期为 33 天，存货周转天数为 68 天，应付账款账期为 49 天。它的资金缺口期是多久？

A. –14 天 B. 52 天 C. 84 天 D. 150 天

8. 假设你的供应商向你提供了一个选择，如果你比预定的付款期提前 20 天付款，将得到 2% 的现金折扣，那么实际上你的供应商为你提供的为期 20 天的贷款隐含利率是多少呢？

A. 0%

B. 1%

C. 2%

D. 这是一笔现金折扣，不是贷款，不存在隐含利率

9. 你的公司建造了一座新工厂，初始投资成本为 1 亿美元，预计未来现金流的现值总额为 1.5 亿美元。但产品销售情况不理想，工厂运行效益未达预期，在两年后的时点，工厂未来现金流的现值为 0.5 亿美元。公司应该关停这座工厂吗？

A. 是的，因为净现值已为负

B. 不应该关停，因为现值仍有 0.5 亿美元

10. 以下关于自由现金流的说法哪个是正确的？

A. 自由现金流是只针对权益提供者而言的扣除了所得税的现金流

B. 自由现金流是针对全部资本提供者而言的扣除了所得税的现金流

C. 自由现金流是只针对权益提供者而言的未扣除所得税的现金流

D. 自由现金流是针对全部资本提供者而言的未扣除所得税的现金流

本章总结

本章中，我们讲解了两大核心财务原则。首先，相对于净利润指标，现金是衡量经济收益的更优指标。“现金”是有些含糊不清的术语，但它可以被具体化为息税折旧摊销前利润、经营性现金流和自由现金流——财务的最高境界。对现金的强调也解释了为什么有些公司虽然能够产生利润，但如果缺乏现金流，也会导致无法运营；解释了为什么有些公司不产生利润，但由于高额现金流的流入而具有非常高的价值。其次，由于资本机会成本的存在，今天赚取的现金比明天的价值更高。如果无视这一点，将导致价值毁灭或价值转移。所有的价值来源于未来现金流，做出净现值为正的选择是一位合格的资本管理者和经理人应该具备的素质。本书后续的所有知识都建立在这些核心原则之上。

3.

金融生态系统

理解资本市场的参与者，内在逻辑和运行机制。

2018 年夏，在线流媒体服务商网飞公司宣布公司新增订阅其服务的美国用户为 67 万，国际用户数量为 450 万（网飞在此之前已经有 1.25 亿订阅用户）。网飞股票在几小时后的交易时段内下跌 14%。为什么？如此高的用户增长为什么会产生股票价格下跌 14% 的结果？

2014 年，激进投资者尼尔森·佩尔茨大量买入百事的股票，开始强烈建议百事公司将零食部门（菲多利公司）与软饮料部门进行拆分。百事公告回应："对于您的观察和建议，我们已经进行了认真的讨论分析。相信您能感受到我们对这件事的重视，同时也能理解我们对决定拒绝拆分业务所抱有的决心。"佩尔茨向其他股东抱怨，导致公司股东在很长一段时间里与管理层进行拉锯战，这场拉锯战直到佩尔茨在两年后出售全部股票才宣告终结。为什么一个激进投资者会与公司的高级管理层对抗？

在我们自己的投资账户里，我们需要在不同基金品种之间进行选择，包括主动管理型基金和被动管理型基金。这是什么意思？什么是共同基金？它们与"邪恶"的对冲基金有什么区别？

在本章，我们将了解资本市场包括哪些主体，资本市场是如何进行运作，以及为什么要这样运作的。这些市场主体对经济增长至关重要，并且对政策制定者和企业管理层的影响也越来越大。但是这些市场主体同样也引发了关于其价值和智慧的争议。不管你是怎样看待这些市场主体的，作为一名不断晋升的职业经理人、一名储户、一名公民，你都必须参与和他们的互动。在这里，我们将探索资本市场，揭开资本市场的神秘面纱。

我们将追问金融在整个社会里面到底扮演了怎样的角色，如何重建这个角色。在此过程中，我们将正面应对刚才提到的对金融市场的质疑，然后你会发现，金融绝不仅仅关乎金钱。

为什么金融不能简单一些？

为什么金融世界不能更简单一些？让我们想象一个简单版本的资本市场。市场的一边是拥有存款的个人和家庭，他们需要寻找投资渠道。像你我这样的普通人会有一部分为教育和养老准备的储蓄，我们希望这些储蓄能产生收益。占据市场另一边的是需要新增资本以建设新项目和发展的企业。所以一个被简化了的金融世界里只有储蓄者和企业两类主体，我们不需要大量复杂的金融中介。（见图 3–1）

为什么真实世界不能如此简单地运行？为什么个人不能把钱直接给企业，一拍即合？实际上，金融的世界复杂得多。（见图 3–2）

为什么资本市场如此复杂？为什么我们需要如此多的金融中介，比如投资银行、基金以及介于储户和企业之间的分析师？面对混乱的资本市场，大多数人认为这是一个人为操纵的生态系统，这里充斥着从实体经济身上榨取价值的吸血鬼。事实上，伴随着金融危机，这个观点变得越来越流行。我们试图找出金融世界如此复杂的原因，并分析它是否必须如此。

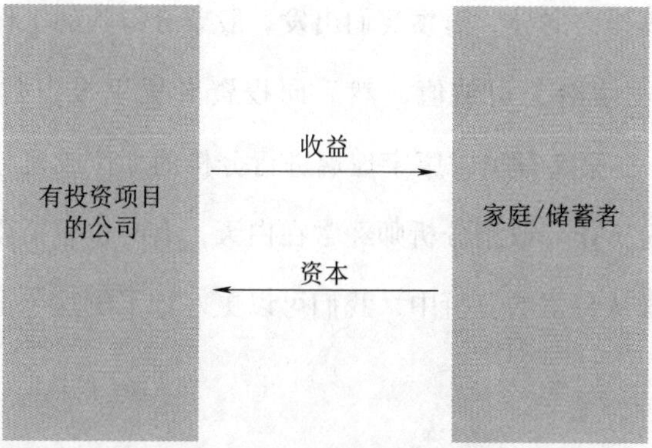

图 3-1 简化版金融世界

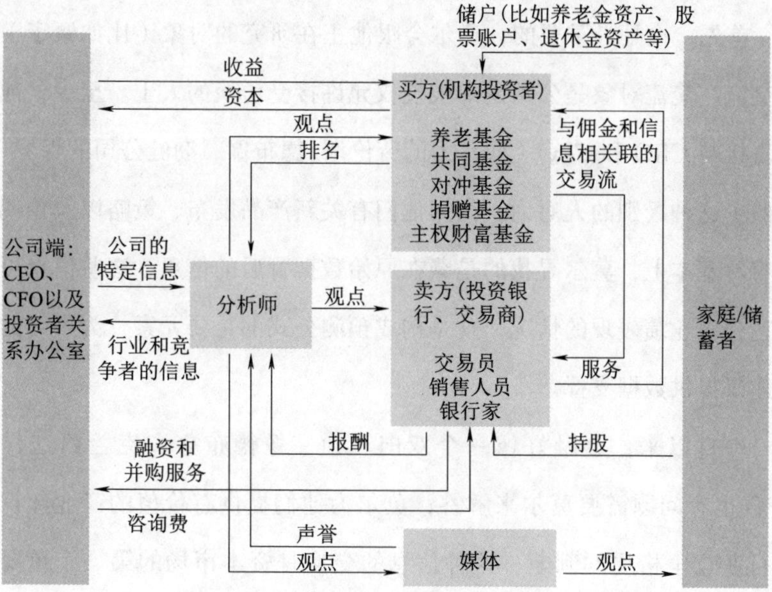

图 3-2 资本市场的现实状况

资本市场的参与者

为了弄清楚资本市场的复杂之处，我们请位于整个市场正中心的角色股票分析师作为向导，引领我们出发。股票分析师的工作内容就是通过预测未来业绩给公司估值，然后向投资者提供投资建议。阿尔贝托·莫尔——在第 2 章里对康宁玻璃进行分析的那位股票分析师，做的正是这样一份工作。股票分析师经常在白天，有时也包括夜晚，与其他人沟通交流。从莫尔的分析中，我们可以更好地了解这个世界。

公司

首先，也是最重要的，莫尔会跟他正在研究的对象（比如康宁）进行交流，交流对象是公司内部被授权允许接受访谈的人士。至少，他可以直接与 CEO 和 CFO（如喜力的劳伦斯·德布鲁、渤健公司的保罗·克兰西）这种级别的人对话，询问他们有关新产品发布、策略以及预期等内容。基本上，莫尔寻找的是藏在原始数据背后的信息，这些信息可以传达公司业绩表现的情况，这是构成预测公式的重要元素，为最终的投资建议提供数据支撑。

一直以来，金融好像一个双向车道，像德布鲁和克兰西这样的 CFO 也有问题需要莫尔来解答，莫尔为他们提供有价值的产业知识及对行业竞争格局的判断。这种信息的交换是资本市场的第一个重要内容——通常，他们的互动以交易的方式进行，但交易的内容并不仅仅是资本，经常是信息或知识。

机构投资者：买方

莫尔向他覆盖的众多投资者分享对公司的分析成果。不是任何投资者都可以接受这样的服务，莫尔针对的只是像以 Scopia 资本为代表的这类机构投资者。金融圈的人对机构投资者有很多称呼——财富管理或资产管理，更常见的称呼是买方。但是，尽管术语繁多，机构投资者在本质上就是从客户手中筹集资金，以客户利益最大化的方式代理客户进行大额投资的实体。基金的类型有很多，包括共同基金、养老基金、基金会与捐赠基金、主权财富基金以及对冲基金等。

机构投资者的兴起是现代资本主义的重要标志，因此，我们可以先了解一下不同类型的机构投资者，这样，我们在看到这些名词时就不会感到陌生了。在追踪莫尔与投资者的互动的过程中，我们会理解金融领域里一些最重要的概念。

共同基金。共同基金代表个人管理财富，基金的资金主要投资于分散化的股票或债券组合。要了解它们规模之巨大，看看富达投资和黑石投资就可以管中窥豹，两家投资公司通过不同的共同基金管理了接近 10 万亿美元。如果你的退休账户投资了共同基金，那么这是一个很好的选择。共同基金代表财富水平和风险承担能力各异的个人投资者进行投资，因此共同基金是被政府严格监管的。

共同基金暴露于股票等风险资产之下，它们需要管理这些风险，共同基金采取的风险管理方法是金融基础课程之一。通过持有分散化的股票，整个基金不会过度暴露于任何一种股票的风险之下。分散化的过程限制了风险暴露。更重要的是，由于股票的走势并非高度相关的，它们的涨跌可以互相抵消，在不牺牲整体回报的情况下降低了组合整体风险。分散化投资拥有在不放弃过多收益的情况下隔离风险的优势，这就是分散化投资被强烈推荐的原因。在第 4 章，我们将回归分散化的话题，进一步讨论风险如何定价。

共同基金分为主动型（基金经理可以自行决定在组合中持有哪些股票）和被动型。被动型共同基金（指数基金和交易型开放式指数基金）近年来成为资本市场的重要力量。2011—2018 年，被动型共同基金在专业投资者管理的总资产中所占比例从 1/5 提升到 1/3。仅 2017 年，就有 6 920 亿美元流入被动型共同基金。

被动型共同基金并不是由某些人通过选择合适的市场时机以及挑选被低估的股票而被主动管理的。相反，被动型共同基金只是投资于一个宽基市场指数所包含的全部股票，比如追踪全球最有价值的 500 家公司股票表现的标准普尔 500 指数。这套投资机制的天然属性决定了被动型共同基金较低的投资门槛。被动型共同基金是获得诺贝尔经济学奖的“有效市场理论”的现实应用。该理论认为，如果信息能够及时有效地传递给投资者，那么任何想要获得超出市场收益的行为都是不可能实现的，因为当前价格已经反映了全部可获得的信息。因此，试图击败市场或者通过择时进行投资的行为从长期来看都是徒劳的。从这一点来看，为什么要给主动型资产管理人支付大量报酬去做一些不可能实现的事情呢？

有效市场理论引发了大规模的争论。然而，主动投资在长期难以击败市场的基本逻辑，结合着分散化投资可以提高收益的预期被证明属实，这驱使低成本的被动型投资逐步提高自身在资本市场上的比重，而主动型投资的占比则节节败退。

养老基金。这类基金规模巨大，它们代表了特定公司、工会或者政府单位的员工所拥有的退休资产。比如，美国加利福尼亚州公务员退休基金代表加州公职人员管理了 3 200 亿美元的养老金资产。通常，退休金会以两种形式存在。在养老金固定收益计划中，员工在退休后从雇主处收到退休金，资金来源就是那些公司或组织（比如加利福尼亚州公务员退休基金）自行缴费和运行的投资基金。相反，执行养老金固定缴款计划的公司只是在员工工作期间将固定数额的资金存入员工个人的退休账户。尽管很多公职人员都享受养老金固定收益计划，但在过去 50 年中，大量养老金从固定收益计划转变为固定缴款计划。这个转变也促成了共同基金的快速成长。

…………

思考

你认为以下哪个投资组合的分散化程度最高？

- 谷歌、雅虎、微软

- 默克制药、辉瑞制药、渤健公司
- 谷歌、卡特彼勒、默克制药

谷歌、卡特彼勒、默克制药的组合是三个组合中分散化程度最高的。分散化的原因在于投资者所持有的股票池不会同向波动，也不会承担相似的风险。比如，当谷歌表现很差时，卡特彼勒的股票可能表现不错。投资组合高度集中于一个行业的风险就在于，整个行业的股票走势非常接近，而不同行业公司的股票走势则不会如此相似。

....

基金会和捐赠基金。非营利性基金会和组织有时会留存资金，在较长的时间范围内进行投资，以保证运营的持续性和稳定性。这些基金会和捐赠基金，在过去几十年里迅速增长，如今已成为资本市场里的重量级新选手。例如，2017 年，仅哈佛大学就控制了一个规模高达 371 亿美元的捐赠基金。

主权财富基金。有盈余储蓄的国家（以出口自然资源为典型代表），通常会通过主权财富基金将盈余资金用于对外投资。过去几十年，这类基金规模急速增长，在投资策略上也更加具有实验性。比如，挪威主权财富基金在 2017 年管理了 1 万亿美元的资金。

对冲基金。最后这类机构投资者是最具争议性的——对冲基金整体规模从 2000 年的 2 600 亿美元增长至 2017 年的 3 万亿美元。尽管它们在某些方面与共同基金很像，但在受监管力度、杠杆水平以及管理风险路径等方面，二者有很大区别。

对冲基金的客户群包括很多养老基金、捐赠基金以及主权财富基金等，对冲基金的受监管程度较低，是因为只有具有所谓“高风险承担能力”（也可以理解为“富有”）的投资者才可以购买它们。相应地，对冲基金经理在风险暴露方面受到的限制也很低。比如，一只对冲基金可以通过借款来放大其购买力。所以，除了投入客户的 1 万美元，它可能会从经纪人手中筹集更多资金（比如 2 万美元）进行投资。我们在第 1 章介绍过，杠杆会放大收益。与共同基金不同，对冲基金可以重仓单只股票，这使得它们可以成为“激进”投资者，提升公司的经营策略，为基金投资人获取最大利益。

尽管对冲基金乐于通过加杠杆重仓单只股的方式承担风险，但它们也会利用“对冲”来管理风险。虽然对冲基金因风险很高而被妖魔化，但它们声称可以通过风险管理使基金的风险降低至可控范围。共同基金通过分散化投资来管理风险，但仍然暴露于整体股票市场的波动风险。对冲基金试图将风险管理得更好。

一只投资于默克制药的对冲基金，如何管理这笔投资的风险？共同基金通过购买其他区别于默克制药的股票来降低风险，但对冲基金更愿意将宝押在它认可的公司上。“对冲”（有点儿像真实生活中的“两头下注”）就是投资另一种与默克股票波动呈相反方向的标的，当默克股票下跌时，这个投资标的能提供收益。为此，我们来看另外一家制药公司——辉瑞。这只对冲基金会通过“做空”辉瑞股票来管理自身的风险暴露，因为它“做多”默克股票。

上面说的内容究竟是什么意思？“做多”相对容易理解，指的是你买入了股票。“做空”则更复杂一些。要做空一家公司的股票，你需要从其他投资者（比如一家共同基金）手中借入一部分股票，相应地，你要支付一定费用。借入股票后，你立刻出售。在未来的某个时点，你将相同数量的股票买回（希望以更低的价格）并归还借给你股票的机构投资者。

假设你在每股 40 美元的价格上做空辉瑞股票，辉瑞股票的价格随后跌落至每股 20 美元。你的成绩如何？你借入了辉瑞的股票卖出，收到 40 美元，随后你又花了 20 美元买入辉瑞股票归还给出借方，净收益为 20 美元。这意味着，辉瑞股票价格下跌的时候，你会有收益入账。如果辉瑞的股票上涨至 80 美元或 120 美元，你也会亏损相应的差额。实际上，你的损失有可能会远远超过初始投入的金额。（见图 3–3）

以上内容与对冲有何关系？让我们假设默克和辉瑞当前价格均为 100 美元。你决定做多默克，但如何管理风险？你并不想买其他制药类公司的股票，也不想像其他共同基金那样，购买其他非制药行业公司的股票。于是，你决定购买默克的等量金额以做空辉瑞。你的投资策略结果会如何？

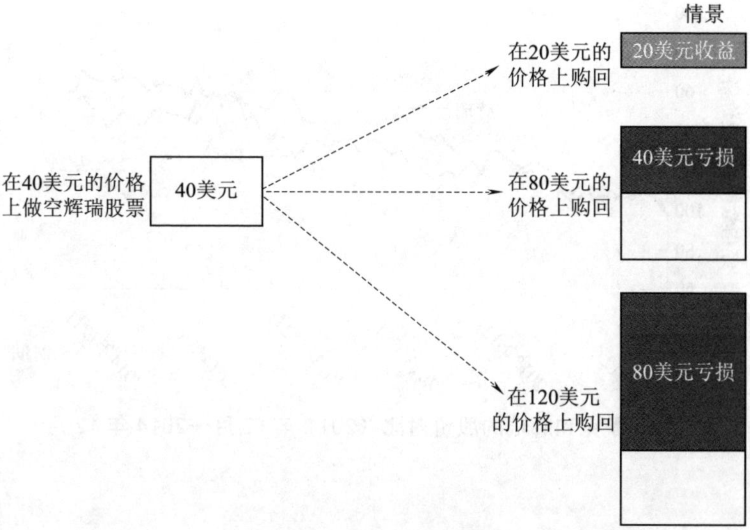

图 3-3　做空辉瑞股票

我们来看看 2012—2014 年的真实数据（见图 3-4）。2012 年，默克和辉瑞股票的走势接近。至当年 12 月，两只股票均上涨了约 20%。如果你在年底卖出默克股票，同时回购辉瑞股票，清空所有持仓，你就会得到与最初相同的结果。因买入默克股票获得的 20% 收益（默克股价上涨了 20%）被辉瑞的空头头寸抵消（减去辉瑞股价上涨的 20%）。

现在我们来看看 2013 年的情况。至 2013 年年底，辉瑞股价全年表现优于默克。截至 12 月，辉瑞股价上涨了 50%，而默克股价仅上涨 40%。由于辉瑞股价上涨幅度大于你持仓的默克股票（你的空头胜过多头），你蒙受了损失。最后我们来看看 2014 年的情况。在那一年，默克股价涨幅反超辉瑞。到当年 12 月，辉瑞合计上涨了 60%，默克股价上涨了 70%。由于持仓的多头股票胜出了空头，你获得了收益。

图 3-4 默克和辉瑞的股价对比（2011 年 12 月—2014 年 12 月）

因此，对冲可以帮助投资者与行业风险或市场风险相隔离，也可以与特定公司的股价相对表现相隔离。从这层意义上来说，你的投资仅暴露于给定公司股票相对于空头持仓股票的涨跌风险，从而实现对风险的管理。

对冲基金管理人会获得附带权益，附带权益这一激励机制允许基金经理分享其为投资者创造的收益。杠杆和附带权益机制的结合使得基金经理们被超高收益吸引，愿意竭尽全力地寻找投资机会。假设一位基金经理正在调查杰西佩尼百货节日期间的销售表现。除了与莫尔这样的分析师沟通或者像我们在第 2 章见到的那样构建模型，他们所付出的努力绝不仅限于此，他们可能找到在黑色星期五期间杰西佩尼停车场的卫星图片以获得关于商场本季度业绩表现的蛛丝马迹，又或者雇用反间谍机构的前任员工以确认公司高管的陈述是否属实。如果对冲基金做空一只股票，那么它可能会公开攻击目标公司。这些激进的动机吸引了不少认同对冲基金做法的支持者，但也招徕了一批认为它们游离在罪恶边缘的批评者。

莫尔这类股票分析师将研究成果分享给不同类型的机构投资者，但他们能获得什么回报？机构投资者并不会直接为分析师的观点付费，它们会根据分析师们的荐股质量进行排名，排名结果与分析师收入水平高度相关。排名第一的股票分析师的收入可能是第十名的数倍之多。所有这些机构投资者组成了买方，即主要从个人手中募集资金，然后在金融市场购买资产的一系列机构。买方从何处购买资产？共同基金经理可不会挨家挨户地叩响公司大门然后直接购买股票，他们直接接触的对象被称为卖方。

....

真实世界观点

杰里米 · 明迪奇这样评论对冲基金商业模式：

Scopia 资本的基本投资逻辑是我们必须有能力及时发现大多头和大空头的机会，以使多头和空头之间的差额成为主要的回报来源。我们寻找的不是短线交易机会，也不会因为一家公司的季度业绩表现而决定投资与否。

因此我们坚守的理念是，在任何市场环境下，你总是能找到定价出现很大偏差的公司，包括被高估和低估的，去构建一个多头或空头股票组合。我们称自己为市场中性基金，这意味着我们几乎或完全不存在暴露于股票市场风险下的资产。通常情况下，市场中性基金是量化驱动的，所以它们可能通过量化算法筛选一个股票篮子，其中可能包括200~300个被低估的建议多头建仓的股票（无论是用何种标准衡量的），相对应的另一个篮子里则是几百个被判定为高估的建议空头建仓的股票。目标是通过杠杆以及捕捉多空头的收益差额构建一个收益流组合。

在Scopia资本内部，我们试图构建一个较为集中的组合，其中包括20~25个建议多头建仓的股票和30~40个建议空头建仓的股票。被列入做多建议的股票是经深入研究后，我们认为其价格严重偏离内在价值而被低估的股票，被列入做空建议的，同样是经过仔细研究后我们认为当前被高估的股票。我们对这些公司后续表现的预先洞察创造了投资机会。

. . . .

卖方

股票分析师的薪酬丰厚，但我们还没有提及任何需要支付出去的资金。钱从哪里来？以莫尔为代表的股票分析师通常在作为卖方的投资银行里工作。在这些投行内部，股票分析师向3类群体——交易员、销售人员以及投行业务人员，提供关于自己覆盖的公司的研究成果。

做空是恶行吗？

做空一直是一个争议颇多而且引发了很多问题的行为。当公司整体表现糟糕时，从中获利合适吗？或者，这个行为是一件坏事吗？我们应该禁止做空吗？尽管有以上诸多顾虑，做空的投资者在市场中实际上还是起到了非常积极的作用。因为他们向市场揭露了表现不佳的公司内部到底发生了什么。比如，做空者发现了安然和世通等公司的作弊行为，两家公司都卷入了有史以来最大的公司治理丑闻。由于做空者有足够动力发现公司的缺陷、弱点以及矛盾，能发现别人看不到的东西，因此，我们可以下结论，做空者是保护社会利益的重要力量，他们不是在作恶。

经纪商（证券公司）

证券公司，有时也被称为做市商、券商、经纪商，确保了各类金融工具都能找到买家和卖家。它们主要的利润来源就是人们熟知的买卖价差。

出价，是指一个投资者愿意为购买股票支付的最高价格；要价则是卖家愿意接受的最低价格。买方不会直接为分析师的报告买单，但是买方会选择自己认可的分析师所在的经纪商下单做交易，从而将让分析师从交易佣金中获得分仓收入。然而近年来，佣金逐渐减少，所以交易佣金仅是这个谜题答案的一小部分。

即便面对佣金率不断下滑的情况，证券公司保持交易量仍有非常重要的价值。如果你曾置身于交易大厅，你就会知道交易员们通常在非常短的时间内进行交易，而大型机构投资者的决策信息非常关键。这些投资者的交易行为对交易员们极具价值，因为交易本身就包含了巨大信息。大型基金是否在买入？它们是否在出货？这是交易员们迫切需要的信息，所以优秀的股票分析师会确保他们的交易员可以得到交易流。

销售人员

显而易见，销售人员是将金融工具出售给买方投资者的人。分析师可能直接与大型机构投资者沟通，但是销售人员会将分析师的观点分发给更广泛的群体以吸引潜在买方。这也会产生佣金和交易流，但并不是证券公司收入的主要来源。

投资银行业务人员

与那些跟你沟通存贷款业务的商业银行从业者不同，投资银行与需要筹集资本或者想要收购、出售营运资产的公司打交道。投资银行安排的融资方式使得公司有了获取新资金的渠道，比如 IPO（首次公开幕股）、股票增发以及债券发行等。投资银行的并购（兼并与收购）部门协助公司处置部分业务或者收购新的业务。实际上，投资银行就是公司与资本市场的中介。IPO 和并购业务的获利都相当可观。IPO 的融资承销费率可以高达融资总额的 7%。类似地，并购案的咨询费一般在 1% 左右，因此一项标的金额为 100 亿美元的交易可以产生 1 亿美元的咨询费。这些收费让其他交易收入流都显得分外渺小。

媒体

莫尔对话的最后一个群体是媒体，通过媒体传播，他可以将自己的观点传递给更广泛的群体。股票分析师利用媒体（比如《华尔街日报》、美国全国广播公司财经频道的财经论坛节目或者彭博电视频道等）向公众传播自己的观点，受众里就包括独立做投资的个人投资者。通常，分析师会对最新的情况发表评论并利用这些场合分享他们对一家公司的常规看法。

股票分析师的激励机制

股票分析师与众多对象的对话，勾勒出图 3–2 里展现的整个资本市场框架。他们的沟通对象包括需要资本的公司、从千万家庭手中筹集资金的买方，作为股票市场和公司之间的中介的卖方以及金融媒体等。实际上，股票分析师是整个资本市场的中心。资本市场对资本主义经济非常重要，所以站在这些市场中央的个体的激励机制是一个值得花时间弄清楚的问题。对于想了解清楚市场为什么要支付如此高的价格以及他们是否配得上如此高收入的问题来说，评估这个高薪群体的激励机制是很重要的。

我们前面提到，分析师薪酬的一个重要组成部分是由买方排名体系决定的，这个排名体系体现的是买方对分析师所提供的服务的评价。这个排名有点儿像劳动力市场的锦标赛，最好的分析师和排名靠后的分析师在收入上的差距十分明显。一名分析师如何才能取得好名次？如果排名意味着一切，那么分析师们应该尽一切努力提供最好的研究成果。简而言之，分析师应该专注于自己的研究工作，想办法做得更好。如果这就是故事的全貌，那么我们大可放心，资本市场会完美运行。

事实上，实证数据显示，分析师们的观点可能是有失偏颇的，而且经常偏乐观，这意味着他们几乎不会做出“卖出”的推荐，相反，他们总是发出“买入”股票的建议。为什么会这样？

想象一下，假如一位分析师出具关于某只股票的负面报告，即他宣告这只股票被高估，那么接下来会发生什么事情？投资者们最终会很认可分析师指出的事实并给予他很高的排名。但同时会发生哪些事情？首先，被给予“卖出”建议的公司 CEO 和 CFO 会坚决不同意这个评价，他们可能会拒绝再与这位分析师进行沟通，比如在接下来的电话会议中拒绝回答这位分析师的问题。如果 CEO 和 CFO 真的非常生气，那么他们可能直接告知分析师所在的证券公司，在未来的并购案和融资案中不要再试图参与进来。鉴于这些业务所能带来的相对较高的收入，这对证券公司来说是灾难性的打击。因此，分析师会发现自己很难给出“卖出”评价，他们会使用“与大盘持平”或“中性”等表述，而实际上他们表达的就是“卖出”的含义。

这套排名体系本身也产生了很多问题。在不知名投行里工作的新入行的年轻分析师的出路在哪里？由于一无所有，他们通常会喊出一些疯狂、极端的观点；如果碰巧猜对了，那么他们在榜单里面的排名会火速上升，即使他们的建议很离谱也没关系，反正也没有人在意他们是谁。

对于排名较高的分析师来说，则有另外一套截然不同的逻辑。如果你是排名第一的分析师，那么你如何保证排名第二和第三的分析师永远无法超过你？答案是：在他们身边做一只“羊”（羊群效应）。如果你预测的盈利水平与第二名和第三名十分接近，那么你几乎不太可能被他们拉下马。当然，仅仅跟随和复制其他人的观点显然不是分析师们应该做的事情。

综上，为资本市场中心的人们设计的激励机制比你想象的复杂得多。如果分析师们获取回报的唯一方式是努力做好本职工作，那就太完美了。遗憾的是，事实并非如此——他们的观点偏乐观，而且有些人甘做羊群，满足于抄袭其他分析师的观点，而另外一些人则喜欢散布极端的消息。

现在你可以重新看一下图 3-2，希望你能真正理解资本市场的复杂性。但是这些复杂性还是留给我们一个核心的问题尚待回答：为什么站在市场中间的这些人能赚这么多钱？他们创造了什么价值？为什么像你我和大部分家庭这种有资本的群体不能直接对接有资金需求的公司，让中介从中退出？为什么金融的世界不可以简单一点儿？

. . . .

真实世界观点

保罗 · 克兰西（渤健公司前任 CFO）这样评论资本市场：

买方也好，卖方也罢，很多时候他们都是交融在一起难以区分的。我们都在为争取投资者、争取资本而相互竞争。我们在做的事情就是为他们提供退休储蓄金、提供可供传承至下一代的存款或者用于投资和培养孩子的资金。我们为约翰和埃莉的退休金账户、教育金账户而竞争。投资者们有很多选择。

. . . .

资本市场的核心问题

回顾图 3–2，可能只会加深你对资本市场价值的怀疑。似乎所有的金融行为都只从公司和资金所有者等实体经济身上榨取价值。因此，让我们来看一下资本市场究竟是什么、它在解决怎么样的难题以及这些难题可能是什么。为什么将资金所有者和公司匹配在一起会如此复杂？

资本市场以及大部分金融行为到底在解决怎样的难题？让我们从一个简单的问题出发：投资者想要了解的有关公司未来发展情况的所有信息究竟掌握在谁手里？很显然，公司的管理层清楚。但是我们能够信任管理层所分享的信息吗？问题就在于我们没有办法信任这些信息。他们需要我们口袋中的资金，所以他们可能会告诉我们一些虚假的内容以获得资金。无法可靠地共享信息被称为信息不对称；这是图 3–2 里所有人都试图解决的巨大难题。尽管有些 CFO（比如保罗·克兰西和劳伦斯·德布鲁）是好人，但他们还是会不可避免地刻意隐瞒一些不利信息。

在一个信息完全无摩擦的世界里，资本市场相对简单——他们仅仅集合资源和为风险定价（我们在第 4 章会讨论这个课题）即可。但是在信息不对称的世界里，资本市场需要在你不确认信任谁的情况下找到资本配置的方式。图 3–5 呈现的就是这个问题。

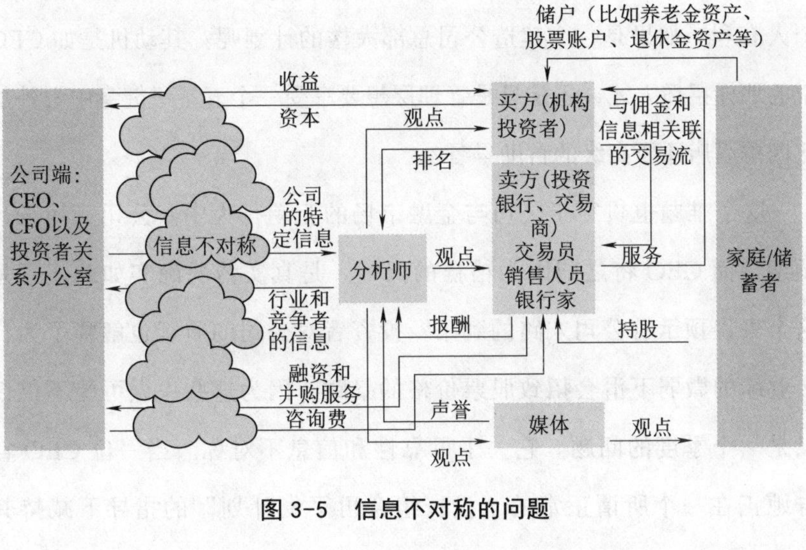

图 3–5　信息不对称的问题

资本市场的问题是一个更为普遍的被称为委托代理问题的表现。历史上，很多人在贸易或农业领域是为自己打工的——他们既是所有权人又是管理者。在现代资本主义社会，企业规模扩大，所有权人不再是管理者；如今，所有权人（委托人）必须监督管理者（他们的代理人），以保证管理者的行为在允许的范围内。所有权和控制权的分离产生了公司治理的难题：股东们如何确保管理层在为股东的利益服务？金融是随着人们尝试解决监管问题应运而生的行为。

举例来说，我们假设一家公司的 CEO 正在操作一个大型收购案。她分享了自己关于被收购标的未来前景的看法，并建议股东批准这次收购。但是，如果她只是想要掌管一家更大型的公司，而操盘一个收购案可以让她置身于 CEO 群体里的更高阶层，那该怎么办？她可以得到更多的收入、更好的工作机会。因此，这笔收购对公司有利还是对 CEO 个人有利？如果是一个建造公司总部大楼的计划呢？其动机是如 CEO 说的那样招揽人才，还是只是管理层想要享受一个五星级健身中心外加比四季酒店还要高级的自助早餐？

这个难题也贯穿于公司与金融市场的互动行为中。公司业绩未达预期，而 CEO 将之归因为糟糕的天气。是真实情况确实如此，还是这个失误预示着公司末路的到来？投资者对公司的质疑也解释了为什么业绩的微弱下滑会招致股票价格的暴跌，因为这些失误可能不仅仅只是一个季度的问题。它关乎可靠性和信息不对称。当一位 CEO 宣告她正在一个所谓正常的“投资组合再平衡计划”的指导下减持其持有的部分股票时，这件事情大概率是真的。但是事实的真相是，一个比你更了解公司未来的人正在出售她持有的股票。这敲响了一记警钟。

管理者和所有权人身处一个复杂的沟通博弈里，来自管理层的任何信号在此背景下都会在质疑的眼光中被重新评估。对于公司来说，信息不对称的难题同样会影响为新项目融资的方式——选择权益、债务，还是内部留存收益。如果一项计划非常有价值，那么为什么要选择发行新股？问题变成了：如果公司的所有权人对该项目的未来如此有信心，那么他们为什么愿意与他人分享这块儿诱人的蛋糕？他们为什么不选择通过举借债务的方式保留这部分上升的收益？这就是发行新股通常伴随着股价下跌的原因。这并非因为股权稀释或者出于其他有关会计方面的原因，而是因为发行股票传递了负面的信号。对于有些投资者来说，这家公司似乎不愿意用内部留存收益为新项目提供资金，因此这个项目绝没有看起来的那样美好。股权融资是成本最为昂贵的融资方式。

债务看起来略好一点儿。尽管公司仍然依赖外部资本提供者，但至少公司保留了上涨的收益。不过，只要公司向外部寻求融资，投资者就会一直问为什么。最好的融资方式就是内生资金，因为不存在任何信息成本，但缺点在于资金规模可能非常有限。

我们要谈到的最后一件事情是股票回购，这是我们将在第 6 章介绍的越来越重要的一个现象。如果一位 CEO 宣布公司将实施股票回购，那么隐藏在消息之下的含义是她认为公司股票被低估。这就是股票回购被视为利好消息的原因，再次强调，绝不是因为流通股减少。相反，股票回购传递了比投资者更了解公司的管理层对公司未来抱有高度信心的信号。

委托代理问题的拉锯战

如果金融旨在缓解委托代理问题，那么成果如何？鉴于我们看到在公司治理的问题上反复出现危机，很容易得出金融市场并没有起到应有作用的结论，因此他们的期望并没有达成。但首先，想清楚我们可以通过何种手段提升公司治理水平很重要。如果你现在能掌控整个世界，那么你会尝试用怎样的途径来解决这一问题呢？

我们来探讨以下可能性。首先，在管理层撒谎时，可以施加更大的惩罚力度吗？这看起来似乎有吸引力，但它可能会导致管理层愿意透露的内容越来越少，导致更高程度的信息不对称。其次，我们可以让管理层持有更多股票，让他们的利益与所有权人高度一致。股权激励在近几十年来变得越来越普遍，但也引发了一些问题。管理层可能会将短期业绩作为目标，并在股价到达高位时抛售手中的股票。我们可以创建一个董事会来代表股东监督管理层吗？由谁来选择这些董事呢？通常情况下，是由管理层来做这件事的。更麻烦的是，他们可能是在为一个由 CEO 主导的董事会服务。每个可行的解决方案都会导致潜在的后果，从而放大而不是缓解委托代理问题。

私募股权机构，可以通过单一股东持较高比例的股权的方式来帮助公司有效解决这一问题，由于股权集中度提升，单一大股东可以有效监管管理层或用杠杆约束管理层。但是私募股权同样也产生了自己的问题——这些投资者通过公司上市进而出售股票来实现收益，因此有足够的动力将公司在上市前进行包装，让它看起来比实际情况更好。

希望以上内容会帮助你弄清楚资本市场里发生的事情。对冲基金经常尝试主动影响管理层以对公司做出显著改变。它们经常被妖魔化为令人讨厌的麻烦制造者。但是它们的行为可能仅仅是在为管理层掌握的巨大控制力纠偏。那些被舆论诽谤的做空者也许并不是恶人，而实际上是与管理层和分析师制造出的盲目乐观的浪潮相抗衡的英雄。最重要的是，它给了你一个明确结论，资本市场并不是解决这个问题的完美方案，要找到对抗这个难题的方法绝非易事。现代企业的规模所导致的所有权和控制权分离，意味着委托代理问题将长期存在。这也是金融变得如此迷人的部分原因。

如果，作为 CEO 或 CFO，你清楚资本市场存在这些问题，它们会如何影响你经营公司以及与资本市场沟通的方式？CEO 和 CFO 必须在资本市场树立起自己的信誉，因为失去投资者的信任的代价是灾难性的。因此，过度承诺十分危险。同时，过低承诺和传递低水平信息可能导致投资者始终期待超预期的业绩——你根本无法保证永远达到投资者的预期。

二手车市场

信息不对称和信号现象不仅仅是资本市场遇到的难题。我们在日常生活中也经常能碰到这些概念。

以二手车市场为例。假设你走入一家大众汽车的经销店，以 5 万美元的价格买入了一辆新车。几天后，你确定自己并不想要这辆车。如果在二手车市场出售这辆车，那么你会得到多少钱？结果大概率不会接近 49 999 美元这一公允的折旧价格。它更可能在 4 万 ~4.5 万美元这个区间。为什么会出现这样的情况？因为潜在买家抱有质疑的态度，他们认为你一定隐瞒了一些负面信息。毕竟，卖车的你才是掌握全部信息的人。为了消除他们的怀疑，你必须把价格降低到买家愿意为这个价格承担风险的程度。

真实世界可能会比这个更糟糕。想一下，有些人确实有很好的车，只是因为他们要离开现居地而选择出售手上的车辆。同时试想有些人在买车时不慎买到了有问题的车辆，现在他们试着把车卖给疑心不重的人。当买家把价格压到 4 万 ~4.5 万美元的时候会发生什么？好车的车主会说："我再也不想在这个市场里卖车了。"然后离开。二手车的平均质量开始下降。于是，买家会变本加厉地压价。更多的好车离开这个市场，最终市场解散。这就是信息不对称具有破坏性的原因。

理论联系实际

以下三个案例解释了我们在介绍资本市场时提到的一些概念，首先我们将回到夏普坂井工厂的投资故事上，然后看一个线路制造商的投资项目，最后分析一个由摩根士丹利私募股权投资部门主导的杠杆收购案例。

鸿海夏普以及坂井工厂

在第 2 章的案例研究中，我介绍了夏普的坂井工厂，那是制造用于生产大型电视机的液晶显示器的工厂。夏普对新工厂的投资是不明智而且被证实难以为继的，当时，鸿海精密的董事会主席郭台铭自掏腰包购买了坂井工厂的股份。这个故事还有更多有趣的波折，刚好可以作为阐述委托代理问题的案例。

郭台铭对坂井工厂的投资是 2012 年 3 月双方共同宣布的两大动作之一。另一笔投资是郭台铭控股公司——为苹果、微软等公司进行组装代工的鸿海精密公司——将购买价值超过 8 亿美元的夏普公司股票，这使得鸿海精密公司成为夏普的最大股东。

当股票分析师阿尔贝托·莫尔从客户口中得知这一消息时，他感到十分困惑。他在整个职业生涯中一直追踪鸿海精密公司。这家公司向来不透明，这笔双重交易就更令人摸不着头脑。为什么鸿海精密出资成为夏普的大股东，而鸿海精密的董事会主席却用个人财富购买坂井工厂 46% 的股权？

如果两笔交易都完成，鸿海精密将控制夏普，与此同时，夏普会出售一部分资产给当时的鸿海精密董事会主席郭台铭。正如我们在第 2 章所见，出售给郭台铭的资产似乎是以大甩卖的价格成交的，为郭台铭个人创造了大量价值。但是价值从何而来？实际上，郭台铭是从夏普股东的手中拿走了这部分价值，但股东里包括他自己运营的鸿海精密公司！市场评论者们推测鸿海精密公司承诺对夏普的投资仅仅是为郭台铭低价收购坂井工厂做垫脚石。

在两笔交易公告后，夏普股价大跌并一直持续下跌，因为公司在与郭台铭的交易中得到的实在太少。鸿海精密公司曾试图重新与夏普商谈，希望以更低的价格收购其股份，然而双方未达成一致意见，鸿海精密撤回了原来的交易计划。而鸿海精密的董事会主席则保留了自己的交易，买下了坂井工厂的大量股份。

你怎样评价郭台铭的行为？答案取决于你如何看待坂井工厂。如果你认为这个工厂有很大价值，那么郭台铭的意图就是从鸿海精密股东手中夺取价值。作为夏普的主要股东，鸿海精密在给它的董事会主席让渡一份被低估的资产，以 17 亿美元的价格出售价值 32 亿美元的工厂，真是一笔不可思议的交易。换句话说，为什么不让鸿海精密的股东来参与交易分享蛋糕？从另一方面来看，如果你认为这个工厂其实非常危险，那么郭台铭的所作所为就是在用自己的钱来避免鸿海精密承担额外的风险。

做空贝卡尔特

2010 年，杰里米 · 明迪奇的对冲基金 Scopia 资本决定做空贝卡尔特——一家做钢丝的公司。在深入研究钢丝行业后，Scopia 认为贝卡尔特当前的盈利水平相对以前年度较高，因为它生产制造的钢丝是用于工业机器使用的子午线轮胎上的。而当时大多数公司的产品是用于家庭市场的电线，因此贝卡尔特是行业里仅有的几家仍耕耘工业市场的公司。自然而然地，这份可观的业绩回报很难长期持续。明迪奇认为贝卡尔特的收益将同他的竞争对手一样逐渐回落至行业平均水平。

Scopia 进一步审视了数据，发现贝卡尔特的盈利在 2006—2008 年期间稳定攀升，接着受到全球金融危机的影响而下滑。问题是，增长趋势会重现吗？分析师们的一致意见是会重现。下一步是找到竞争者并对它们的业绩表现进行调研。Scopia 发现有数家来自中国的竞争对手正试图进入贝卡尔特利润最丰厚的细分市场。

要确定贝卡尔特能否维持高毛利，你应该了解有关中国竞争者哪些方面的问题呢？

Scopia 的两位员工拜访了中国的线缆公司并尝试解答以下问题：

- 它们对新设工厂的预期是什么？
- 它们的预期利润水平是多少？

在与这些公司的代表交谈之后，Scopia 的分析师发现中国公司对业绩的预期远低于当前市场水平。

从这个信息出发，Scopia 能够推断出贝卡尔特的股东们可能将遭到令人不快的突然袭击，只不过这一刻何时到来尚不能确定。人们谈论的话题还停留在行业增长是否能够持续，而 Scopia 已经预见到了更糟糕的事情：行业利润将减半。“在贝卡尔特这个公司身上，我们见证了行业回归正常利润水平的过程。”明迪奇回忆道，“一个享受了超额利润的行业最终将向更加正常的环境回归。”因此，Scopia 决定做空贝卡尔特的股票。

假设要做空贝卡尔特，你要为此承担哪些风险？

图 3-6 显示了贝卡尔特 2006—2013 年的股价走势。2010 年经历的股票价格上涨反映了与明迪奇预期的市场不可持续相左的乐观情绪。尽管 Scopia 的预测最终被证明是正确的，但出手太早导致他不得不忍受长达一年的亏损，贝卡尔特股价在此期间上涨了 30%。明迪奇说道：“这有些出乎意料，我们没有预想到自己认可的观点在被市场验证前竟然给我们带来了如此多的损失。但因为提前做了充足的工作，我们坚信自己理解了这个行业的基本规律，我们有能力等到暴风雨来临，因为我们确信现状是不可持续的。”

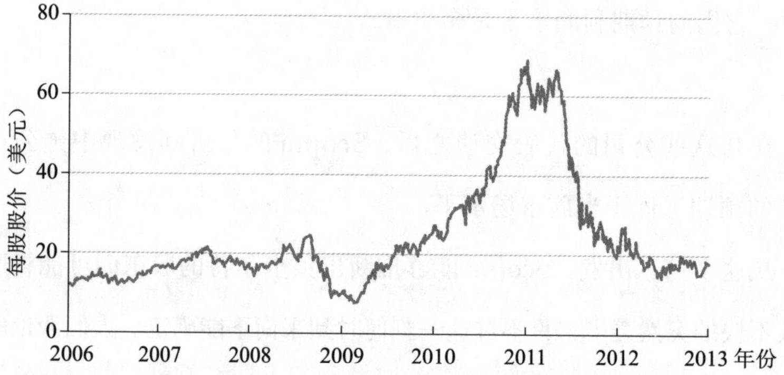

图 3-6　贝卡尔特股价走势（2006—2013）

你可以想象Scopia在第一年眼睁睁地看着自己的投资决策与股价走势背道而驰的痛苦。贝卡尔特的股票一直上涨并保持着高位，由于股价上升不存在天花板，因此做空者的潜在损失是没有上限的，很可能遭遇“逼仓”，即当股价继续上涨时，空头不得不买回股票，被迫清仓。但明迪奇的分析和决定让Scopia将这一投资主题坚持到最后。

对TFM的杠杆收购

2007年，摩根士丹利私募股权投资部门以杠杆收购的方式收购了位于纽约州北部的连锁超市TFM（Tops Friendly Markets）。私募股权公司举债购入目标公司，通过介入公司运营提高业绩，再将其推向资本市场或出售给战略投资人以实现退出。杠杆的使用可以大幅提升投资人的回报。

摩根士丹利欣然接受这个机会出于对几个因素的考量。首先，拥有TFM的荷兰百货商皇家阿霍德集团是一个消极所有权人，2017年年底，它迫切希望在资产负债表中剥离位于美国境内的所有资产，也就是说，它关注的是能否及时剥离，而对交易价格是否完全公允并不敏感。在这种情况下，出于快速变卖资产的诉求，经营者的考虑可能会变得不那么理性。

由于皇家阿霍德集团急于脱手，时任管理层大概率会选择留在母公司，如此，摩根士丹利就可以聘用自己认可的CEO。摩根士丹利的团队选定了弗兰克·库尔奇，他曾在皇家阿霍德集团控制TFM之前领导过

TFM。投资团队认为，库尔奇的知识和技能对公司重整旗鼓极具价值。

根据摩根士丹利的艾伦·琼斯的说法，TFM 最吸引人的特质之一就在于它是一个“经典的孤儿公司”。由于皇家阿霍德集团总部距离 TFM 商店非常遥远，因此在公司的管理上碰到了一定程度的障碍，这很常见。因此，尽管 TFM 的经营利润和资本收益率均远低于超市行业的其他可比公司，但摩根士丹利投资团队认为，通过更好的管理，TFM 可以重获新生。下一步就是分析公司财务情况并找出需要改进的重点。投资团队采取三管齐下的策略：变更定价策略、提升科技水平、重新建立与消费者的链接。

此时，TFM 正与两个截然不同的对手开展竞争：偏低端的连锁大卖场沃尔玛和偏高端的区域性杂货店韦格曼斯。与沃尔玛在价格上比拼几乎是没有胜算的，所以一开始，投资团队就将 TFM 定位于两者之间。这是传统超市高低搭配的一种模式。常见的普通商品，比如面包等定价比较低廉，而其他商品则价格较高，团队认为这种定价模式对 TFM 的成功至关重要。

库尔奇在接手后立刻发现 TFM 似乎失去了与客户的链接。比如，很多 TFM 门店位于纽约州西部的布法罗，那里是布法罗辣鸡翅（一种油炸鸡翅）的发源地。库尔奇发现商店里完全没有这种鸡翅的踪影。库尔奇认为这违背了零售的一个基本法则：为消费者提供他们需要的东西。投资团队同样认为 TFM 急需一个更好的科技系统。过去的系统让经营者无法立刻回应消费者需求及存货变动。借助全新的销售终端技术，TFM 吸引了更多手头比较紧的消费者。TFM 用更多的基本主食替换了鲜食。确定了这个基本策略后，在摩根士丹利投入巨资建设的程序将所有流程统一管理后，库尔奇把选品决策下放至每个门店的经理。这是将 TFM 定位于沃尔玛和韦格曼斯之间的关键环节，它使得每个门店的管理者能够对本地需求和市场波动做出最快速的反应。

为了完成最终出售 TFM 的计划，团队经计算认为需要追加更多债务，提升杠杆水平。这将使债务水平达到总资产的 96%。如此高的杠杆水平很罕见，摩根士丹利承担了很大的潜在风险。但经过严格调研、与管理团队共同商讨，以及聘请专业顾问，在评估处于假定的债务水平下公司是否能存活后，摩根士丹利决定推进该计划。该决定得以通过的原因之一在于，超市行业的存货周转速度很快，TFM 产生现金流的能力非常强。

在加杠杆后，摩根士丹利保留了 3 000 万股。由于高管团队在扭转公司颓势的过程中发挥了重大作用，摩根士丹利给了他们买入公司股票的机会。最终，摩根士丹利获得了初始投资额 3.1 倍的回报，TFM 的管理团队实现了对公司的独立运营，TFM 通过这笔交易涅槃重生。

小测验

注意：有些问题的正确答案可能不止一个。

1. 假如你是一位对冲基金经理，你认为通用汽车在明年的表现将相当出色，更具体一点儿，你确信它在股市的表现将超过其竞争对手福特汽车，因此你要建仓投资。如果你的判断是正确的，那么通过以下哪一项交易安排将会赚到钱？

A. 做多通用汽车，做空福特汽车

B. 做多通用汽车，做多福特汽车

C. 做空通用汽车，做多福特汽车

D. 做空通用汽车，做空福特汽车

2. 分散化投资的主要优势是什么？

A. 相对于收益水平而言，它提升了你的投资组合的风险

B. 相对于收益水平而言，它降低了你的投资组合的风险

C. 它提升了投资组合的收益和风险水平

D. 它减少了投资组合中的股票数量

3. 公司公告的每股收益水平仅低于他们之前的预期结果几美分，为什么公司股价的下跌幅度会这么大？

A. 即便是几美分，乘以数百万的股票数量，也会产生巨大差异

B. 会计利润并不准确

C. 实际结果与预期的差异预示着未来股票将被稀释

D. 投资者无法确认公司业绩未达预期是因为偶然或坏运气，还是因为公司正在面临更大的问题

4. 陶氏化学是一家跨国化学制品公司，你认为陶氏化学是一家很好的公司，因为相对于同行业的其他公司而言，它的价值被低估了。为

了更好地捕捉陶氏化学的相对表现，你应该同时做空以下哪个公司的股票？

A. 拜耳公司，一家跨国化工和制药公司

B. 英国航空，一家航空公司

C. 联合爱迪生公司，一家向纽约市区供电的电力公司

D. 非特定的公司，你想要通过分散化获得优势

5. 以下哪一项是不好的激励动机？

A. 投资者要赚钱，所以他们投资于业绩良好的公司股票

B. 分析师们不敢给一家公司“卖出”评级，因为目标公司以后可能不会把业务再交给他们的雇主

C. CEO 承担了公司的风险，因为他们个人财富的很大一部分取决于其持有的股票期权

D. 养老金通常投资于优质公司，因为他们要保障退休员工的生活

6. 大多数股票分析师受雇于以下哪个群体（并收取报酬）？

A. 个人家庭　B. 行业公司　C. 卖方机构　D. 媒体

7. 以下哪项是通用薪酬模型和行业机构对股票分析师产生的影响？

A. 分析师会努力工作以提供准确的估值

B. 排位较高的分析师可能甘做“群羊”，选择与其他分析师相近的估值结果，以保住自己的排位

C. 分析师总会给出“卖出”评级，并通过提前做空股票获利

D. 排名靠后的分析师会做出稀奇古怪、博人眼球的预测，一旦蒙对了结果，他们就会直接冲上榜单前列

8. 2012 年，脸书进行了 IPO，拟向投资者出售 4.21 亿股股票。以下哪个资本市场参与者协助脸书出售这些股票？

A. 分析师　　B. 买方　　C. 卖方　　D. 媒体

9. 1989 年，私募股权公司 KKR 参与了著名的雷诺兹 – 纳贝斯克高达 310 亿美元的收购案。私募股权是做什么的？

A. 代表公司投资私人养老基金

B. 购买公司，提升公司业绩后将它出售给其他私人投资者或公开市场

C. 募集成千上万投资者的资产，并将这些资产投资于高度分散化的资产组合中

D. 向有意向的私人投资者推荐公司债券

10. 在《魔鬼经济学》一书中，作者史蒂芬 · 列维特和史蒂芬 · 都伯纳提到，专业房产经纪人出售自己房产的价格比他们出售代理房产的价格平均高出 10%。这个案例体现出的是资本市场的哪一方面的问题？

A. 买方　　B. 董事会监督

C. 羊群效应　　D. 委托代理问题

本章总结

我希望这场在资本市场中的匆忙旅程能让你觉得机构投资者、分析师、投资银行的复杂世界不再神秘。很多人将金融世界视为一个依附在实体经济身上榨取价值的吸血鬼。然而，尽管无法尽善尽美，资本市场实际上还是致力于解决资本主义经济深层次的问题——所有权和管理权分离导致的委托代理问题，以及导致监管和沟通障碍的信息不对称问题。因此，结论很清晰，金融并非只关乎资金，本质上，它是关于信息和激励的学科。

理解了信息不对称问题和委托代理问题的概念，你就能明白为什么网飞订阅量的一点儿微小下滑就可以导致其股价在短时间内大幅下跌。经证实，实际情况对预期结果的任何偏离都是代价高昂的，因为偏离会放大投资者对管理层的担忧。从尼尔森·佩尔茨与百事管理层的斗争中，你可以看到一位激进型投资者为保证管理层能代表股东利益行事而付出的努力。然而佩尔茨可能有自己的小算盘，无法与其他股东的利益保持完全一致，从而产生了另外的激励问题。

既然我们已经审视了资本市场的核心信息难题，那么接下来可以进入一个更宏大的课题：一个公司的价值是什么？下一步，我们将介绍公司如何创造价值，它们如何被估值，以及它们应如何基于自身的资本成本做出投资决策。

4.

价值创造的来源

风险、资本成本，以及价值的来源。

在第1章中，我们讨论了价值创造是如何成为管理层的重要目标的。但究竟什么是价值创造？你怎样才能做到这一点？我们来看两个极端案例以更好地理解价值是如何被创造或毁灭的。关于价值创造，让我们一起来看看苹果公司股价在过去30年中的表现。（见图4-1）

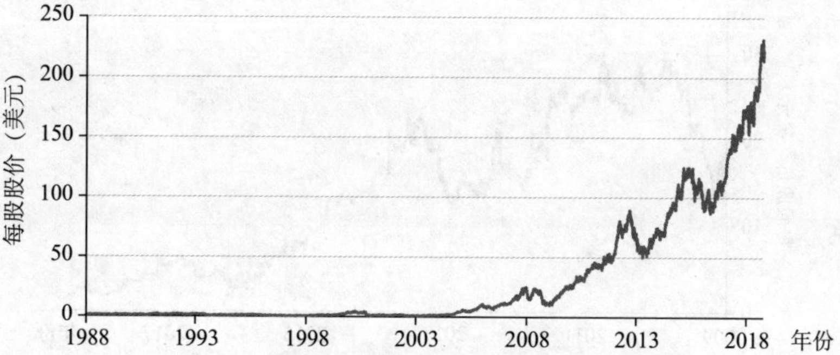

图4-1　苹果公司的股价走势（1988—2018）

从图表中可以看出，作为一家公众公司，在大部分时间里，苹果公司并没有创造太多价值。公司花费了大量精力与IBM（国际商业机器公司）和微软展开竞争，也许这件事情并不是苹果公司在价值创造上蜻蜓点水的原因。

21 世纪初，事情发生了巨大变化。苹果公司开始创造价值，而且是巨大的价值。苹果公司市值在 2018 年中期已经超过 1 万亿美元。改变的是什么？苹果做了什么新动作从而完全改变了自己的命运？简单来说，它推出了一系列创新产品，从 iPod（苹果播放器）到 iPhone（苹果手机），再到 iPad（苹果平板电脑）。但更有意义的问题是，为什么 iPhone 的诞生让苹果开始创造价值，而风靡数十年的苹果计算机没能做到这一点？

价值创造的对立面——价值毁灭是怎样的情形？关于这一点，我们观察一下雅芳化妆品公司从 2009 年 1 月至 2018 年 10 月的股价走势图（见图 4-2）。

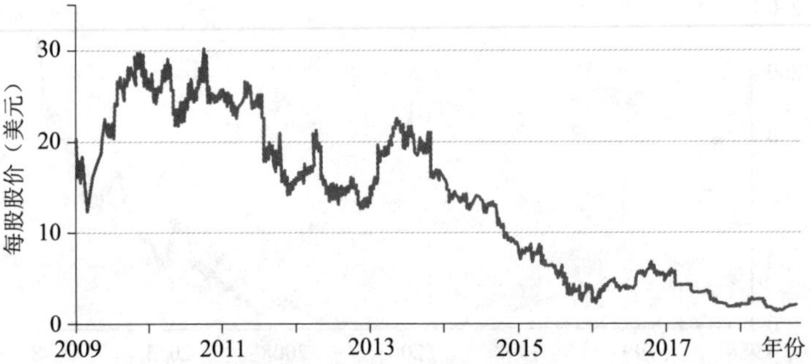

图 4-2 雅芳公司的股价走势（2009 年 1 月—2018 年 10 月）

在这 9 年左右的时间里，雅芳公司损失了 90% 的价值，为什么？显然，在创新和构建可持续商业模式上，雅芳未能取得成功，但为什么一家公司可以如此迅速地损失这么多价值?

以上两个极端的价值创造和毁灭的案例提供了两点结论。首先，价值创造既不简单又不直接；其次，金融是很难把握的，有时即便是最优秀的股票分析师和投资者也会犯错——这是残酷的事实。雅芳在很多年里都被严重高估，当投资者醒悟时，股价应声而落，最终反映其真实价值。

本章中，我们将剖析公司如何创造自身价值并使其最大化。特别需要强调的是，价值创造的秘密就在于资本有成本的概念。无论资本来自股东还是债权人，作为资本的管家，公司管理层都必须考虑资本的成本，虽然它难以确定。实际上，资本提供者要求的回报就是管理者面对的资本成本。最终，我们需要明确一个定义和衡量风险的方法，因为资本提供者要求的回报将是他们所承担风险的一个函数。

在本章末尾，我们会把第 2 章的自由现金流概念与资本成本、预期收益以及本章涉及的风险结合在一起进行估值。从某种程度来说，本章是全书中最难理解的章节。

价值是怎样产生的?

衡量价值创造的第一个方法是通过市净率对比一家公司的账面价值和市场价值。账面价值仅仅是股东投资于公司中的资本在会计上的计量数额，而市场价值衡量的是公司根据金融市场规则确定的价值——正如我们在第 2 章里介绍的，市场价值是基于公司未来业绩的前瞻性评估结果。

由于账面价值来自根据会计准则编制的资产负债表，而且全部集中于投入公司的资金价值，因此它反映的并不是公司完整的价值。比如，看一下表 4–1 中脸书 2017 年年末分别反映账面价值和市场价值的两张资产负债表。

尽管脸书的权益市场价值高达 5 128 亿美元，其账面价值却低很多，只有 743 亿美元，市净率为 6.9。由于市场价值反映的是未来现金流（参考第 2 章），因此市场高度认可脸书的前景以及它创造价值的能力。

接下来，我们通过一些小练习来解答价值创造的来源，正如我们在第 1 章里做过的那样。这些练习很有难度，却值得一试。

表4–1 脸书2017年年末资产负债表（单位：百万美元）

（a）会计计量资产负债表

资产		负债和股东权益	
现金	41.7	运营负债	10.2
运营资产	42.8	股东权益	74.3
合计	**84.5**	**合计**	**84.5**

（b）市场价值计量资产负债表

资产		负债和股东权益	
现金	41.7		
企业价值	471.1	股东权益	512.8
合计	**512.8**	**合计**	**512.8**

我们假设一家公司仅依靠权益融资：

- 公司账面价值为 100 美元，因为它刚刚得到 100 美元的资本。
- 净资产收益率设定为 20%。
- 公司会将每年净利润的 50% 用于再投资，这些再投资意味着增长机会，增量投资的回报率与当前净资产收益率相等。
- 公司将在 10 年后停止运营，所有剩余资产将被分配给股东，届时会将所有资产进行变卖，换取一次性的现金流。（假设资产以当时的账面价格出售）。
- 未来现金流以 15% 的折现率进行折现，因为股东的期望回报率为 15%。

综上，这家公司的市净率应该是多少？换句话说，公司在创造价值吗？再直白一点儿，你认为市净率会高于 1、等于 1，还是小于 1？

要确定市净率，我们需要计算出公司的账面价值和市场价值。账面价值是假设中直接给定的 100 美元，但它的市场价值需要用第 2 章介绍的方法预测未来现金流和折现。不过还有一个更简单的计算方式，我们首先尝试一个更迂回的方法吧。

我们从初始的 100 美元账面价值出发，使用 20% 的净资产收益率，接着向股东分配一半的净利润，并将剩余的一半再投入公司运营。将第 1 年至第 10 年年底的分红以 15% 的折现率进行折现。第 10 年年底，公司剩余的全部资产均予以变现并分配给股东。（见表 4–2）

表4–2 价值创造的来源

初始账面价值（美元）		100.00		折现率		15%		
净资产收益率		20%		留存收益率		50%		
年份	**股东投资的账面价值（美元）**	**净资产收益率**	**税后利润（美元）**	**留存收益率**	**留存收益（美元）**	**分配给股东的现金（美元）**	**现值因子**	**现值（美元）**
1	100.00	20%	20.00	50%	10.00	10.00	0.87	8.70
2	110.00	20%	22.00	50%	11.00	11.00	0.76	8.30
3	121.00	20%	24.20	50%	12.10	12.10	0.66	8.00
4	133.00	20%	26.60	50%	13.30	13.30	0.57	7.60
5	146.40	20%	29.30	50%	14.60	14.60	0.50	7.30
6	161.10	20%	32.20	50%	16.10	16.10	0.43	7.00
7	177.20	20%	35.40	50%	17.70	17.70	0.38	6.70
8	194.90	20%	39.00	50%	19.50	19.50	0.33	6.40
9	214.40	20%	42.90	50%	21.40	21.40	0.28	6.10
10	235.80	20%	47.20	50%	23.60	23.60	0.25	5.80
						259.40	**0.25**	**64.10**
						当前/市场价值（美元）		135.89
						市净率		1.36

在本案例中，基于未来预计现金流折现计算的当前市场价值大于100美元，市净率大于1.3。

有没有一种更简单的方法可以得出同样正确的结论，但无须使用复杂的试算表进行计算呢？要想得出结论，我们假设公司的净资产收益率从 20% 降低到 15%，其他所有条件保持不变，市净率会发生怎样的变化？你的直觉认为它会下滑，因为一个更低的净资产收益率水平对股东来说不是好事。但具体会降低到什么程度？

如果用刚才的方法通过制作试算表来计算，你会发现市场价值降到 100 美元，与账面价值持平。需要明确的是，它下降至 100 美元绝非巧合。你可能认为 15% 的净资产收益率水平已经相当好了。但实际上，公司几乎没有达到预期，这就是金融的苛刻之处。如果净资产收益率与资本成本等同，其他条件不变，那么公司并没有创造价值。你应该躺在床上休息，什么也不做。

这个对比告诉我们，价值创造的必要条件在于击败资本成本。第一个例子中，净资产收益率为 20%，而股东仅用 15% 对未来现金流进行折现。把意向投资的预期收益率和资本成本进行简单对比，就是你判断一家公司是否正在创造价值所需要的全部内容。

如果净资产收益率下降更多，从 15% 降到 10%，那么公司的市场价值将降到 100 美元以下，市净率会低于 1 。这是一个更糟糕的场景。它意味着公司并没有提供能匹配资本提供者期望的收益，结果就是公司正在毁灭价值。你可能认为 10% 的净资产收益率水平已经相当不错了，但公司并没有实现与资本提供者所承担的风险相匹配的收益。这就不仅仅是你可以躺在床上的问题了，而是你根本就应该老老实实地躺在床上！

价值创造还是价值毁灭?

雅芳和苹果分别是关于价值毁灭和价值创造的代表性案例，但如果价值创造或毁灭的界限不那么清晰，怎么办？我们如何通过理解数据来辨别一家公司究竟是在创造价值还是毁灭价值?

让我们来看一个不那么容易判断的案例。图 4-3、图 4-4 显示了英国石油自 2000 年以来的股价和资本收益率情况。

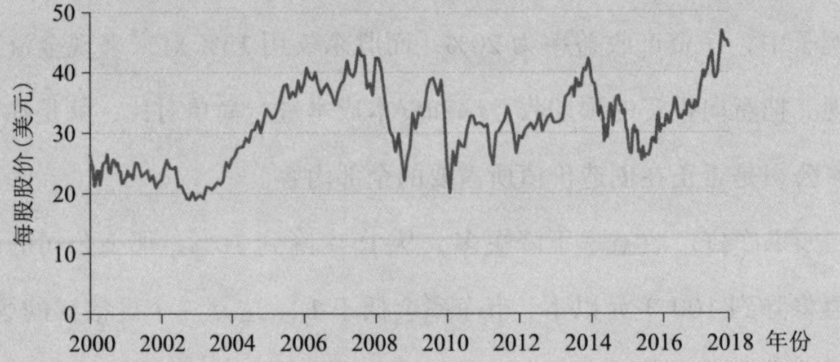

图 4-3　英国石油的股价走势（2000—2018）

英国石油是在创造价值吗？股价从 20 美元逐步涨到 46 美元，所以还不错，对吧？它一定是在创造价值。再仔细看，股价在 2003—2008 年期间保持上升态势，但 2008 年以后，股价横盘。所以，让我们分别研究不同时期的情况。

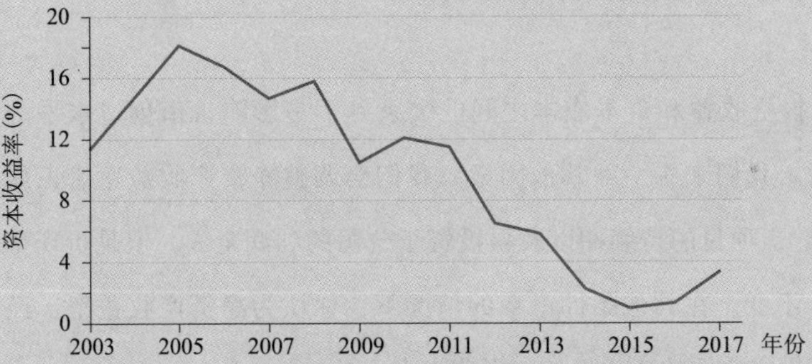

图 4-4　英国石油的年度资本收益率（2003—2017）

英国石油在 2003—2008 年期间创造价值了吗？答案很清楚，它就蕴藏在我们预期的运营结果——资本收益率中。英国石油的资本收益率超过 10%，远超其资本成本，因此它在创造价值。这个结论同样反映在持续上涨的股票价格中。

2008 年以后，英国石油的资本收益率迅速滑落到资本成本以下。这个价值毁灭的过程在横盘的股价中体现得很明显。你可能认为这对于英国石油的股东而言谈不上好也谈不上不好（考虑到每年有 4% 的分红，它甚至可能算是一件好事情）。但这并非思考问题的正确方式，由于其他竞争机会的存在，英国石油的股东们在购入股票时有着更高的预期回报。然而，英国石油的股东们在这一时期得到的回报远低于自己的预期，着实让人煎熬。由于未能实现对资本成本的覆盖，没有达成股东的预期回报目标，英国石油成了价值毁灭的案例。

还有什么因素影响价值创造?

投资收益和资本成本之间的关系并不是影响价值创造水平的唯一因素。我们来看一下其他因素。我们会调整净资产收益率（正如之前那样）、项目的持续期以及再投资于公司的利润金额，但是折现率保持15%不变。在其他条件不变的情况下，你认为净资产收益率、经营期和再投资比例的变化将如何影响市净率?

你可能很快就会下结论，认为更高的净资产收益率水平将提升市净率。但是如果假设公司的持续经营期从10年变成30年，那会怎么样?如果更多的盈利被再投资于公司内部会发生什么?经营期和再投资比例对市净率的影响与净资产收益率之间存在函数关系吗?

表4–3是一个有净资产收益率、经营期、再投资比例等参数的空白表格。在你继续往下读之前，让我们先看第一部分30%的再投资比例假设，并回答以下两个问题：最高和最低的市净率将出现在哪一格?在所有条件组合中，会出现市净率刚好等于1的情况吗?

表4–4给出了表4–3第一部分的答案。最高市净率出现在右下角。此时，公司的净资产收益率水平最高，因此市场价值也最高，并且持续期也最长。长期保持较高的净资产收益率水平，是提高市净率和价值创造水平的关键。

表4–3　价值创造的来源

持续期	10%	15%	20%	25%	未来经营期的账面净资产收益率
5年					30%的收益被用于再投资
10年					
20年					
30年					
5年					70%的收益被用于再投资
10年					
20年					
30年					
5年					100%的收益被用于再投资
10年					
20年					
30年					

表4–4　价值创造的来源

未来经营期的账面净资产收益率

持续期	10%	15%	20%	25%	
5年	0.8	1.0	1.2	1.4	30%的收益被用于再投资
10年	0.7	1.0	1.3	1.7	
20年	0.6	1.0	1.4	2.0	
30年	0.6	1.0	1.5	2.2	

人们可能想当然地认为最低市净率会出现在左上角，因为它刚好与最高市净率完全相反。但实际上，最低市净率出现在左下角。在这种情境下，公司的净资产收益率并没有超过其资本成本（折现率），而且这种情况持续了长达30年，导致了大规模的价值毁灭。再把目光落到净资产收益率为15%的那一列。无论经营持续期怎么变化，市净率都始终保持为1。这个公司可以持续5年、30年，甚至100年，都不影响结果。由于净资产收益率与资本成本持平，公司无论如何也不会产生价值，不管它持续经营多久。现在让我们回到表4–3，把再投资率从30%提升到70%和100%。我们从整张表的范围出发，回答同样的问题：最高和最低的市净率分别出现在哪里？数值为1的市净率会出现在更多的空白格中吗？

表4–5给出了答案，最高的市净率出现在整张表的右下方，而且这个数字很大。这家公司的回报率持续30年大幅超过其资本成本，并且在这些年中它将所有的利润重新投入了公司运营并继续产生高额回报。

最差的情景出现在左下角。这家公司正在毁灭价值，因为它的资本收益率没有达到资本成本。它在长达30年的时间里保持这样的业绩，直到公司结束运营也从未分配过一分钱。由于公司将全部利润都投入经营并产生了很低的实际收益，因此毁灭了更多价值。

在净资产收益率为15%的情景下，公司市净率永远为1，因为经营成果刚好满足其资本成本。它可以将现金留在公司内或者进行分配，它可以持续很多年或者仅经营几年，这都没关系，因为价值既不会被创造也不会被毁灭。

表4-5 价值创造的来源

持续期	10%	15%	20%	25%	
	未来经营期的账面净资产收益率				
5年	0.8	1.0	1.2	1.4	30%的收益被用于再投资
10年	0.7	1.0	1.3	1.7	
20年	0.6	1.0	1.4	2.0	
30年	0.6	1.0	1.5	2.2	
5年	0.8	1.0	1.2	1.5	70%的收益被用于再投资
10年	0.7	1.0	1.4	2.0	
20年	0.5	1.0	1.8	3.1	
30年	0.4	1.0	2.2	4.6	
5年	0.8	1.0	1.2	1.5	100%的收益被用于再投资
10年	0.6	1.0	1.5	2.3	
20年	0.4	1.0	2.3	5.3	
30年	0.3	1.0	3.6	12.2	

创造价值的三种方式

这个小练习提供了从金融角度看待价值创造的基本原理。要创造价值，公司必须做好三件事情。第一，公司的产出必须能够覆盖资本成本。第二，公司的收益覆盖资本成本必须持续很多年。第三，公司的再投资率必须很高而且保持足够的资本回报。这些方法同样与商业策略一致。

覆盖资本成本的本质就是通过创新持续创造竞争优势。要想长期维持回报和资本成本之间的差距，公司必须保证自己的业务有足够高的门槛、品牌优势，并且有知识产权的保护。最终，将更多的盈利再投资实质上就是通过扩张、延伸或整合获取增长机会。

....

真实世界观点

在试算表上根据这一系列数据计算得出结果看起来是很理论化的事情，但在现实世界里，像阿尔贝托·莫尔这样的股票分析师的确在使用这些方式衡量公司所创造的价值。莫尔评论道：

如果一个公司能利用其资本在长期产生超额收益，它就会在股东回报中体现出来。当然，在短期内保持回报可能产生不了太大影响，很多公司都可以做到，但从长期来看，这就是问题的关键。因此，如果你找到了一家收益持续超过资本成本的公司，或者至少在很多年里是这样的，那么你可以得出结论，这家公司会为股东创造超额收益。这就是我们找到好公司的方法。

....

对资本成本的深入探究

这个小练习反映出资本成本对价值创造的重要性。如我们在第 2 章所见，管理层用折现率对未来现金流折现，因为任何投资都存在机会成本。管理层使用的折现率通常被认为是资本成本，因为他们代表了筹集这部分资本所承担的代价（成本）。那么这些折现率和资本成本到底从何而来？

回忆一下之前的内容：公司有两种类型的资本提供者——提供债务资本的债权人和提供权益资本的所有权人。关键之处在于，资本成本实质上是投资者所期望的收益。简单来说，投资者的期望回报成为管理层所负担的资本成本。债务和权益的成本是有区别的；权益是附剩余资产追索权的可变收益，而债务则是一种享有优先受偿权的固定收益。

这些预期收益（即资本成本）到底来自哪里？资本提供者会衡量他们所承担的风险，并希望预期收益能够给予足够的风险补偿。为所承担的风险要求更多收益是金融领域的基础观点，并且与风险回避相关。你更喜欢以 100% 的概率得到 100 万美元，还是以 50% 的概率得到 0 美元或 200 万美元？如果这是一个现实的选择，那么大多数人都会选择确定的 100 万美元，尽管另外一个选择的确非常诱人，但人们更倾向于确定性而不是概率加权。

但我们如何将资本成本的概念应用在实务中？我们应该如何衡量到底应该对风险索取多少回报？这些问题将带领我们走进金融学科里最精妙的观点。

对风险和收益的介绍

我们在第 2 章介绍过，投资者从他们认为风险较高的公司身上要求更高收益。这些对更高收益的要求转化为更高的资本成本。

投资者与我们中的大多数人都很像，天生是回避风险的。这是人类的本性。结果是，如果被迫承担风险，他们就需要回报。想一想劳动力市场。当人们选择了高危行业，比如建筑行业，他们会要求更高的工资。这个道理在金融领域也同样适用。

假设人们可以选择投资 4 种类型的资产：美国政府发行的 30 天到期的债券、美国政府发行的 30 年到期的债券、小公司的普通股以及大公司的普通股（见表 4–6）。

表4–6　4种类型的资产的收益率（1926—2010）

资产类型	年平均收益率	年平均标准差
短期政府债券（30天）	3.6%	3.1%
长期政府债券（30年）	5.5%	9.5%
普通股（大公司）	9.9%	20.4%
普通股（小公司）	12.1%	32.6%

数据来源：爱伯森 SBBI 年鉴

表格给出了4种资产类别从1926年到2010年的年化平均收益率数据。与收益率同时列出的是收益的标准差。标准差是衡量全部收益率对平均收益率的偏离程度。标准差为0意味着每年的收益率都刚好完全等同于平均收益率。较高的标准差意味着收益水平波动较大。

在这里分享一个有用的经验法则，2/3的观察值落在平均值的一个标准差范围内。比如，你所在城市的成年人平均身高可能是5英尺[①]6英寸[②]，一个标准差为4英寸。在这个例子中，2/3的成年人身高介于5英尺2英寸到5英尺10英寸之间。

这张表格显示，投资者投资于大公司普通股的平均收益率为9.9%，在2/3的年份中，其收益率落在-10.5%~30.3%（即9.9%±20.4%）。政府债券的平均收益率为5.5%，2/3的时间里，收益率波动范围是-4%~15%。这张表格揭示了收益率与投资者承担的风险水平之间的关系。具体来说，权益收益更高，但权益收益波动幅度很大，有的年度收益率非常高，在另外一些年度里就很低甚至为负，这意味着你要承担更高的风险。

① 1英尺=0.304 8米。——编者注
② 1英寸=0.025 4米。——编者注

为了计量补偿风险的回报水平。投资者们通常将某类别资产的平均收益率除以相应的标准差。换句话说，这个比值让投资者们能确定自己承担的单位风险能获取多少回报。这一衡量方法被称为夏普比率——投资者衡量风险所使用的重要方法之一。根据表格给出的数据，长期政府债券的夏普比率为 0.58（5.5%/9.5%），小公司普通股的夏普比率为 0.37（12.1%/32.6%）。

加权平均资本成本

加权平均资本成本（WACC），是对未来现金流进行折现的最常用的方法，但同时它也是金融人士乐于用来迷惑他人的神秘术语。如果我们将它拆开并以图的形式解释清楚，你会发现它其实简单而清晰。这个专业术语隐含了多种资本来源。我们知道有两种类型的资本分别具有不同的成本：债务资本成本和权益资本成本。我们不能简单地把两者相加，而是应该考虑二者的相对比例，然后进行加权平均。

加权平均资本成本的计算公式结合了两种资本的成本、二者结构比例以及所得税的影响。

加权平均资本成本

$$\text{WACC}=\left(\frac{D}{D+E}\right)\times r_D(1-t)+\left(\frac{E}{D+E}\right)r_E$$

r_D= 债务资本成本

r_E= 权益资本成本

D= 公司债务的市场价值

E= 公司权益的市场价值

$D+E$= 公司融资（权益和债务）的市场价值总额

t= 公司所得税率

债务和权益的成本是投资者的预期收益。现在，把权重想象成融资总额中债务和权益各自的比例。

所得税项可能需要多解释一下。利息费用通常是可抵扣的费用，可以降低公司所需支付的所得税。实际上，这些利息的支付让公司免于缴纳更多的所得税，因此也被称为“税盾”。利息费用究竟可以为公司省下多少所得税取决于税率高低。如果税率比较高，那么利息费用的抵扣效果将非常可观。如果税率为 40%，公司需要支付的利息费用为 10 美元，那么它实际上花费了多少钱？公司支出了 10 美元，税前利润降低 10 美元，所得税因此减少 4 美元，所以 10 美元利息的真实花费是 6 美元。

加权平均资本成本的计算过程很直观，如果公司融资中有 20% 来源于举债，债务资本成本为 10%，其他 80% 资本来自权益融资，成本为 20%，税率是 10%，那么根据公式计算出的加权平均资本成本结果为 17.8%，相当简单！

更深层次的问题在于：权重是怎么得来的？权益和债务的成本来源

于何处？如果权益是剩余索取权，那么怎样衡量取得权益的成本？哪种融资方式更昂贵，债务还是权益？我们将构建一个加权平均资本成本，因为它是重要的金融概念。揭开加权平均资本成本神秘面纱最好的方法就是亲自推演出一个加权平均资本成本。

....

真实世界观点

再强调一次，这些计算并不仅仅是理论。喜力公司 CFO 劳伦斯·德布鲁每天都在关注她的资本成本：

要解释清楚资本成本，你需要回到一个简单的概念上。要运营业务，你必须有钱。是谁在出借或投资，提供你最需要的资金？你有股东、银行或债券持有人，你得给所有这些人以合理的报酬。根据你的资本或融资结构，你可以计算出资本的平均成本，这就是你的生意所负担的资本成本，非常合理。没有人会为了不合理的回报进行投资。为股东提供他们所期望的合理回报是很公平的买卖。

....

债务资本成本

确定债务资本成本是整个计算过程中最直接的一步。因为债务有固定的收益，所以资本成本仅仅是你在实施一个项目时债权人向你索取的固定收益。

要确定一笔贷款的利率，银行会调查公司业务的风险、现金流的稳定性，以及资信评级情况。然后，银行会根据风险情况确定利率水平。（严格来说，这个利率水平是承诺收益，发行人存在违约的可能性，也就是说，预期收益率会更低一点儿。）

这个利率由两部分组成，每部分分别对应着一个风险溢价：

$$r_D = r_{\text{risk-free}} + \text{信用价差}$$

$$r_D = \text{债务资本成本} \quad r_{\text{risk-free}} = \text{无风险利率}$$

无风险利率。投资者至少会要求无风险投资利率，无风险投资利率可以用类似于美国国库券之类的政府债券作为近似利率。它的逻辑在于，任何有风险的项目都应该至少提供从无风险资产上得到的收益。为什么投资者在无风险的情况下依然要求对价？这是因为我们作为投资者不仅讨厌风险，还不喜欢等待，我们需要为自己推迟享受财富的等待要求补偿。更具体一点儿来说，我们更喜欢早一点儿见到钱，因为我们没有耐心，我们害怕通货膨胀会吞噬自己的财富，所以必须获得至少等同于通货膨胀率的补偿。

信用价差。信用价差反映的是一项债务中，与其他风险相联系的额外成本。正如你想到的，高风险公司的信用价差也更大。2018 年中期，美国 10 年期国库券的年化收益率为 2.96%。当时，信用评级为 AA（传统评级系统从最高级别的接近无风险的 AAA 到 AA、A，然后是 BBB 到 B，最低级别是 CCC 到 C）的沃尔玛发行了 160 亿美元年化利率为

3.55% 的债券以支持其对印度 Flipkart（一家电子商务零售商）的收购，这意味着沃尔玛的信用价差为 0.59%。在同一时间，信用评级为 BBB 的主体 CVS（美国药品零售商），为收购安泰发行了一笔利率为 4.33% 的债券，其信用价差为 1.37%。主体信用评级为 CCC 的 Cequel 通信公司以 7.5% 的利率发行了债券，它的信用价差达到了 4.54%。这是风险和收益之间一个相当直观的关系。

收益率曲线

债务资本成本由无风险利率和信用风险的风险溢价组成。利率同样受到期时间的影响，也被称为债券的到期收益率。我们可以从图 4–5 的收益率曲线中看到这些影响。

曲线上每一个点表示不同债券期限的利率水平，覆盖了从超短期到长达几十年期限的债券。横轴代表了债券到期日距离当前的时间，为了方便显示，单位并不成比例；纵轴显示了相对应的利率。

首先，请注意收益率曲线通常是向上倾斜的。一般来说（但并不总是），长期债券会提供比短期债券更高的利率水平。为什么？在某种程度上，收益率曲线的陡峭程度反映了未来的预期利率水平。一个陡峭的曲线说明投资者预期未来利率较高，长期债券必须提供足够高的利率以弥补投资者对资金长期锁定的潜在风险。未来预期利率比较高可能是因为经济增长或受到通胀的影响。其次，注意美国国库券利率和AAA以及CCC级别的公司债券的收益率差异，两个公司债券的收益率曲线全部落在美国国库券收益率曲线的上方。我们刚才讨论过，这是因为风险溢价提高了债务资本成本。

债券收益率曲线会随着市场对未来预期的变化而随时变动。交易员经常推测曲线的变化，无论是曲线的整体移动还是曲线本身斜率的变动，甚至包括曲线凸度（曲线弯曲的程度）的变化。

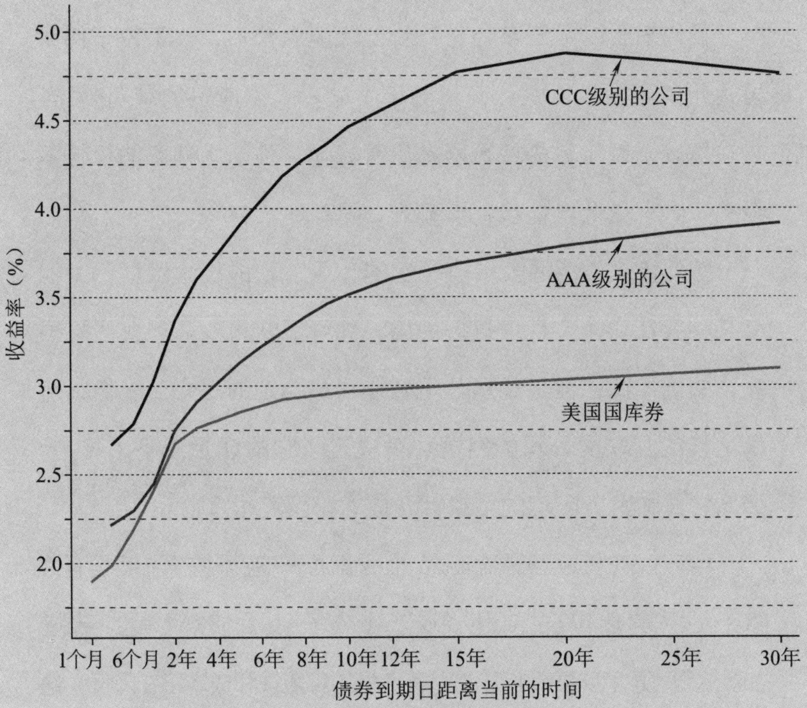

图 4-5　不同风险和期限的债券的收益率曲线（2018 年 7 月 30 日）

债务与财务困境

财务困境的可能性以及相关资本成本是限制一家公司债务水平的两个因素。受资本支出计划外的缩减、不必要地出售资产以及管理层短视带来的后果等影响，公司在破产之前可能损失10%~23%的价值。由财务困境导致破产的代价极度高昂，比如，雷曼兄弟破产案的相关费用已经超过了20亿美元。

我们来看以下三家公司：新世代能源公司，一家位于佛罗里达州的电力批发供应商；雅培生命，一家成熟的制药公司；猫途鹰，一家年轻的旅行网站运营公司。你认为哪家的杠杆率最高，哪家最低，哪家介于二者之间？

新世代这类能源公司有稳定的、可预期的现金流，不太担心某种突然变化会带来财务困境。你可能认为制药产业风险很高，的确如此，但是成熟公司有专利和稳定的现金流。像猫途鹰这样的互联网公司的经营环境决定了它的现金流不太稳定，因此它面临财务困境的可能性及成本都要高很多。

雅培生命的债务金额比较高，但是回想一下我们在第1章里有关默克公司和辉瑞制药的知识：制药行业公司的账面债务通常会不断增加。这很可能意味着他们认为财务危机的可能性和成本正在降低，这说明整个行业承担的风险正在降低，并且正在产生更多稳定的现金流。

最优资本结构

一家公司使用的全部资本中，债务和权益的相对比例被称为资本结构。最优资本结构与行业和行业的风险特征相关（正如我们在第 1 章里分析过的卡罗来纳电力与照明公司和英特尔对比的案例那样）。由于有稳定的现金流，电力公司这类监管垄断企业的资本结构中，债务资本占比较高；未来预期不确定性较强的高风险公司，则更偏重于权益资本。

有关决定资本结构的方法之一，就是考虑使用债务所产生的税盾效应和破产可能性之间的抵消效应。如图 4-6 所示，最优资本结构理论沿着这个思路首先进行了一个非现实的假设，首先忽略不同假设的影响，然后将它们进行叠加。

这张图描绘了资本结构与公司整体价值之间的关系。随着债务比例的提升，公司价值会发生什么变化？从无所得税及财务困境成本的公司价值可以看出，如果不考虑税盾和破产成本的影响，所有价值都来源于公司的经营过程，那么价值变动与资本结构无关。这个结论是重要的起点，它意味着，对公司资产的运营而非金融工程手段，才是所有真实价值创造的来源。但是它同样也意味着资本结构无关紧要。

在前文中我们提到，由于利息费用是可抵扣的，公司支付的利息可以从所得税的减少上获得利润。承担更高比例的负债后，你从政府那里获得的税盾收入也随之提升，公司价值上涨，这个过程反映在得益于税盾效应影响的公司价值上。这样一来，公司全部使用债务资金也是说得通的，因为增加债务就意味着你从税盾效应中节省了资金。

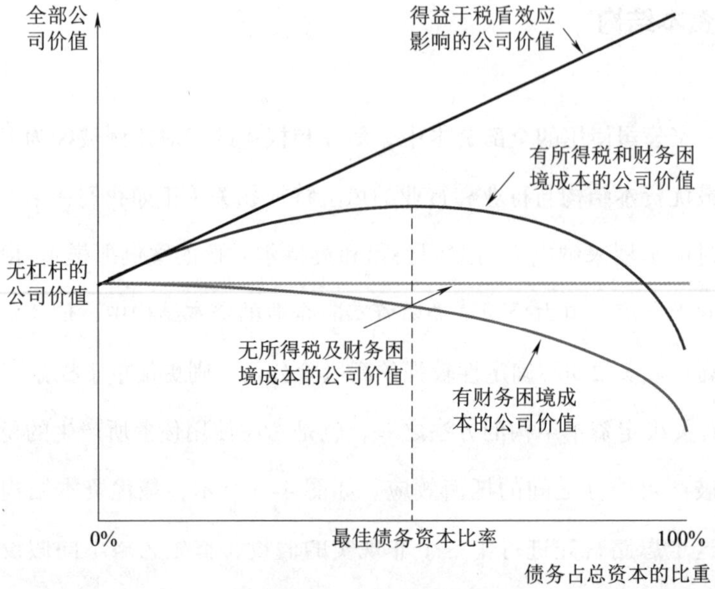

图 4-6　最优资本结构

现在，让我们讨论一下过高的杠杆对公司经营的影响。如果你曾对破产或即将破产的公司有所了解，那么你会知道它面临着巨大的运营成本。顾客流失、员工离开，融资在此时变成一种负担。因此，随着杠杆提升，公司会额外承担这些运营成本，公司价值也随之下降，而且由于公司处于风雨飘摇的状态，公司价值会骤降。这种成本开始摧毁价值，毁灭价值的方式会随着商业模式有所区别，有财务困境成本的公司价值反映的就是这种情况。业务非常稳定的公司不会遇到这些成本，除非它们承担的杠杆水平已经接近极限。相反，高风险业务可能很早就会遭遇财务困境成本。

有所得税和财务困境成本的公司价值是我们结合税盾效应和财务困

境成本后的结果，显然，将税盾福利和财务困境成本合计对比后就可以得到使公司价值最大化的资本结构。可以推测，不同国家的公司将有不同的资本结构，它反映的是税盾收益和特定行业财务困境成本相抵消后的结果。这一最优的资本结构将为我们提供在加权平均资本成本计算公式中使用的权益资本成本和债务资本成本分别占据的比例。

不同国家的资本结构

如果你对比分布在世界不同国家的三个公司（比如，位于美国的新世代能源公司；巴西最大的电力公司之一Tractebel 能源公司；以及位于爱尔兰的一家电力公司——爱尔兰电力），你会发现同行业公司在不同国家的资本结构也都有所区别。

不同国家有不同的税率，这直接影响承担债务对公司的吸引力。此外，同一种业务在不同国家经营的现金流稳定程度可能也不一样，这会影响公司面临财务困境的可能性及成本。公司需要考虑业务经营所在国家当地的情况，平衡债务的税盾收益和财务困境的风险以决定最优资本结构。

权益资本成本

将权益资本成本独立出来有一些难度。与债权人不同，我们无法直接询问权益投资者对收益的要求——大多数权益投资者只会回答“很多”。如果无法直接问到权益投资者的预期收益率，那么我们该如何计算？幸运的是，一个获得诺贝尔经济学奖的理论可以帮助我们理解权益的成本，那就是资本资产定价模型。这个模型追随的逻辑与债务资本成本一致：无风险利率加上风险溢价。权益投资者要求的风险溢价又由两部分组成：给定股票的风险度以及风险的价格。但是在这个背景下，我们如何理解风险？说到底，究竟什么是风险？

权益资本成本的迷思

当人们谈论权益资本成本时，两个重要的谜题被反复提及。一个是权益相对于债务而言比较便宜。这个问题的逻辑是：如果不偿付债权人，我就会破产。这实在太昂贵了；而如果不偿付我的权益持有人，那么什么也不会发生。因此权益是低廉的。第二个相关的观点认为权益是免费的：我不需要给权益持有人任何东西，因此权益的成本为零。

尽管以上两个观点深入人心，但完全是错误的，因为它们并没有体现出风险与收益的关系中一些最核心的理念。哪一个风险更大，权益还是债务？当公司破产时，债务持有人首先得到偿付，而权益持有人则可能一无所获。因此权益持有人处于一个相当危险的境地。由于承担了更多风险，他们自然而然地会要求更高的收益，收益显然不可能是0。这是风险与收益的关系之下潜藏的概念。

什么是风险？如果你必须找到衡量给定股票风险的方法，那会是什么？如果掌握了全世界所有数据，你会如何使用它们以确定你是否暴露在特定公司的风险之下？你可能会认为一家公司股票上下浮动的金额——波动性——会是衡量风险的好方法。我们在“价值创造还是价值毁灭”这个部分看到，英国石油股价浮动很大，你可以衡量它的波动性。如果一只股票波动性很高，由此产生了更多不确定性，那么你会要求更高的收益。这个概念看起来正确，却忽略了一个重要视角，而这个视角会带领我们得出完全不同的答案。

我们在第 2 章里讨论过，分散化投资是管理风险的重要方法之一，因为在进行分散化投资时，你可以在维持预期收益率的同时降低风险——金融领域唯一的免费午餐。如果投资者持有分散化的投资组合，那么任意一只股票的波动性都不会带来太大的影响，因为这种波动性已经在组合中被中和了。图 4–7 显示，你在组合中加入更多股票，组合整体波动性降低。但是从分散化组合中获得的收益在某个点上开始下降。更重要的是，有一些波动性是你永远也无法通过分散化完全熨平的，这被称为系统性风险或者持有市场的风险。

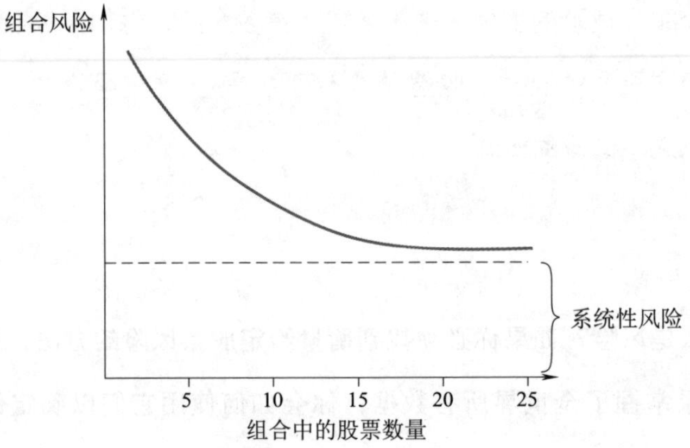

图 4-7　分散化的力量

既然一只股票的大部分风险都通过组合的形式被化解了，我们需要考虑的就仅仅是分散化无法消除的那部分风险——系统性风险。因此，单只股票的风险并不是由其自身价格波动来衡量的，而是由这只股票跟随市场波动而波动的程度来衡量的，这部分风险是永远无法被分散化消除的。

一只股票受市场波动影响程度的衡量指标被称为贝塔系数（β 系数）。更准确地来说，如果一家公司的贝塔系数是 1，那么它的收益率与市场一致，市场整体上涨 10%，公司股价也大概率上涨 10%。如果公司的贝塔系数是 2，那么市场整体上涨 10%，公司股价会上涨 20%。如果公

司的贝塔系数为 –1，那么当市场整体上涨 10% 的时候，公司股价会下跌 10%。这就是贝塔系数的含义：如果市场波动，那么股票会如何随之波动？

计算贝塔系数。贝塔系数的计算过程非常简单。看一下图 4–8，图中显示了一只股票的月度收益率与市场整体的月度收益率之间的关系。

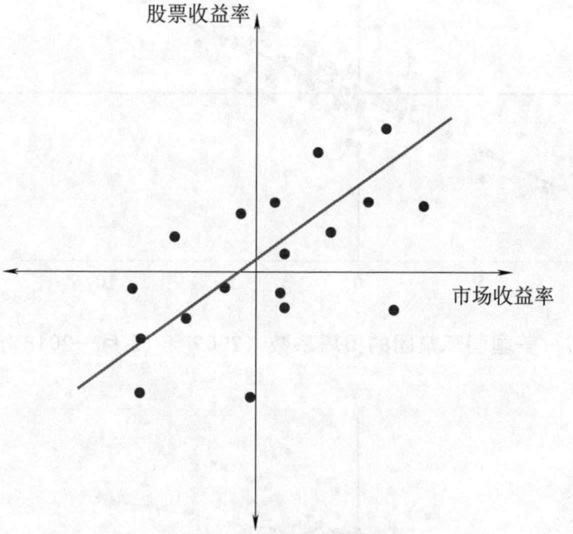

图 4–8　贝塔系数样本图

图中的每一个点都对应了一个月，可显示出当月的市场整体收益率和公司股票收益率情况。在图中，哪里可以找到贝塔系数？还记得吗，贝塔系数衡量的是一家公司股票的收益与市场整体收益之间的关系。如果你只是画了一条拟合数据的直线——线性回归，那么这条直线的斜率就代表贝塔系数：公司股价表现与市场表现在何种程度上呈现出一致关系。

我们以两个非常有名的公司——保险公司美国国际集团和我们在第 1 章讨论过的餐饮零售商百胜集团为例，试着找出它们的贝塔系数。图 4-9 和图 4-10 的数据使用了两家公司从 2010 年 1 月至 2018 年 6 月的月度收益率数据，对比了同时期标准普尔 500 指数的数据。

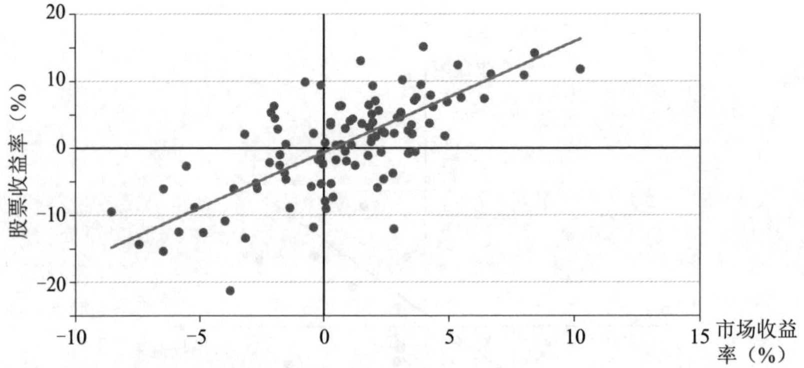

图 4-9　美国国际集团的贝塔系数（2009 年 12 月—2018 年 7 月）

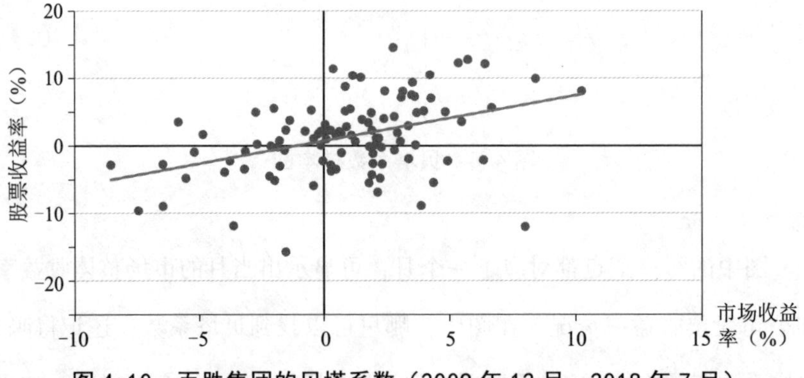

图 4-10　百胜集团的贝塔系数（2009 年 12 月—2018 年 7 月）

美国国际集团的权益贝塔系数接近1.65，而百胜餐饮集团的贝塔系数约为0.67。为什么两者区别这么大？想一想贝塔系数衡量的是什么——与市场整体表现的相关性。

百胜集团的餐饮门店，肯德基和塔可钟，经营的是价格相对低廉的快餐。即便是在经济最萧条的时期，人们也还是会选择在那里吃饭，但是它们可能会更加注重节省成本。当经济环境变好，人们更富裕时，人们可能在店里点更多的东西，也可能从选择快餐升级为去餐厅就餐。百胜的业绩与经济环境的波动相对隔离。

而美国国际集团则完全不同，它向公司客户提供保险以管理它们的财务风险。年景较差时，它通常要支付很多理赔款，利润降低。在经济向好时期，它会收到更多保费而理赔支出减少，进而表现出强劲的业绩水平。并且美国国际集团的投资部门在市场环境较好的情况下也会获得更高的收益。因此，美国国际集团与市场整体表现的相关度更高。

既然你已经掌握了贝塔系数的基本概念，那么让我们看看一些行业的贝塔系数水平吧（见表4–7）。在行业层面考虑这个问题，可以让我们从每家特定公司的变化中提取一些共同点。

有些行业的贝塔系数相对较高——大于1.0，这意味着它们的波动大于整体市场。通常情况下，周期性行业更可能表现出这一特征。

表4-7 不同行业的贝塔系数

行业	贝塔系数
食品及必需品零售业	0.6
公共事业	0.6
家居及个人用品	0.7
必需消费品	0.8
食品、饮料及烟草	0.8
卫生保健	0.8
医疗保健设备及服务	0.8
交通运输	0.9
缴费者服务	0.9
制药、生物科技及生命科学	0.9
银行	0.9
保险	0.9
通信服务	0.9
工业	1.0
商业和专业服务	1.0
非必需消费品	1.0
媒体	1.0
金融	1.0
房地产	1.0
信息科技	1.0
软件及服务	1.0
材料	1.1
资本货物	1.1
汽车及零部件	1.1
耐用消费品和服装	1.1
信息设备	1.1
半导体及设备	1.1
综合金融	1.2
能源	1.4

数据来源：《2015 年国际估值手册：行业的资本成本》（道衡公司，新泽西州霍博肯市：威利出版社，2015）。

贝塔系数背后的原理。贝塔系数背后隐含的核心概念与保险相关。高贝塔系数公司让股票持有者暴露在无法通过分散化规避的更大规模的系统性风险之下，因此，投资者会要求更高的权益资本成本。如此，这些公司的加权平均资本成本也更高，结果导致公司价值偏低。最后一步是最微妙的——如果你使用了较高的折现率会发生什么？现值会变得更低，因此高贝塔系数导致较高的权益资本成本，进而得到较高的加权平均资本成本，最终导致较低的公司价值。

对于贝塔系数为负的公司来说，权益资本成本会比较低。贝塔系数为负意味着加权平均资本成本较低，公司价值则较高。当市场行情上涨时，这项资产表现不佳。当市场行情走低时，这项资产将表现得相当好。负贝塔系数的资产很特殊，因为当整个世界都沦陷的时候，它们会拯救你。因此，你从一开始就不会寄希望于从它们身上获取高额收益，这就是它们的价值反而比较高的原因。

从这个意义上来说，资本资产定价模型（CAPM）的大部分内容是关于保险的。你喜欢逆大势而动的资产，因为它们给你提供了一份保险。如果你是风险回避型投资者，那么它非常有价值。图 4–11 中的散点代表了 1988—2015 年黄金和标准普尔 500 指数的年度收益率。还记得吧，贝塔系数是这条直线的斜率。看一下，这条回归线的斜率是负的，与美国国际集团和百胜的斜率不同，黄金投资的吸引力在于，当经济整体崩溃时，黄金仍陪伴你左右（希望如此），这份保险价值非凡，它会让你对低收益甚至负收益的产品产生兴趣。

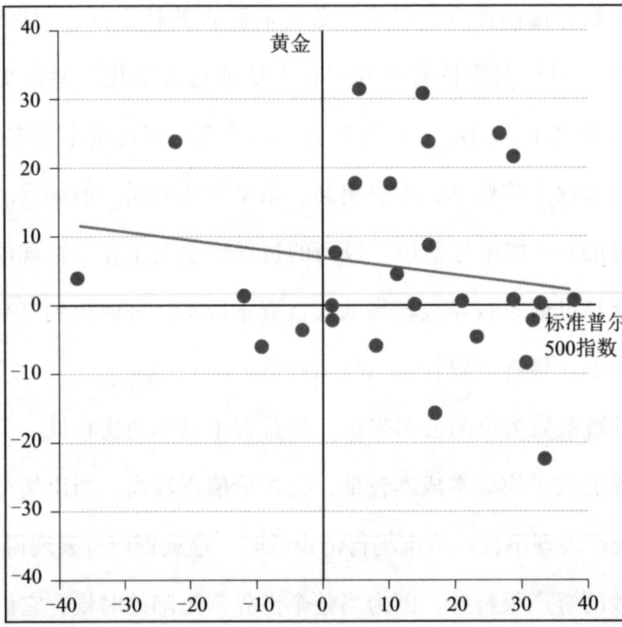

图 4-11 黄金和标准普尔 500 指数的年度收益率对比（1988—2015）

风险的价格。我们已经可以使用贝塔系数衡量一家公司的风险，现在我们需要结合风险的大小与风险的价格以计算权益资本成本。风险的价格也被称为市场风险溢价。

人们用不同的方法计算这个指标，但这里要介绍的方法可以展示出我们是如何思考风险价格的。我们来思考一下：与国库券之类的无风险工具相比，权益证券有着更高的收益率。正如在“对风险和收益的介绍”部分中强调的那样，权益证券的业绩表现超过政府债券等安全证券是很正常的。

如果权益证券的收益表现比无风险工具平均高出 6%，高出的这部分就是权益证券对投资者进行的相应的风险暴露补偿。实际上，超出部分的收益率就是风险的价格，人们承担权益风险所要求的补偿，同样也被称为市场风险溢价。

资本资产定价模型和权益资本成本

我们把风险价格和风险大小放在一起，就得到了权益资本成本的公式。

资本资产定价模型

$$r_e = r_{\text{risk-free}} + \text{贝塔系数} \times \text{市场风险溢价}$$

注：r_e 为权益资本成本，$r_{\text{risk-free}}$ 为无风险利率。

我们从权益资本成本公式中能够了解到什么？首先，投资者至少会要求无风险利率或者等同于他们借钱给政府可以得到的金额的收益率。其次，他们会要求额外的根据风险大小和风险价格计算出来的收益率。要计量风险大小，无须用到你可能认为需要的单一股票波动性数据。因为分散化的力量以及它提供的免费午餐让你仅需关心相关性或贝塔系数。结合风险价格后，你会得到特定行业或公司的预期收益率，即这些公司的权益资本成本。

让我们来计算前面提到的美国国际集团和百胜集团两家公司的权益资本成本。我们将给出有关无风险利率和市场风险溢价的一般假设：具体来说，假设无风险利率为 4%，市场风险溢价为 7%。在这个例子中，美国国际集团的权益资本成本为 4%+1.65 × 7%=15.55%，而百胜集团的权益资本成本为 4%+0.67 × 7%=8.69%。

还记得吗？这些权益资本成本同样是投资者的收益回报率，这一点非常重要，它让我们思考投资管理的本质。图 4–12 以图的形式给出了权益预期收益率的公式。随着贝塔系数的提高，预期收益率也在提高。请注意，零贝塔系数资产的预期收益率等于无风险利率。主动投资管理的全部内容就是关于如何追逐在这条线之上的资产以获得更高的实际收益。实际收益率与预期收益率之间的差异被称为阿尔法系数。阿尔法系数是价值创造的来源，因为单独来看，阿尔法系数为正意味着投资者将获得超过预期收益的回报。

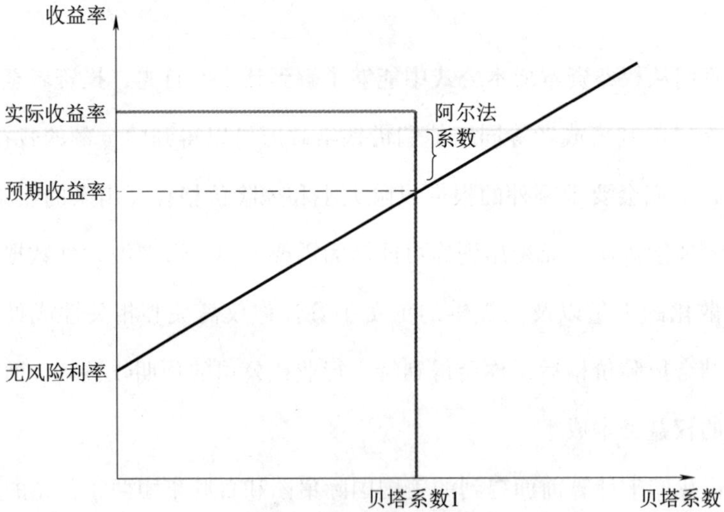

图 4–12 证券市场线

尽管资本资产定价模型确实是一个强大的理论，但它也建立在一系列无法永远成立的假设之上，它假设不存在交易成本，假设投资者能够以较低的成本借贷资金，很多假设其实与现实情况大相径庭。最重要的是，这个理论建立在一个重要假设之上——投资者是高度理性的，而这个假设被证明非常脆弱。更重要的问题在于，实际收益率未必像图 4–12 显示的那样与贝塔系数呈直线关系。尽管资本资产定价模型一直受到激烈讨论，但它仍是权益资本成本的核心，并且是投资管理界的主导框架之一。

与加权平均资本成本相关的常见问题

在了解权重、所得税、债务及权益资本成本的概念之后，我们就可以使用加权平均资本成本对投资项目进行估值了。实际上，你会发现我们在第 2 章中使用的折现率其实就是加权平均资本成本。加权平均资本成本的含义比较容易被混淆，因此我们在这里要厘清有关资本成本概念的三个常见错误，以加深我们对概念的理解。

对所有投资项目使用相同的资本成本

管理层常犯的第一个错误就是对所有投资项目使用相同的资本成本。他们的逻辑通常是这样的："我的资本提供者有既定的预期收益率，因此无论我投资什么项目，资本成本都一定是一样的。"

这一逻辑非常有说服力，但它是错误的。想象一个多元化投资的企业集团。它针对所有行业都应该使用同样的资本成本吗？不同行业和投资项目需要投资者承担的风险不同，因此每个行业的资本成本也必然不同。要刨根问底弄清楚为什么，想一下一家公司用相同的资本成本对所有业务分部进行投资决策的结果就知道了。

假设一家集团公司投资于三个不同行业——航空、保健和媒体，三个行业的贝塔系数各不相同（见图 4-13）。如果将其中一个行业的平均资本成本适用于其他两个贝塔系数值各不相同的行业，那么你会犯下什么错误？你在哪个行业会过度配置，又在哪个行业会配置不足？

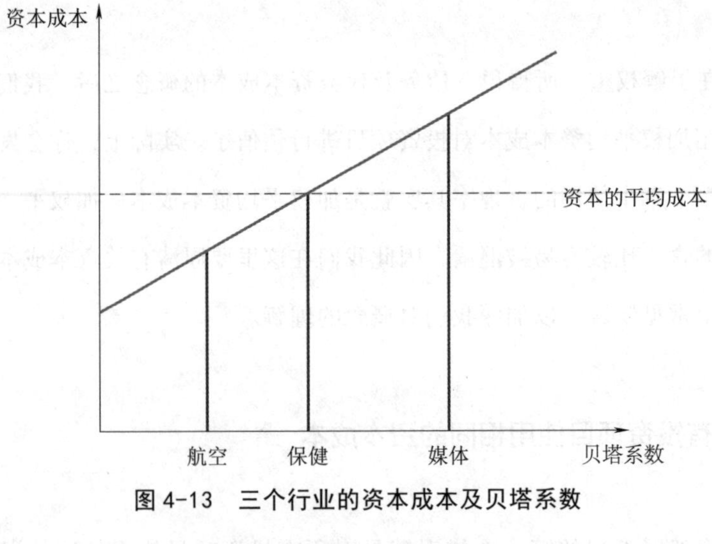

图 4-13　三个行业的资本成本及贝塔系数

当投资于媒体行业时，你可能会犯下什么错误？此时，行业真实的资本成本要高于你使用的平均资本成本。结果是，你对媒体行业的投资项目过于乐观，因而对媒体行业的资产进行了过度配置。同样，航空行业的真实资本成本低于平均资本成本，你对航空业项目的未来现金流施加的惩罚力度过大，最终导致配置不足。

理解这个概念的最佳方法是，牢记“与你无关”，这是人生中最难的一课。恰当的资本成本与谁在投资无关，而跟投资的对象有关。风险内嵌在资产里而非投资者身上。

提高债务占比以降低加权平均资本成本

另一个很有吸引力但也不正确的想法是公司可以通过使用更多的债务工具来降低加权平均资本成本，因为债务资本成本比权益资本成本低。这个想法的逻辑通常在于：一般来说，债务资本成本更低且会产生税盾效应，因此，如果使用更多债务工具，我会降低加权平均资本成本，从而获得更高的价值。

这个思路是错误的。世界上不存在真正免费的午餐。如果一个公司的资本结构已经达到最优状态，那么它不可能通过承担更多债务的方式来实现更大的公司价值。权益投资者会因为增加的风险而要求更多的回报，而这会抵消通过增加债务获得的好处。

图 4-14 是本书最难的一张图，它会帮你看清楚，加权平均资本成本是不能仅通过增加债务比例的方式来降低的。这张图显示了随着横轴显示的债务数额的增加，位于纵轴的贝塔系数会发生怎样的变化。与我们之前见到的不同，图中有三种类型的贝塔系数：权益贝塔系数、债务

贝塔系数以及资产贝塔系数。

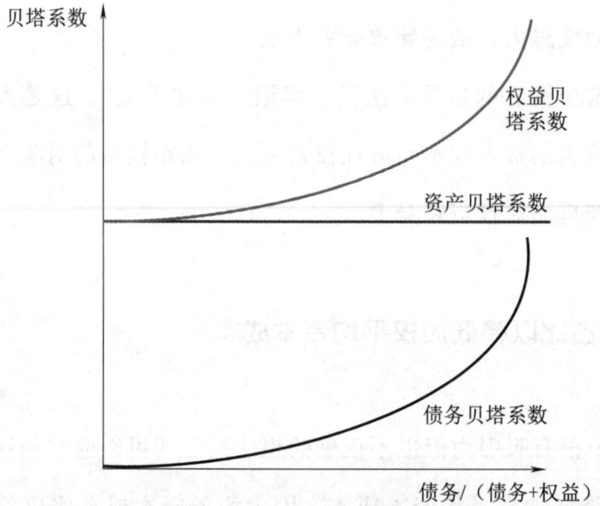

图 4-14 资产贝塔系数、债务贝塔系数以及权益贝塔系数与杠杆水平的函数关系

还记得吗？贝塔系数衡量的是一项金融工具的收益与市场收益之间的相关性。首先，我们来看资产贝塔系数，它衡量的是营运资产的收益率与市场收益率的联动关系。当你使用更多债务工具时，资产贝塔系数会怎样变动？答案是保持不变。资产收益率与市场收益率的关系并不随着融资结构的变化而变化。这与图 4-6 里的那条直线类似。你认为，随着公司对债务依赖程度的提高，债务贝塔系数和权益贝塔系数分别会发生怎样的变化？要想考虑清楚这个问题，可以首先想一下极端情况：如果公司资本全部来源于权益资本会怎样？如果几乎不用权益资本呢？再进一步，把思考过程建立在业务的贝塔系数即资产贝塔系数之上。

看一下债务贝塔系数曲线。当公司承担第一个单位美元的债务时，它几乎是无风险的，因此债务贝塔系数近似为0。随着公司逐步接近完全债务融资的水平，由于公司资产几乎全部由负债支撑，债务贝塔系数接近资产贝塔系数。最后我们来看权益贝塔系数如何变动。在无负债或几乎无负债的情况下，权益贝塔系数与资产贝塔系数几乎相同。随着杠杆率的提高，发生了什么？权益贝塔系数急速上升。因为投资者面临的风险攀升，因此权益资本成本也随之提高。

这就是图4-14的核心内容。一个资本结构已达到最优的公司不可能仅通过提高债务比例的方式来降低资本成本。为什么？权益投资者会通过提高预期收益的方式来惩罚公司，从而抵销使用更多债务带来的收益。

输出加权平均资本成本

管理层容易犯的最后一个错误是，他们认为可以通过购买其他公司的方式将自己的加权平均资本成本输出，用于被投资标的现金流的折现上。他们的思路是："我要竞得一项资产。其他公司也在参与竞争。我目前经营的业务的资本成本比参与竞拍的其他对手低，我们更有能力完成这笔交易，因为我们将用更低的资本成本击败其他人。"

真实的资本成本与公司或其他竞标者无关，而仅与被竞标标的有关，无论对哪个竞标者而言都是这样的。公司绝无可能向其他资产输出自己的加权平均资本成本。资本成本与你是谁无关，而与投资对象有关。

因此，不管你是用资产负债表中的现金去完成收购，还是你的资产负债表是高杠杆的或全部是由权益构成的，都没有关系。重要的事情是对投资项目使用正确的资本成本，这个成本必须反映的是投资标的的资本结构。

理论联系实际

康宁玻璃和资本收益率

康宁是电子显示器玻璃行业的佼佼者，在认真研究公司的财务状况及未来发展趋势后，股票分析师阿尔贝托·莫尔认为公司当前股价甚至低于其每股账面价值。我们在第 2 章中了解到，市场中大部分人都认为公司的收益无法覆盖其资本成本。

对于股价在账面价值以下的公司来说，以康宁为例，有些人可能认为股东应该关闭公司变卖资产，尤其是当公司的资产可以以接近账面价值的价格出售掉的时候。你认为，在资本收益率低于资本成本的情况下，康宁为什么还要继续经营它的业务?

康宁可能正如莫尔猜测的那样，认为整个市场对其未来表现进行了错误的定价，它真实的未来业绩可能非常可观。康宁股票的市值低于公司账面价值，因为它在产品市场上正在承受价格压力，资本收益率也随之降低。所以问题其实在于，这些股价压力是永久的还是暂时的。

这个问题让我们回到最核心的公司战略维度上思考。如果康宁认为它的工作为其产品增加了价值，并且可以在竞争环境当中保护它的运营，它理应相信当前的价格压力是暂时的。如果并非如此，那么它的确应该慎重考虑一下关停工厂对于股东来说究竟是不是正确的选择。

莫尔认可当前面临的产品价格压力。然而，当他深入研究康宁公司的成本结构后，他认为当前压力可以被抵消，甚至可以通过成本结构进行改善。换句话说，它的毛利可以保持坚挺甚至提高。而市场并没有洞察这一点，康宁毛利不断被压缩的预期对股价产生了负面影响。

因此，莫尔认为康宁的资本收益率会比市场预期的表现更好，康宁市值在未来一定会超过其账面价值。最终他向自己的投资者推荐“买入”康宁。

康宁市值低于账面价值的部分原因在于，投资者认为公司的利润水平会被持续压缩，而莫尔对此并不认可。那么，你为什么预测康宁当前利润收窄的局面会在未来一直持续下去？

预测未来原本就很困难，分析师做出的每一项决策都要承担被证明是错误的风险。由于这种困难的存在，很多分析师选择顺着现有的趋势预测未来现金流。这样的推理可能看起来很保守，但实际上，相对于认真研究产品或经济周期来说，这种简化的推理还是太过激进。

估值是一项难度很高的工作，因为你必须考虑一家公司的方方面面——它的知识产权、战略、竞争格局等，将它们转换成数字，然后预测这些数字在未来的变化。这是一个周密而复杂的过程，通常耗时数星期。之后，你需要撰写一份令人信服的报告。最后，你需要在大多数情况下做出正确的预测。

渤健公司的资本结构

2015 年，由于利率较低，渤健公司发行了一笔 60 亿美元的债券，用于回购公司价值 50 亿美元的股票。这改变了它的资本结构。此举的净影响相当于从最初开始，公司就没有发行这些股票，而是采取负债的方式购买资产。股票回购是一种向股东返还现金的方式，在渤健公司经历近几年来的快速发展之后向股东提供更高比例的所有权。

但是债务呢？根据渤健公司时任 CFO 保罗 · 克兰西的说法，承担如此多债务对于制药公司来说很罕见。当时，渤健公司账面上只有 5 亿美元债务。然而，与其他很多生物科技公司一样，渤健公司在美国境外有很多无法动用的现金，因此它不得不发行债券以执行本次股票回购。但是由于当时的利率实在太低，渤健公司发行的债券的确超出了自身需求。由于股票回购或收购行动正在筹备当中，公司想要在利率上升前锁定更多资金。

为什么低利率会促使公司承担更多债务?

最近的市场表现使得历史上的低利率得以重现。此时，公司可能决定在低利率环境下适时加杠杆。根据市场环境对股票或债券的发行做出决策被称为“市场择时”。实际上，公司笃定自己有能力决定何时发行股票或债券是最优的。

为了赢得赌局，渤健公司的现金流和核心产品必须达到预期。当然，为此担忧是 CFO 的工作职责。克兰西评论道:“如果不为这些赌局操心，你就不是在为股东及价值创造负责。”

当投资者购买一家公司的股票时，他们在赌这家公司的收益会超过它的资本成本，股票价格的上涨幅度将超过预期。这里，克兰西认为一家公司回购自己的股票其实也是在下相同的赌注。为什么?

公司花费现金回购自身的股票，这实际上也是一项投资。同任何投资一样，这个决策需要正净现值的支持。否则，渤健公司应该考虑通过其他方式使用其资本，包括将这笔现金作为股利分配给投资者。我们将在第 6 章讨论这个更宽泛的资本配置问题。

CFO 的工作内容之一就是分配营运资金以驱动业务运行。这并不总是一件容易的事情，尤其在大公司里，人们有诸多不同意见和利益纷争。CFO 的工作就是让所有人都站在统一立场上。克兰西说道:“当战略聚焦时，在公司内部区分投资项目的好坏其实是一件容易的事情。”

在股票回购项目结束后，渤健公司承担了更多债务，不得不进行重组以确保公司以正确的方式配置资源。重组对于员工来说不是一个好消息，尤其是在公司刚刚回购了 50 亿美元股票的时候。

你认为在宣告回购 50 亿美元股票的同时，渤健公司通过裁员的方式进行重组合适吗？为什么？

一方面，这两者是独立的决策——其中一个决策是关于确保营运效率的，与公司的融资结构无关。另一方面，两者同时进行会导致人们产生疑问，为什么更多的资本支出项目（意味着更多的就业岗位）不是首要选择？财务是这些决策的融汇点，这使得克兰西应对资本市场和内部员工的能力变得非常重要。CFO 扮演着越来越核心的角色，因为他们决策、配置资本及提升效率的能力的重要性在逐渐凸显。

喜力：建造一个墨西哥啤酒厂

2015 年，喜力决定投资 4.7 亿美元在墨西哥的奇瓦瓦州兴建一座啤酒工厂，这是从长期价值创造的愿景出发进行的关键性战略部署。让我们来看一下喜力做决定时考虑的因素。

根据喜力 CFO 劳伦斯 · 德布鲁的介绍，这家饮料巨头最初在 2012 年通过收购芬莎公司的啤酒业务打入墨西哥市场。乍一看，进入墨西哥对于来自荷兰的喜力来说似乎是一个奇怪的选择，但是它做出这个决策实际上出于很多迫不得已的战略考量。墨西哥是一个庞大的市场，是喜力的第二大市场的两倍，并且墨西哥的 GDP（国内生产总值）增长率相对于发达地区而言是非常有吸引力的。

墨西哥的人口结构也非常喜人。每年都有很多年轻人达到法定饮酒年龄，他们变成了目标消费者。在美国生活的墨西哥人也在增加，美国精酿啤酒市场也在扩大，美国传统啤酒市场却停滞不前。通过对芬莎公司的收购和它在墨西哥的业务——特卡特的经营，喜力控制了特卡特之光以及多瑟瑰啤酒，这两个品牌在美国市场成长迅速，并且未来有希望在欧洲地区快速发展。综合以上原因，德布鲁和她的同事们决定投资一座新工厂，这是喜力历史上规模最大的投资之一。

你认为德布鲁这样的 CFO 为什么会首先考虑战略因素而不是项目的净现值？如果价值创造意味着选择净现值为正的项目，那么战略研究的目的是什么？

战略分析可以帮助 CFO 将注意力集中在最有可能产生正现金流的项目上。要想对一个项目进行预测，需要理解项目整体的战略重要性，并保证与公司内部其他部门的协同。

德布鲁需要确定合适的产能。这个工厂的规模应该有多大？你不希望投资力度过小导致损失潜在收入和销售额。正如德布鲁所说："当然，这其实是甜蜜的烦恼——这是我们希望遇到的问题，因为如果我们在 5 年之内要问自己是不是应该再建另外一座工厂，这就意味着我们在那个国家的销售情况节节攀升。"不过话说回来，低估产能确实会给公司带来很大损失。

在设计新啤酒厂时，德布鲁需要平衡未来产能和建设项目的当下成本。考虑到资本成本和货币的时间价值，你认为她应该有怎样的顾虑?

喜力在建设工厂的过程中要支出现金，但是收益要通过未来产能来实现。来自遥远未来的现金流在被折现以后，可能无法弥补当下的费用。鉴于此，德布鲁经常需要平衡增长的现金流与当下的成本。正如她提到的:“当你评价一个新啤酒厂时，你需要让供应链的员工们坐在驾驶员的座位上，他们用自己的丰富经验准确地告诉你，这个项目需要花费多少钱，以及它可能会有多复杂。”

由于喜力的供应链员工有足够的经验，他们通常对成本和项目施工期估计得非常准确。德布鲁使用他们提供的数字，结合自己关于销售和产量的假设去构建一个经典的财务模型，关注净现值和内部收益率（IRR）结果。当进行类似的业绩测算时，公司有自己的规则和基准，视不同的项目而定。如果公司没有看到这个项目能够在一定时间（如5~7年）内收回初始投资，那么公司会认为项目风险太高。单独审视某项目的结果可能都不错，但是如果数字看起来太美好而不像是真的，无法与其他类似项目匹配，那么公司很有可能忽略了什么东西。“但是有一个问题是你应该问自己的，”德布鲁说，“如果一个项目全部依赖于建立在你从未在公司内部实际见到的盈利水平或息税折旧摊销前利润水平之上的假设，那么你需要扪心自问，为什么我可以得到这个从未在其他条件下得到的结果?”这是非常重要的问题。

如果你预测的现金流是错误的，怎么办？如果这个啤酒厂的业绩未达预期，怎么办？回想一下沉没成本和夏普建造的坂井工厂。你有怎样的选择？

即使新建的啤酒厂业绩未达预期，它仍然可能有正的现值。建造工厂的成本属于沉没成本，所以，一旦建成，在考虑是否继续运营的问题上就不应该考虑沉没成本的存在。无论是出售啤酒厂、调整运营策略，还是其他方式，每一个决策都是新决策，公司应该为新决策重新构建一个模型计算净现值。

小测验

注意：有些问题的正确答案可能不止一个。

1. 以下哪个选项可能是价值创造的来源？（选择所有正确的选项）

A. 资本收益超过资本成本的部分 B. 将利润进行再投资以保持增长

C. 毛利 D. 每股收益

2. 贝塔系数指的是什么？

A. 净资产收益率

B. 衡量股票随着整体市场变动程度的方法

C. 衡量所得税对公司加权平均资本成本影响的方法

D. 衡量净资产收益率与资本成本差异的方法

3. 假设一个集团公司有三个业务分部。分部 A 的资产贝塔系数为 0.5；

分部 B 的资产贝塔系数为 1.0；分部 C 的资产贝塔系数为 1.5。如果公司使用平均贝塔系数 1.0 来评估所有业务分部的投资项目，那么公司将过度投资于哪个分部？

A. 分部 A　　B. 分部 B

C. 分部 C　　D. 公司不会过度投资

4. 你如何确定你的债务资本成本？

A. 你的债权人会告诉你当前的借款成本

B. 将你的流动比率乘以信用评级并加上无风险利率

C. 将你的权益资本成本乘以 1 与税率的差

D. 从你的加权平均资本成本中减掉权益资本成本

5. 对于一个资本收益率为 5% 而资本成本为 10% 的公司来说，它的市净率是多少？

A. 大于 1　　B. 小于 1

C. 等于 1　　D. 没有足够信息判断

6. 判断：你永远可以通过提高杠杆水平的方式增加公司价值。

A. 正确　　B. 错误

7. 你如何确定权益资本成本？

A. 询问你的股东或者代表他们的董事

B. 无风险利率加上权益贝塔系数与市场风险溢价的乘积

C. 债务资本成本乘以 1 与税率的差

D. 从加权平均资本成本中减掉债务资本成本

8. 关于贝塔系数更高的公司，下列说法中哪一项是正确的？

A. 有更高的权益资本成本

B. 有更低的权益资本成本

C. 贝塔系数与权益资本成本无关

D. 贝塔系数取决于他们的流动性水平

9. 为什么公司应该投资于净现值为正的项目？

A. 因为这样可以将资本结构调整为权益占比更高、债务占比更低

B. 因为所有的项目都是净现值为正的项目

C. 因为它们的风险更高，因此有更高的收益

D. 因为它们的资本收益高于资本成本，可以创造价值

10. 一家资本收益率长期维持在 15%、资本成本为 12% 的公司，如何将自身价值最大化？

A. 尽量多地把净利润再投资于公司

B. 尽可能多地将利润分配给股东

C. 尽快将公司出售变现

D. 按照等同于资本成本的股利分配率向股东支付股利

本章总结

本章里，我们学习了一系列不易理解但是非常基础而重要的概念。首先，我们确定了价值的来源以及价值创造的方法。公司必须击败其资本成本。它们必须持续做到这一点并保持增长。价值创造的必要条件就是资本收益要覆盖资本成本。

当谈及资本成本时，我们到底指的是什么？第一个重要的观点是资本成本与资本提供者的预期收益相关。预期收益又由投资者承担的风险来决定。因此加权平均资本成本的含义是，针对给定的投资，你需要确定债务和权益投资者分别需要的收益水平，并将债务资本成本和权益资本成本进行加权平均。权重具体如何确定？它取决于行业。你需要对它进行税率调整，因为利息支出是可以税前抵扣的。

接下来的内容就是资本资产定价模型。权益资本成本并不是明确直观的，你需要依靠一些因素来确定。由于可以通过多样化组合来分散风险，因此我们选择贝塔系数而不是波动性作为衡量一项资产风险的指标。

最后一部分的内容是，你需要小心使用加权平均资本成本。它不是你可以轻易输出、适用于其他投资项目的工具。你不可以让所有项目使用同一个加权平均资本成本值。最后，在达到最优资本结构后，你不可能通过承担更多债务来实现公司价值的提升。

在接下来的章节里，我们首先会将加权平均资本成本与自由现金流结合起来创建估值的基础，然后在此基础上讨论对资产进行估值的通用方法。

5.

估值的艺术与科学

如何估算一栋房屋、一项教育投入、

一个项目或一家公司的价值？

无论是买卖股票、收购公司、购置房产，还是投资教育，你都需要经历估值的过程。投资标的的价格是否合理？你应该支付多少钱？这些都是估值的基本问题，在财务专业里有一整套严密的工具指导你如何做出这些决策。我们来看下面的案例：

2012 年年末，脸书发出公告，宣布了对色拉布（一款照片分享应用）的收购要约，交易对价为 30 亿美元。到 2016 年，谷歌宣告对色拉布的估值达到 300 亿美元，而 2018 年，股票市场对色拉布的估值回落到 170 亿美元。这些差异巨大的数字到底是基于怎样的基础得出来的？

2018 年，迪士尼和康卡斯特就在对 21 世纪福克斯的收购中陷入缠斗，相互追加报价。它们如何确定自己的报价？为什么它们的竞价远远高出股票市场给出的估值？

投资教育是一笔划算的交易吗？我应该购置房产还是租房子居住？我的好朋友在比特币上大赚一笔，我也应该跟进吗？

在前面的章节里，我们讨论了价值是如何被创造的以及风险与收益的关系。我们还讨论了现金的重要性。在本章中，我们将把两部分独立的知识联系起来，建立一套估值方法。

尽管方法本身是很严谨的，但是要记住，估值是一种艺术而非科学。更准确地说，它是包装在科学外衣下的艺术。估值是非常主观的，很容易出错并导致出现模棱两可的答案。尽管你可能会觉得不满意，但的确没有其他好方法能让我们更明智地做决策了。尽管缺乏准确的逻辑，但估值的过程与结果同样重要。只有通过评估不同的情景、可能性以及模型，你才能全面理解一项业务。因此，即便存在种种瑕疵和问题，估值技术本身对管理层决策仍然相当重要。

在本章的前半部分，我们更多地聚焦于科学的一面，弄清楚基本方法。在后半部分，我们将转而讨论艺术的一面——最主观的因素以及大多数估值绕不开的话题。

两种可选的估值方法

鉴于估值的不准确性，我们通常采取两种方法，从而确保一个相对准确的结果。并不存在计算估值的神奇手段；有的只是若干可以协助你逼近真实结果的方法。两种最重要的估值方法分别是倍数法和现金流折现法。我们先从倍数法说起。尽管可能对此没有明确的认识，但你在日常生活中也许经常用到倍数。在你理解了倍数的缺陷以后，我们再开始介绍估值的黄金法则——现金流折现法。

倍数法

倍数是用资产的价值除以与该资产相联系的一项经营指标得出的比值。除了这个基本结构，没有其他构建倍数的规则，因此存在很多种倍数的变体。估值中常用的倍数是市盈率（PE），即公司股价与每股收益之比。同样，也可以用公司权益价值除以净利润计算市盈率。举例来说，这个比率可能是15倍（“15X”）。这意味着你愿意为公司产出的每1美元净利润支付15美元的价格。这个可以通过口算得出结果的简易方法非常便于对不同的公司进行比较。

市盈率为15倍似乎难以理解。为什么你会愿意为1美元的盈利支付15美元？简单来说，15这个数字，与金融领域的其他任何数字都一样，反映的是对未来的预期。因此你不是仅仅为了这1美元而支付；你是为了未来能够持续增长的盈利流而埋单。这是否意味着同一行业内，所有公司的倍数都一致？由于不同公司的增长率有差异，并且盈利质量也不尽相同，同一行业不同公司的市盈率水平也大相径庭。市盈率的差别引发了一个问题：为什么某家公司产生的1美元盈利的价值要远高于另外一家？是因为经营水平差异很大还是仅仅因为它的价值被高估了？

我们在第2章提过，盈利是比较片面的衡量指标，我们同样可以使用其他衡量现金的指标，如息税折旧摊销前利润、经营性现金流或自由现金流来构建倍数。正如我们在第4章中介绍的那样，由于存在债权人这个资本提供群体，这个数字应该反映出公司可以使用这部分资本的事实。这两个问题可以通过企业价值和企业价值倍数体现出来。企业价值是企业债务与企业权益的市场价值之和，或者企业整体业务的价值。企业价值倍数是用企业价值除以息税折旧摊销前利润得出的，它让我们可以将资本结构不同的公司放在一起进行比较。

你可以怎样使用倍数？表 5-1 显示了化妆品行业的三家主要公司在 2016 年年底的企业价值倍数的情况。

表5-1 三家化妆品公司的企业价值倍数（2016）

公司	企业价值倍数
雅芳	8.91
欧莱雅	17.42
资生堂	11.20

利用这个信息，我们应该如何对该行业的第四家公司宝洁进行估值？宝洁在 2016 年创造了 174 亿美元的息税折旧摊销前利润。用以上企业价值倍数的平均数 12.51 乘以宝洁的息税折旧摊销前利润，就得到了宝洁企业价值的近似值，即 2 176.7 亿美元。

你从上面这个小练习中想到了什么？它引发了以下问题：（1）宝洁仅仅是一家化妆品公司吗？（2）以上所有公司的经营区域和目标客户群体是一致的吗？（3）这些公司的销售渠道和销售方式相同吗？2016 年年底，宝洁公司的企业价值为 2 421 亿美元。换言之，宝洁公司的股票以 13.9 的企业价值倍数在交易。

就像财务领域的大多数内容一样，使用倍数是一种看起来很奇怪，但实际上你已经融会贯通的事情。你可能会在最重要的金融决策，即购置房产的过程中使用倍数。具体来说，我们大多数人在评估某项房产投资标的时，都会看每平方英尺[①]（或每平方米）的价格，这不过是一个倍数。用房屋总价除以总面积，正如用价值除以经营指标一样。这是一个与周围房产比较交易价格时（比如，“亲爱的，你看到街角的房子以每平方英尺600美元的价格出售了吗？我们现在富有了！”）很有参考意义的方法；我们可以判断是否应该为一个房子支付如此高的价格（比如，“街角的房子每平方英尺仅需要300美元——为什么我们要为这套房子支付400美元？”）。这些情景与一个经验丰富的私募投资者说“我们以8倍息税折旧摊销前利润买入了那个公司”时并无二致。

推特与脸书的对比

倍数是一种简单易用的方法，可以适用于任何一个经营指标。我们来看推特IPO的案例。在推特上市之时，你怎样对其定价？它当时尚未产生利润或息税折旧摊销前利润，甚至连收入都几乎没有。但很显然，它一定有其价值。当时，市场参与者基于其用户基础，寻找与之类似的社交媒体公司作为参照。他们将目光投向脸书并计算出脸书的单用户价值，并用这个结果乘以推特的用户数量，从而确定其价值。

① 1平方英尺≈0.093平方米。——编者注

比如，脸书的单用户价值约为98美元（用脸书市值除以活跃用户数量，即1 170亿美元除以11.9亿活跃用户），领英的单用户价值约为93美元（市值240亿美元除以2.59亿活跃用户）。在上市后的几个小时之后，推特股票在二级市场的交易价格显示，市场对其2.32亿名活跃用户的估值为每人110美元。下图显示了推特和脸书的股票价格从2013年11月至2018年年末的相对表现。

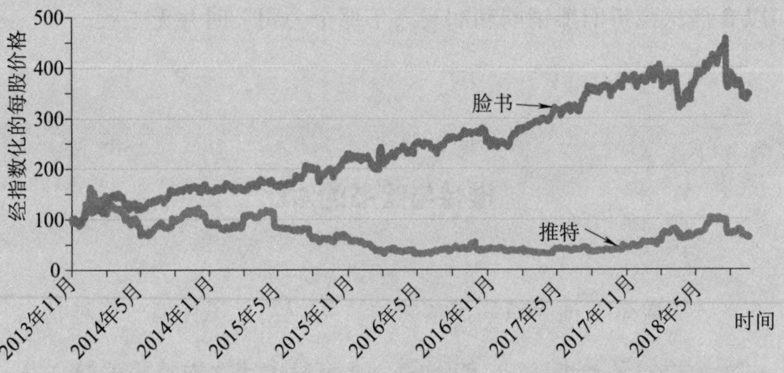

图 5-1 推特与脸书的股票价格对比（2013—2018）

显然，比较推特和脸书单用户价值的这种方法是错误的。为什么？原因有很多，包括：

- 用户在两个平台的参与度有差异
- 两个平台的用户画像不同
- 两个平台用户的变现潜力有所不同

这个案例说明了倍数法的使用场景广泛，但同时也让我们认识到该方法的问题所在。错误的对比和假设可能导致巨大的估值失误。

倍数的优势和劣势

以上关于倍数的讨论强调了它的众多优势。它们易于计算、方便沟通。倍数是基于当前市场价格得出的，因此也很有说服力，因为这可不是在试算表里面计算出来的“应当”的价值，而是意味着有人用自己口袋里的钱为当前价值埋单。最终，它的易用性使得不同公司之间的对比似乎显得快速而直接。注意，关键词在于“似乎”。

尽管倍数法提供了比较公司的快速简单的方法，但它其实有很多问题。让倍数得以广泛应用的属性——易于对比、基于市场的逻辑，也是导致人们陷入麻烦的原因。首先，也是很重要的一点，可比性并不总来得那么直观。回想一下购置房屋的案例。每平方英尺的价格忽略了很多因素。假如其中一个房屋有很好的风景，而另一个房屋正对着停车场呢？如果其中一个房子有着长绒毛地毯，而另一个只有从 19 世纪沿用至今的硬木地板呢？这些都是导致两个房屋单价不同的因素。

1 美元利润就仅仅是 1 美元利润吗？我们假设你正在调研是否要投资易贝，你的估值流程从对比苹果公司开始。截至 2015 年 12 月 31 日，易贝当年的每股收益（EPS）为 1.6 美元。在同一天，苹果的股价是其每股收益的 12.7 倍。若使用 12.7 的市盈率，则易贝估值为每股 20.32 美元。

易贝股票当天收盘价为 27.48 美元——超出预期价格约 7 美元。这个简单的对比表现出的不一致会让你认为，要么易贝被高估了或者它真的做了很特别的事情，要么就是苹果股票被低估了。

但是把易贝和苹果进行对比行得通吗？可能行不通。苹果以销售硬件产品为主，而易贝是一个连接买家和卖家的线上平台。可以与亚马逊对比吗？脸书呢？可能都不准确。要找到一家可以与易贝的业务和收入模型相比的公司真的不容易。但当使用倍数进行对比时，它可能误导你，让你认为可以相比的公司真实存在。

奶昔小站的估值

一家快速成长的快餐连锁公司——奶昔小站于2014年上市之后，其股价从最初的21美元发行价迅速攀升到47~90美元。这家连锁公司对比同行业其他公司的表现如何？将公司估值除以它运营的门店数（零售业的重要经营指标）后得到的倍数就可以用来与同行业有更多门店的成熟连锁公司进行对比。（如图5-2）

奶昔小站的单店价值远高于它的竞争对手。在这里，使用倍数可能会加深你对奶昔小站估值的乐观判断，因为它反映了这家公司独特的发展轨迹，或者，它可能会让你产生疑惑：这家公司是不是被高估了？它与麦当劳为什么有如此大的差异？图5-3显示了奶昔小站后续的股价表现。

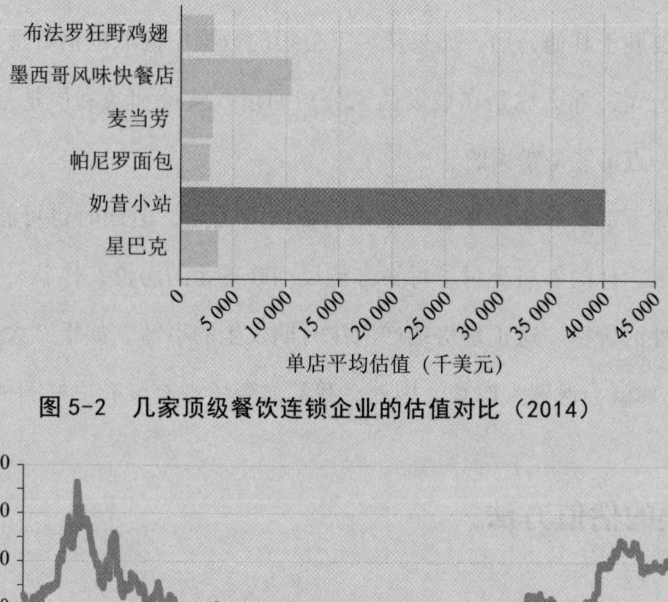

图 5-2 几家顶级餐饮连锁企业的估值对比（2014）

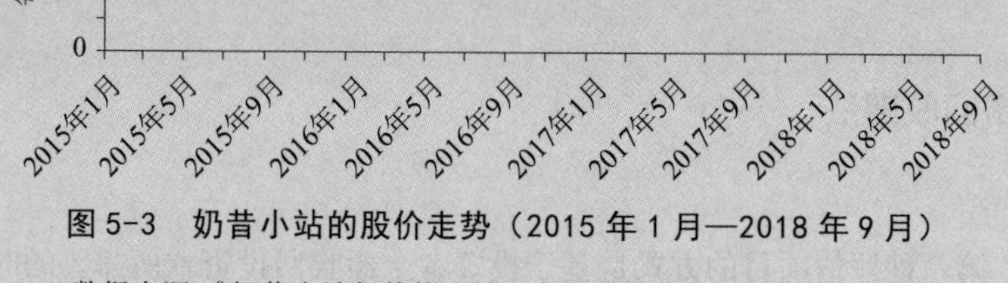

图 5-3 奶昔小站的股价走势（2015 年 1 月—2018 年 9 月）

数据来源：《奶昔小站与其他连锁上市公司的估值对比》，2015 年 5 月 5 日刊登于 Eater.com。作者：惠特尼·菲隆。

尽管同行业内部的对比会相对直接，但仍不能确认，对于倍数分析来说，不同公司的 1 美元是否可以相提并论。一家公司盈利流的增长速度可能远高于另外一家公司，导致倍数法隐含的假设本身就是错误的。并且，不同公司计算盈利的方式可能有所区别，也不能直接用来进行倍数对比。投资者有时会谈论盈利“质量”，这意味着有些公司的盈利稳定性要胜于其他公司。如果从一家公司的数据中摘取的倍数适用于另外一家公司，那么你是在假设两家公司的增长轨迹和盈利质量基本一致，而这一点可能是错误的。

基于市场的逻辑尽管可能是倍数法的优点，但同时也可能是缺点。不能因为你的邻居支付了每平方英尺 500 美元的房价，你就要为此支付不理性的价格。这正是房地产泡沫时期发生的事情。如果“大家都是蠢货”，你就会遇到大麻烦。因此，我们需要考虑有没有更好的估值方法。

错误的估值方法

在探索黄金法则之前，我们再来看两种谬误更多的估值方法。

投资回收期法

第一种评估项目的方式是基于投资者全额收回投资款所需要的时间，即投资回收期法。你只需要对比初始投入金额和后续现金流入情况，然后计算在哪个时点能收回全部投资款。这是判断是否应该进行某项投资的很有吸引力的方法。人们天生就喜欢早一点儿回收资金。

我们用一个案例来分析这个方法存在的问题，你需要在两个项目之间做出选择，它们需要的初始投资均为 90 万美元。你只能使用投资回收期法作为标准，且只能选择其一。表 5–2 给出了每个项目的预计现金流情况。

表5–2 投资回收期法和内部收益率法存在的问题

	项目A（美元）	项目B（美元）
第0年	–900 000	–900 000
第1年	500 000	0
第2年	500 000	0
第3年	300 000	1 670 000

你会选择哪个项目？项目 A 的投资回收期低于 2 年，而项目 B 的投资回收期为 3 年。如果投资回收期是你的判断标准，你应该选择投资项目 A。

其实投资回收期法存在几个非常严重的问题。首先，没有考虑货币的时间价值；其次，更严重的是，投资回收期分析的结果是简单的年份数字。但这并不是你真正关心的问题，我们在意的是创造价值。投资回收期法让你选择资金回收更快的项目，但会让你远离创造更多价值的项目。

假定使用 10% 的折现率，项目 A 的净现值为 193 160 美元，项目 B 的净现值为 354 700 美元。如果使用投资回收期作为判断标准，那么你会选择净现值更低的项目，它创造的价值要小得多。这个对比反映了投资回收期法的问题所在。

全球范围内单位面积的房屋价格

表5-3里列出了全球25个城市每平方英尺的平均房价。可以看出来，单位平方英尺的房价差异非常大——从开罗的77.2美元到香港的2 654.22美元。是什么造成了这种不一致？在某些情况下，价格反映了需求——价格与平均收入水平相关。但是诸如香港、伦敦、纽约之类的城市实际上享受到了全球的需求，因为它们是世界的商业中心。供给也起到了很重要的作用——香港仅能提供有限的房产。当地政策可以减少合法建筑物面积和可供出售的房产（旧金山房价如此之高也是受此影响）。

表5-3　全球部分城市的单位面积房价

排名	城市	每平方英尺价格（美元）
1	开罗，埃及	77.20
2	墨西哥城，墨西哥	172.05
3	布鲁塞尔，比利时	348.29
4	曼谷，泰国	367.15
5	圣保罗，巴西	405.98
6	哥本哈根，丹麦	492.94
7	马德里，西班牙	504.83

（续表）

排名	城市	每平方英尺价格（美元）
8	伊斯坦布尔，土耳其	527.68
9	迪拜，阿联酋	549.80
10	柏林，德国	680.51
11	阿姆斯特丹，荷兰	795.06
12	斯德哥尔摩，瑞典	805.37
13	罗马，意大利	972.13
14	多伦多，加拿大	990.06
15	悉尼，澳大利亚	995.08
16	上海，中国	1 098.94
17	新加坡	1 277.22
18	日内瓦，瑞士	1 322.00
19	维也纳，奥地利	1 331.57
20	莫斯科，俄罗斯	1 366.96
21	巴黎，法国	1 474.08
22	东京，日本	1 516.35
23	纽约，美国	1 597.08
24	伦敦，英国	2 325.90
25	香港，中国	2 654.22

数据来源：全球房地产指南，globalpropertyguide.com

内部收益率法

使用内部收益率法对项目进行评估是另一种常见的估值方法。这个方法的问题并不像投资回收期法那么严重，因为与内部收益率计算相联系的是折现现金流。但内部收益率法仍有自己的问题。当引入折现概念时，我们使用预测现金流和折现率来确定现值。

内部收益率法利用的就是这种分析思路。这种分析需要预测未来现金流，并找到使净现值等于 0 的折现率。以下是计算内部收益率的公式：

$$0 = CF_0 + \frac{CF_1}{(1 + IRR)} + \frac{CF_2}{(1 + IRR)^2} + \frac{CF_3}{(1 + IRR)^3} + \cdots$$

注：CF 为现金流，IRR 为内部收益率。

换言之，内部收益率分析得到的是假设项目在未来完全实现预期现金流时的收益率。有什么问题吗？收益率的概念非常强大，它是内部收益率得以广泛流行的原因。一旦得到了内部收益率数字，你就可以将它与加权平均资本成本或折现率相比较。这有一点儿像我们第 4 章练习题中的内容。

尽管这是一个看待世界的很有吸引力的方法，内部收益率法仍然存在两方面问题。第一，内部收益率可能会给你错误的答案，因为它关注的是收益率而非价值创造。你可以比较两个项目，有着高内部收益率的项目创造的价值可能反而偏低。再强调一次，你关注的是价值创造而非收益率最大化。

第二，如果现金流的特征是流入和流出交替出现（而不是简单的先流出，然后全部是流入），那么内部收益率可能会给出错误的结果。更何况，在承担这些风险的同时，内部收益率分析的过程并不省时省力。计算出的内部收益率必须与加权平均资本成本相比较。因此我们需要把第 2 章介绍过的折现过程也计算一遍。

我们看一下刚才的案例如何佐证内部收益率法存在的第一个问题（见表 5–2）。项目 A 的净现值为 193 160 美元，项目 B 的净现值为 354 700 美元。既然你已经理解了内部收益率，那么你可以分别计算出两个项目的内部收益率。项目 A 的内部收益率为 22.9%，项目 B 的内部收益率也是 22.9%。忽略净现值而只关注内部收益率水平就会得出两个项目毫无区别的结论。显然，有一个项目是优于另一个的，但仅凭内部收益率分析我们无从判断。内部收益率法可能失效的一部分原因在于，作为管理者，我们并不在意增加收益，相反，我们把创造价值放在首要位置。

现金流折现法

现金流折现法是估值的黄金法则。幸运的是，它只是把第 2、3、4 章中的核心内容结合起来。从第 2 章里，我们知道资产从它们未来能够产生的现金流中实现价值，这些现金流本身并非彼此等同——它们需要经过折现才能得到当下的价值。从第 4 章里，我们知道折现率实际上是由投资者的预期收益转换而成的管理者承担的资本成本。最后，从第 3 章里我们知道，利用这些信息进行估值将是一个复杂的过程。

我们从经过略微修改的来自第二章里的计算现值的基本公式开始：

$$现值_0 = \frac{CF_1}{(1+r)} + \frac{CF_2}{(1+r)^2} + \frac{CF_3}{(1+r)^3} + \frac{CF_4}{(1+r)^4} + \cdots + 终值$$

注：CF 为现金流，r 为折现率。

公式的最后有一个新术语——终值，我们一会儿再回过头来讨论它。但是基本的逻辑是一样的。今天的全部价值都来源于对未来现金流的预期。我们需要找到预测现金流的方法，以及使用哪种口径的现金，并确定折现率水平。

使用现金流折现法做购置房产的决策

有一个方法能让你意识到现金流折现法相对于倍数法的优势，即重新回到购置房产的决策上来。如果在做购置决策时不使用倍数法，那么我们应该如何利用现金流折现法进行分析？

当使用倍数法时，你的分析局限于对周围房产的成交价的观察，并根据每平方英尺的成交价格来做判断。而在做现金流折现分析时，你需要回答的问题是：拥有一套房产能产生的现金流情况是怎样的？有些现金流入很明确。在持续使用假设下，你可能要投资翻新一个屋顶。这就是你在自由现金流分析中需要考虑的资本支出。类似地，可能还有一些税收影响。但是购置房产后，你的现金流受到的首要影响就是不需要再支付房租了。任何项目的现金流指的都是从该项目身上产生的增量现金流。因此，一个房产的价值首先就是购买后你不需要支付的租金的价值。

用这个方式考虑房产购置可以帮你避免支付过高对价。租金收益比（租房费用和购房价款的对比）是衡量21世纪初期房地产泡沫的一个核心指标。你如果进行了现金流折现分析，就可能发现自己真的不需要买房子，只要继续租住就好了。倍数法实际上忽略了很多在持续使用假设基础上面临的问题。现金流折现法则让事情变得清晰。在这个特定案例中，现金流折现法让租用和购买两种行为的替代关系明晰起来，而在房地产泡沫时期，这种关系完全被忽略了。

自由现金流

你可能会回想起来，自由现金流是由资产产生的自由而真实的现金流。在扣除成本和费用后，它完全可以由资本提供者支配。自由现金流可以配置于新的投资项目或者被分配给资本提供者。

回想一下基本公式:（1）从预期经营资产可以产生的息税前利润开始；

（2）减掉税费得到息前税后利润；（3）加上折旧与摊销等非现金支出，因为它们并没有以现金的形式流出公司；（4）对公司的资本强度进行调整，即减掉投资于营运资本和固定资产的增量金额。

步骤 1：预测未来现金流。假设你的公司正考虑投资建设一个新的实验室。

- 这个实验室在初始阶段需要 250 万美元的资本支出。
- 第一年的预期息税前利润为 100 万美元。
- 从第二年开始，息税前利润以每年 5% 的速度递增。在第 5 年年末，实验室的运营将终止，全部资产将以 100 万美元的残值出售。
- 在整个项目的生命周期里，资产会折旧，公司将持续投入资本支出，以维护资产的正常运行。净影响是每年产生 30 万美元的折旧费用和 30 万美元的资本支出。
- 该项目需要营运资本，金额为当年息税前利润的 10%。具体来说，在第一年，当息税前利润从 0 增长到 100 万美元时，公司需要投入 10 万美元的营运资本。在第二年，当息税前利润从 100 万美元增至 105 万美元时，公司需要额外投入 5 000 美元的营运资本。简单起见，我们假设所有与项目相关的营运资本投入在第 5 年年末的价值为 0。
- 公司适用的税率为 30%，在第 5 年处置资产时不需要考虑所得税。

对于你来说，利用以上信息创建一张试算表是个很好的练习。表 5–4 这张试算表里给出了该项目的自由现金流数据。你可以试着对比一下。

要创建这张试算表，我觉得在表格上方列出所有假设是个好方法。在收集了全部假设后，我开始填表，从息税前利润出发，考虑给定的增长率，然后调整所得税，得到息前税后利润。接着，我可以按照自由现金流的计算公式展开。

表5-4 评估实验室投资项目（单位：千美元）

实验室项目的假设						
息税前利润增长率			5%			
所得税率			30%			
营运资本占息税前利润的比例			10%			
时间	**第0年**	**第1年**	**第2年**	**第3年**	**第4年**	**第5年**
息税前利润		1 000.00	1 050.00	1 102.50	1 157.63	1 215.51
–所得税		–300.00	–315.00	–330.75	–347.29	–364.65
=息前税后利润		700.00	735.00	771.75	810.34	850.85
+折旧与摊销		300.00	300.00	300.00	300.00	300.00
–营运资本增加额		–100.00	–5.00	–5.25	–5.51	–5.79
–资本支出	–2 500.00	–300.00	–300.00	–300.00	–300.00	700.00
=自由现金流	**–2 500.00**	**600.00**	**730.00**	**766.50**	**804.83**	**1 845.07**

这里有几个有意思的环节。首先，明确项目的时间点很重要。其次，营运资本并不是当年全部的营运资本，因此要考虑营运资本的变动水平。再次，我已经将资本支出和最后一年资产处置收入合并在一起计算了，因此最后一年的现金流为正。最后，设置一套追踪现金流入流出的系统很关键。在这张试算表里，所有的现金流出都用负号表示。最终的自由现金流就是所有数字的总和。

步骤 2：应用加权平均资本成本。这个项目产生的自由现金流对于资本提供者而言是自由的，因此他们的预期收益就是用于对现金流进行折现的加权平均资本成本。简要总结一下，加权平均资本成本计算的是债务和权益结合起来的成本，考虑资本结构中的各自占比，扣除税盾效应后得到的加权平均的资本成本。资本资产定价模型让我们理解了权益资本成本的来源，贝塔系数是从分散化投资的投资者视角描述风险大小的方法。

要找出这项实验室投资的相关加权平均资本成本水平，需考虑以下因素：

- 这项投资的最优资本结构是 35% 的债务和 65% 的权益。
- 无风险利率为 4%。
- 债权人对该项投资要求的利息水平为 7%。
- 市场风险溢价为 6%。

现在除了贝塔系数，你已经得到了计算权益资本成本和加权平均资本成本的全部条件。要计算贝塔系数，可以将公司月度收益水平对比市场回报水平的散点图画出来，然后衡量项目风险，接着对这些数据进行回归（见图 5-4）。

图中直线的斜率为 1.1；因此，贝塔系数为 1.1。现在，用资本资产定价模型确定权益资本成本，然后利用第 4 章里学到的公式计算加权平均资本成本。（见表 5-5）

最后一步是回到自由现金流的预测结果，确定净现值。折现因子就是 1/（1+ 加权平均资本成本）。最后，将所有自由现金流乘以相应的折现因子后加总，就能得到最终的净现值（见表 5-6）。

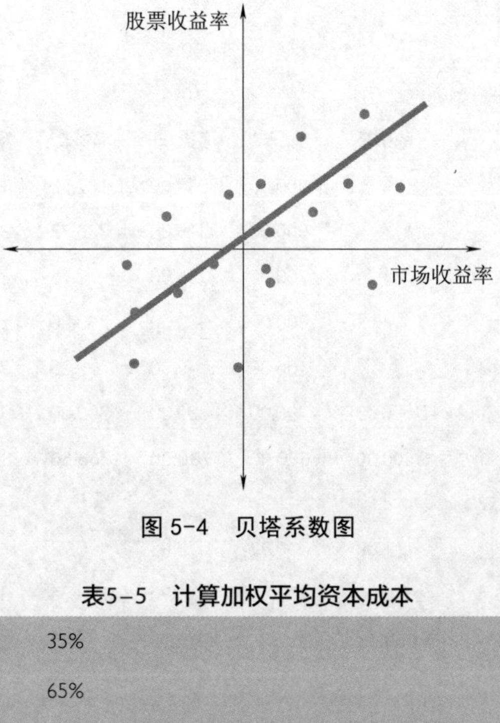

图 5-4 贝塔系数图

表5-5 计算加权平均资本成本

债务比例	35%	
权益比例	65%	
所得税率	30%	
债务资本成本	7%	
无风险利率	4%	
市场风险溢价	6%	
贝塔系数	1.1	
权益资本成本	10.6%	←权益资本成本=无风险利率+贝塔系数×市场风险溢价
加权平均资本成本	8.61%	←加权平均资本成本=经税收调整后的债务资本成本×债务占总资本比例+权益资本成本×权益占总资本比例

表5-6　评估实验室投资项目（单位：千美元）

实验室项目的假设						
息税前利润增长率		5%				
所得税率		30%				
营运资本占息税前利润的比例		10%				
时间	**第0年**	**第1年**	**第2年**	**第3年**	**第4年**	**第5年**
息税前利润		1 000.00	1 050.00	1 102.50	1 157.63	1 215.51
–所得税		–300.00	–315.00	–330.75	–347.29	–364.65
=息前税后利润		700.00	735.00	771.75	810.34	850.85
+折旧与摊销		300.00	300.00	300.00	300.00	300.00
–营运资本增加额		–100.00	–5.00	–5.25	–5.51	–5.79
–资本支出	–2 500.00	–300.00	–300.00	–300.00	300.00	700.00
=自由现金流	**–2 500.00**	**600.00**	**730.00**	**766.50**	**804.83**	**1 845.07**
加权平均资本成本	8.61%					
折现因子	1.00	0.92	0.85	0.78	0.72	0.66
现值	–2 500.00	552.46	618.90	598.36	578.50	1 221.13
净现值	**1 069.35**					

这笔投资的净现值约为106.9万美元。由于净现值为正，实验室项目会为公司创造价值，你可以推进它。如果你衡量的是未来现金流的现值，那么结果为356.9万美元。

· · · · · · · · · · ·

真实世界观点

尽管倍数法有其缺陷，但它通常可以用来确认现金流折现法的假设，因此很多公司都会用它作为整体估值的一部分。摩根士丹利私募股权部门全球负责人艾伦·琼斯评论道：

由于与现金相关，息税折旧摊销前利润倍数原本是一个简明的短期业绩指标。当人们谈论息税折旧摊销前利润倍数估值时，内容中包含了各种启发式的方法。我们同样还倾向于看自由现金流倍数，因为我们想搞清楚一笔投资的资本支出、营运资本分别是什么，息税折旧摊销前利润倍数的确是我们经常要参考的指标。

因此，当对一项业务进行估值时，我们通常会使用一系列不同的指标。我们首先会做现金流折现分析，这是所有估值路径的标杆，当然也是最重要的。它的重要之处在于我们可以决定通过修改哪些关键指标来影响一项业务的折现现金流。但我们的同行也会参考其他可比上市公司的情况——通常是对比息税折旧摊销前利润或净利润倍数。我们会关注息税折旧摊销前利润倍数和最近发生的可比收购中的倍数，参考他们为类似的业务支付了怎样的价格。

当面对一个估值机会时，我们会问：现金流折现分析告诉了我们什么？可比交易公司告诉了我们什么？可比收购的倍数告诉了我们什么？接着，我们开始评估到底哪一种方式对于我们正在研究的标的业务是最合适的。我们会认真从三种估值方法中进行选择。但最终，核心要点还是在于产生现金以及我们购买未来现金流的能力。

. . . .

步骤3：计算终值。大多数公司和投资项目会持续经营。在这种情况下，你需要设定永续增长的起始年度，然后通过简单的计算公式计算该年度以后所有年度的经折现现金流总和。这被称为“终值”，它是最后一期现金流的预测值。

要得到终值有两种方法。一种是倍数计算。当投资期届满，比如5年后，你可以说公司的价值为10倍自由现金流。

另一种更好的方法是利用“永续年金公式”计算终值——在现金流稳定的前提下，计算当前价值的巧妙方法。你如果想得到一系列不再增长的现金流的现值，就可以将每个期限的现金流除以相应的折现率。

永续年金公式

$$\frac{CF_1}{r}$$

注：CF_1为第一年现金流，r为折现率。

当然，很多永续年金都在保持持续增长。具体来说，如果有人承诺给你一个永续增长的年金，比如，以每年3%的速度增长的100美元年金，你可以用一个很简便的公式计算出它的价值。永续增长年金的现值也可以通过初始现金流除以折现率与增长率之差额得到。看起来相当神奇。

永续增长年金公式

$$\frac{CF_1}{r-g}$$

注：CF_1为第一年现金流，r为折现率，g为增长率。

当你使用这个公式进行现金流折现分析时，这个公式得出的结果是分子项使用的现金流前一年度的价值。比如，如果公式中的分子项是第6年度的现金流，那么最终的结果是第5年年末的现值。这意味着你需要对这个数字进行再次折现，以得到当下的现值。

既然这些公式如此方便，为什么我们不干脆直接使用它们？这样就无须在试算表里面推导了。简单来说，很多短期动态变化因素很重要，新工厂、销售态势、成本降低等，这些动态因素会对最终价值产生非常大的影响。只有所有因素进入稳态时，你才可以使用这些公式。

当然，在估值过程中存在一个风险，尤其是关于增长率的假设。比如，如果公司处于增长率为3%的经济环境中，那么使用7%的终值增长率就站不住脚。这个增长率的假设意味着公司最终要控制整个世界，而我们都知道这是不可能的。因此从长期来看，在确定计算终值使用的永续增长率时，经济整体增速是很有价值的参考。

步骤4：对比企业价值和市场价值。现在你已经有了一个既定的实体价值（实验室项目），你可以用这个数字除以股票数量，然后将它与现行股价相对比，对吗？未必。通过以上估值，你确定了公司整体的价值而不是权益价值。企业整体的价值通常被称为企业价值。回想一下第2章里见到的自由现金流讲解图，你评估的是企业产生的现金流对全体资本提供者的价值——包括债务和权益。

有时，企业价值会比权益的市场价值大很多。比如，如果企业价值是100美元，公司承担的债务为40美元，那么权益价值就仅为60美元。这种情况也可能会反过来，尤其是当一家公司账面上有大量现金的时候，此时公司市场价值可能远大于其企业价值。

如果观察苹果在 2013 或 2014 年的情况，你就会发现它的市场价值约为 5 000 亿美元，但是它持有的在营运中不需要使用的超额现金达 1 000 亿美元。因此，企业实际拥有的价值低于其市场价值。这里的重点是，要从企业价值中得到公司的权益价值，你必须考虑公司的债务和现金分别是多少。

图 5–5 显示了从 2012 年到 2016 年，苹果公司的企业价值以及现金对比债务和权益市场价值的情况。在图中，市场价值和现金及债务水平一起构成了内含的企业价值。当构建苹果业务的估值模型时，你应该对比的是潜在的企业价值而不是市场价值，因为这两者的差异高达 30% 以上。

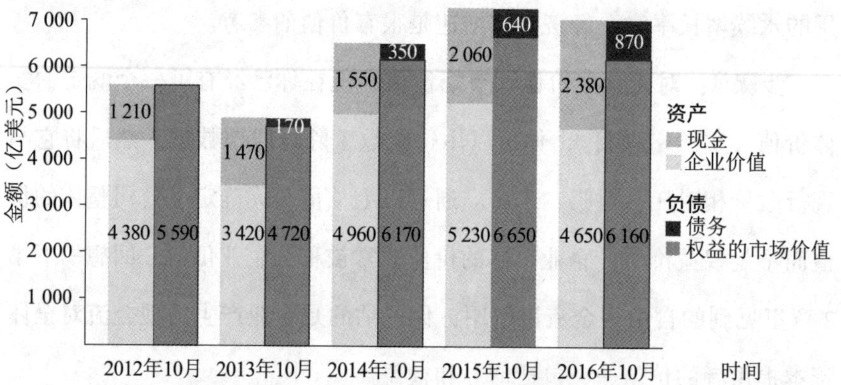

图 5–5　苹果公司基于市场价值的资产负债表（2012—2016）

倍数和永续年金

永续增长年金公式允许我们在给出最终估值结果的情况下，确定隐含折现率和增长率假设。

让我们来看三个主要零售商，判断一下有关隐含折现率的市场观点。三家零售商分别是沃尔玛、开市客（面向散装批发消费者的零售商）以及亚马逊。我们将比较它们的企业价值（衡量公司债务和权益总市场价值的指标）与表 5-7 中提供的息税折旧摊销前利润数据的比值。

表5-7　零售商的企业价值倍数对比

零售商	企业价值倍数
沃尔玛	7.97
开市客	13.57
亚马逊	46.42

假设三家公司都以稳态增长率增长，那么这些倍数对于市场对三家公司的隐含折现率和增长率的评价意味着什么?

仔细分析沃尔玛。我们可以用代数的方法将企业价值倍数转化为一个永续增长公式。简单来说，企业价值倍数为 10 意味着其折现率和增长率之差为 10%。举例来说，它可能代表了折现率（r）为 15%，增长率（g）为 5%（$r-g$=10%）。企业价值倍数为 7.97 意味着永续增长公式中的分母项 $r-g$=1/7.97=12.5%。它可能代表了一个 18% 的折现率和 5.5% 的增长率，或者 15% 的折现率及 2.5% 的增长率。

对于开市客来说，利用同样的公式可以得出 $r-g$=1/13.57=7.4% 的结果。这可能代表了一个 12.9% 的折现率和 5.5% 增长率的组合，或者可能意味着 15% 的折现率和 7.6% 增长率的搭配。

亚马逊的企业价值倍数为 46.42，因此 $r-g$ 的结果为 1/46.42=2.1%。这可能反映了折现率为 7.6%、增长率为 5.5%，或者折现率为 15% 而增长率为 12.9%。

我们可以比较这些公司的价值和隐含增长率。市场可能认为亚马逊与开市客相比有着更高的增长率，沃尔玛的增长速度则垫底；并且，市场可能认为亚马逊的业务风险比开市客和沃尔玛都要低，因此折现率最低。或者两者可能兼具。鉴于三家公司的相似性，很有可能折现率相同，而不同之处就在于三家公司的增长率。

我们在这个案例中要注意到一个重要问题，通常情况下，最好在现金流折现分析时使用自由现金流倍数，自由现金流倍数优于收益倍数或息税折旧摊销前利润倍数。简单来说，与价值相对应的是经折现的自由现金流，因此使用息税折旧摊销前利润其实不准确。尤其是当存在大额资本支出时，未来息税折旧摊销前利润可能远远超过未来的自由现金流。

为教育估值

估值无处不在，包括投资自己这个人生中最重要的投资过程。为一项教育计划投入资金是否值得？2016 年 9 月，美国经济顾问委员会在为奥巴马政府撰写的关于高等教育的备忘录中写道，在相类似的工作岗位上，拥有本科学历的工人比仅有高中学历的工人在整个职业生涯里的收入高出 100 万美元。本科肄业的人个人收入比仅有高中学历的人多出 33 万美元。

我们知道，现金流自身无法直接加总。我们需要将它们进行折现以确定现值。学士学位的现金流现值为 51 万美元，而本科肄业的现金流现值为 16 万美元。如果每个学生都以这个估值为基础，扣除教育成本并坚持净现值法则（只投资于净现值为正的项目），那么当成本低于 51 万美元时，他们应该努力获取学士学位。由于这个方法计算出的净现值通常为正，仅考虑工资增加幅度的话，这难道意味着所有大学教育都值得吗？当然不是。它只表明，从平均结果来看，教育值得投资，但并不是每一项教育投资都能赚回你付出的成本。

步骤 5：情景分析、期望价值和投标策略。当构建完估值机制并在某种情景假设下得出了结果时，你可能认为自己已经完成了工作。但实际上，工作才刚刚开始。要真正理解投资项目并得出资产价值，你需要彻底想清楚资产的“期望值”。你必须在一系列假设前提下对资产进行估值。如果你的假设出错，怎么办？在某种意义上，你一定会出错——现实情况与假设完全一致的可能性几乎为 0。

得到正确期望价值的恰当方法是进行情景分析，比如设定最差情景、最佳情景和中性情景，并分别为不同的情景设置相应的可能性。创建这些情景假设并分别赋予它们相应的概率对于分析师来说是最重要的步骤之一，因为这强制你认真思考业务的本质和它的潜在产出。比如，如果终值有 10% 的概率是 120 美元（最佳情况），有 70% 的概率是 100 美元（中性情况）以及有 20% 的概率为 10 美元（最差情况或者欺诈假设），那么期望价值是多少？是 120，还是 100，还是 10？都不是。期望价值必须用各种情景下的结果进行加权计算。

期望价值公式其实非常简单：

$$
\begin{aligned}
\text{期望价值} &= 10\% \times \text{最佳情景现值} \\
&+ 70\% \times \text{中性情景现值} \\
&+ 20\% \times \text{最差情景现值}
\end{aligned}
$$

因此，在这个案例中，期望价值是 84 美元。

在得到了期望价值并且知道它与企业价值相关联后，如果你想要购买一家公司，那么这会如何影响你的投标策略？我们假设你得到了资产的期望价值 84 美元。这是你的初始竞拍价吗？或者说这是你最愿意支付的价格吗？你会愿意出价到最佳情景的 120 美元吗？或者说最高出价应该是最差情景的价值？

期望价值应该是最终成交价。如果你支付的价格刚好等于期望价值，那么这笔投资的净现值为零。这本身没什么问题，但其实你并没有为自己创造价值。它应该是你最终的底线价格。在竞标中的出价应该低于这个数字。如果最后你为这笔资产支付了 75 美元，那么你实际上创造了 9 美元的价值，除非成交价低于期望价值，否则你的购买行为不会创造任何价值。如果你按照最佳情景的假设支付了 120 美元，那么你实际上是在向卖方转移价值，即便最佳情景实现了，也没有创造任何价值。毫无疑问，你在为资本提供者毁灭价值。

估值中的常见错误

现在我们把关注点放在估值时经常出现的错误身上。估值是一项艺术而非科学，因此包含了一系列主观判断。在宣告一项收购后，收购方股价出现下跌是很常见的，这表明市场认为收购出价过高，收购方在向标的所有权人让渡价值。

这引发了一个问题：为什么收购方经常会支付过高的对价？答案是他们一定在估值过程中犯了一些错误。这里，我要强调三个主要错误，并在下一章进行更详细的解读。

忽略动机

首先，一个最普遍的错误在于，人们在估值过程中经常忽略参与收购的各方的动机。资产出让方当然希望受让方给出更高价格。卖方控制了信息的重要来源，包括历史财务信息。这个问题就是第 3 章中介绍的信息不对称。你认为卖方为了出让资产会做哪些准备呢？卖方可能通过加速确认收入、推迟确认成本以及减少投资等行为粉饰报表。这种情况使得尽职调查成为任何收购过程中的核心环节。

问题不仅仅出在出让方身上。通常，投资银行只有在交易达成后才能得到报酬，所以它们竭力促成交易。即便是你公司内部负责研究这项交易的人，也可能有不可告人的动机。他们可能会在交易完成后负责新购入的业务，从而得到更高职位。每一个参与交易的人都希望交易能最终达成，他们可能精妙地改变假设或预测以达成目的。结果，这个充斥着不对称信息的状态最终导致了过高的对价和过分的自信。

夸大协同效应以及忽视整合成本

协同效应是指合并后，两家公司整合后的价值大于两家独立公司价值之和。表面上来看，协同效应的概念并非不合理。比如，你将两家公司的收入整合在一起并进行优化后会节省成本。如果两家公司合并，你可以在同一行业控制更多资源，获得更强的定价权。

假设亚马逊想要兼并易贝。两者合并后，各自的客户群和供应商将被整合在合并后的主体中，形成更强大的力量。同时，后台部门和云计算费用将会大幅削减。以上两种情况都是协同效应的表现。合并后的公司可以进入此前单独一家公司无法切入的顾客群体，或者削减原本无法节省的成本。

协同效应的问题在于，人们对于协同效应开始发挥作用的时间估计得过于乐观，并且会夸大协同效应本身的影响。他们忽略了一个事实：并购非常复杂，公司文化和员工整合需要很长时间。另外一个相关问题在于，即便协同效应是合理存在的，人们通常也将所有的协同效应考虑进报价里。这也导致了过度支付问题，协同效应创造出的价值被转移到了资产出让方手中，而不是被整合后的新主体里。

低估资本强度

急于求成的竞标者所犯的最后一个错误在于，他们往往低估了一项业务的资本强度。息税前利润或自由现金流的持续增长通常依赖于通过资本支出而不断增加的资产基础。但是资本支出会减少最初的自由现金流，这一点经常被迫切想要完成交易的人们忽略。比如，终值计算需要假设永续增长率，但在模型里的最后一年（最后一年的数值是终值计算的基础），资本支出仅等同于折旧，意味着资产并不会持续增长。实际上，低估资本强度就意味着高估价值。

还记得第 2 章里网飞的案例吗？网飞的核心问题在于，未来对于内容的收购成本是否会长期持续以保证成长。如果你假设网飞的订阅用户数量会继续维持强劲增长，那么你同时应该认真审视该业务的资本强度。类似地，诸如特斯拉这类公司的估值就不能只依赖于客户增长假设，它必须兴建工厂以满足需求，因此低估资本强度会导致错误的估值结果。

....

真实世界观点

摩根士丹利投资银行私募股权部门的全球负责人艾伦·琼斯提到，为了更加深入地理解一项交易，他经常会考虑终值占整体价值的比例：

现金流折现法的主要问题在于，你最终处置这笔业务能得到的价值——终值——对于整体价值的影响非常高，我们很关注这一部分。因此无论我们的现金流折现分析会给出怎样的结果，我们都会单独审核最终出售业务的期望价值占总价值的百分比，因为我们并不是很在意业务运营过程中产生的现金多寡，我们是在赌我们最终能在哪里出售业务。

....

理论联系实际

对势必锐航空系统的投资

2012年，Scopia资本投资了势必锐——一家飞机零部件制造商，Scopia资本认为这家公司被市场错误定价了。波音公司实质上控制了势必锐，势必锐来自波音的业务占到了80%以上。除了聚焦于波音737的配件，势必锐开始为空客、湾流，以及波音的新项目——787梦想飞机做配套。

势必锐一度是市场的宠儿，但在它为建设配套空客和湾流的平台而开启新一轮投资周期后，其每股收益从2美元跌至1美元。问题在于势必锐对这些投资项目的盈利水平的假设出现了偏差，由于这些项目的投资周期长达10～20年，而它不得不在项目达产前就开始计提折旧，因此对利润表产生了重大影响。股票价格也随之跌落。

投资者们基于市盈率对势必锐进行估值，而它的盈利水平大幅下降。基于市盈率进行估值的方法，体现在这个案例中的问题是什么?

使用市盈率对势必锐进行估值有两个主要问题。首先，盈利能力的指标是净利润，它本身就是一个不恰当的衡量经济回报的方法，我们曾在第2章中讨论过这个问题。其次，势必锐的盈利只是由于公司预先为未来业务拓展进行投资而下滑，但市盈率假设这些暂时的波动会永远持续下去。

Scopia 资本站在乐观的视角评估势必锐，因为势必锐是细分行业的龙头，其主要业务是生产制造飞机机身和弹翼组，Scopia 资本对此有深入研究。由于对行业充分了解，Scopia 资本有能力进一步判断当前的状况究竟是否意味着市场真的发现了危险的预兆。比如，由于势必锐为波音配套 787 客机做准备，公司在这一阶段的现金流情况非常糟糕，因为波音尚处于设计阶段并推迟了制造计划。此时，势必锐却已经配置了大量零部件库存。对于投资者来说，这种情况是非常令人担忧的。大多数情况下，这种情形都意味着巨大的做空机会。

经过进一步研究，Scopia 资本并不认为势必锐为长远发展进行投资是实现价值的阻碍。尽管势必锐当下的现金流为负，但这只不过是暂时的。一旦它的项目启动生产，情况将立刻发生改变。那些资产负债表上的一次性支出将消失。它与波音、空客和湾流的合同是能够覆盖当前建设的平台整个生命周期的长期合同的。换句话说，只要这些公司还需要用到这些平台，势必锐就是建造者。

为未来项目囤积存货的风险在于何处? 从折现、货币的时间价值以及风险的本质等角度考虑。

有两个最主要的风险。首先，势必锐现在正在为未来不确定的现金流进行投入，而未来现金流可能会实现也可能不会实现。其次，势必锐在赌它囤积的存货不会被淘汰和丧失价值。第一个顾虑对于所有投资来说都是通用的，而第二个顾虑对存货来说尤其严重。

Scopia 资本对势必锐的投资并非一帆风顺。它很确信势必锐的每股收益将增至 3.5 美元，股价也将提高到 40 美元。但在 Scopia 资本进入投资的早期，势必锐又增加了新投入，股价从维持了很久的 20 美元左右跌到了十几美元。在那个时点，Scopia 资本面临着追加投资还是退出投资的决策。有些投资者把股价的下跌视为追加仓位的机会。他们的想法是，市场的信息不充分，为什么不在股价低的时候入手更多筹码？

Scopia 资本团队进一步研究，以初始估值为基础并审视了新情况。最终，Scopia 资本决定追加对势必锐的投资，因为势必锐增加的投入同样也是一次性的。一旦影响其业务开展的因素消失，飞机项目进入生产环节，势必锐将开启 Scopia 资本预期的上升走势。图 5–6 显示了势必锐股价在 2010—2017 年的表现。

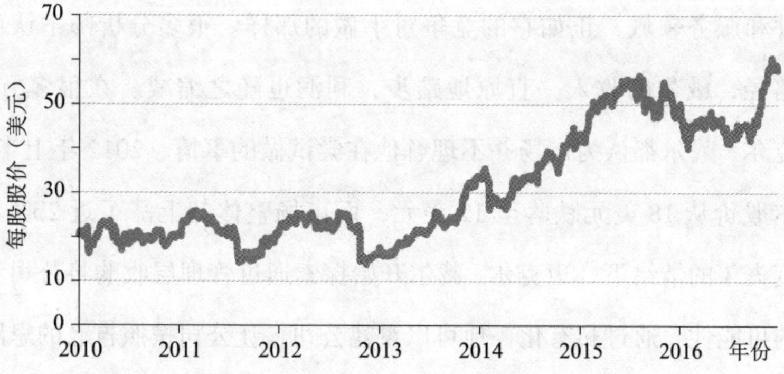

图 5–6　势必锐航空系统公司股价走势（2010—2017）

戴尔的教训

2013 年 9 月 13 日，最具标志性的科技公司之一戴尔计算机，通过现任管理层收购的方式成功实现私有化。戴尔的创始人兼 CEO——迈克尔 · 戴尔与私募股权公司银湖资本共同合作完成了对戴尔的收购。

自从 2013 年 2 月宣告交易计划后，股东们一直在抗拒这次收购。对迈克尔 · 戴尔在此次收购中扮演角色的指责不绝于耳，双方甚至一度闹上了法庭，要求法院裁决。回顾导致管理层收购的条件、竞标过程以及随之而来的诉讼，这些起诉都是各方试图为戴尔做出准确估值付出的努力，我们从中可以看到很多在最后几章里介绍过的教训。

1983 年，迈克尔 · 戴尔在得克萨斯大学的新生宿舍里创办了戴尔公司。到 2012 年，它已经成长为一个全球科技公司，主营业务是销售个人计算机、服务器以及存储设备等。近年来，戴尔正在将触角伸入软件和服务领域，正如它的竞争对手做的那样。很多分析师不认可这一路径，戴尔的收入一直原地踏步，利润也随之缩减。在很多方面，迈克尔 · 戴尔都认为市场并不理解他在尝试做的事情。2012 年上半年，戴尔股价从 18 美元跌落至 12 美元，而市场整体却上涨了近 25%。在极度失望的情绪下，迈克尔 · 戴尔开始探索通过管理层收购将公司私有化的可能性。通过私有化，他可以重建公司，让公司按照自己的思路发展，而不需要在意资本市场的指摘。

鉴于迈克尔 · 戴尔是潜在买家之一，戴尔公司董事会成立了一个专门委员会评审管理层收购的动议。董事会和各路买家出具了各种各样的估值，其他买家还包括私募股权公司银湖资本和KKR。当这笔交易尚在评估过程中时，戴尔公司的股价已经跌至9.35美元了，2012年年末，戴尔公司公告其收入下跌11%，盈利下滑28%。（见图5–7）

图5–7　戴尔公司股价走势（2011年1月—2013年1月）

要对这笔收购进行决策，戴尔公司董事会需要通过两件事情——迈克尔·戴尔提议的成本削减方案的价值以及私募股权公司是怎样对公司估值的——来判断到底应该设置怎样的交易价格底线。

戴尔公司的管理层认为潜在的成本节约金额为33亿美元。在戴尔公司董事会的要求下，2013年1月3日，银湖资本引入波士顿咨询公司协助估值；它创设了成本节约的三种情景：

- 最差情景，未能实现成本削减
- 中性情景，公司实现25%的预定节约目标

• 最佳情景，公司实现 75% 的预定节约目标

波士顿咨询公司认为中性情景是最有可能达成的，最佳情景几乎不太可能实现，因为实现它意味着戴尔要实现超过历史最高或其他竞争对手的利润率水平。波士顿咨询公司的建议给戴尔公司董事会提供了现金流的基本概念。接下来，董事会需要知道私募股权投资公司是如何对戴尔进行估值的。

私募公司的假设条件是戴尔公司将在再次公开发行股票之前的 4 年半内保持私有状态。使用成本节约的情景假设以及其他预测假设进行估值，在三种成本节约情景下，戴尔 4 年半后的股价应为 32.49 美元、35.24 美元和 40.65 美元。

掌握了这些情景和预计未来股价后，J.P. 摩根代表戴尔公司董事会计算出收购方愿意为收购戴尔而支付的价格。对于私募股权来说，用倒推法进行估值很常见，他们首先确定在未来出售公司时的价格，确定期望的收益率，接着用这个收益率对未来价格进行折现，最终得到当下的最高出价。表 5-8 给出了在不同情景假设下，如果要分别实现 20%、25% 和 30% 的收益率，收购方会支付的价格。

这种方法与现金流折现法有怎样的相似和不同之处?

在这个案例中，投资者自行决定必要收益率——不是取决于资产风险，而是取决于它自己想要获得的利润率，然后再通过对未来预期现金流进行折现来确定它愿意为这笔交易付出多少对价。现金流折

现法试图找到一个适当的折现率以确定资产的当前价值。相反，本案例中使用的方法是首先确定你想要的收益率，然后根据这个收益率计算出能够使其得以实现的当前报价。它可能看起来与现金流折现法非常类似，它也使用现金流和折现以确定价值，但是这种方法的目的并不是对价值进行评估，而是确定能使预期收益得以实现的当前价格。

表5-8 波士顿咨询公司的股价表现情景假设

内部收益率	未实现成本节约（美元）	实现25%的预定节约目标（美元）	实现75%的预定节约目标（美元）
20%	13.23	14.52	17.08
25%	12.67	13.75	15.88
30%	12.23	13.13	14.92

2013 年 1 月 15 日，银湖资本和迈克尔·戴尔出价每股 12.9 美元收购公司。3 天后，戴尔公司董事会拒绝了该项提议，并决定在回应任何提议前设定最低出售价格。

你认为怎样的价格是董事会应该设置的最低出售价格？要记住，戴尔公司董事会的目的是吸引投资者参与竞标并且不会让出太多价值。此外，还要考虑到不同情景发生的概率（设置你认为合理的百分比）。这里没有正确或者错误的答案，因为任何答案都是基于你自己假设的和你认可的事实。

基于这些计划，戴尔公司董事会决定在竞标流程开始前设置每股13.6元的最低收购价格。这个最低价格被告知给所有潜在投标人。

赢家的诅咒

董事会启动招标。最终，迈克尔·戴尔和银湖资本中标，公司以每股14美元的价格被出售。尽管中标价格超过低谷时期的股价（9.35美元）近40%，很多股东还是对这笔交易提出种种质疑。他们认为公司的真实价格远不止于此，他们尤其担心的是，本次交易机制中存在的两大问题导致招标过程失去意义。首先，从很多方面来讲，迈克尔·戴尔都扮演了买卖双方的双重角色，他既是代表公司和股东的卖方，又是与银湖资本合作的买方。很多股东认为这对于公司来说存在利益冲突。更重要的是，迈克尔·戴尔作为公司CEO，了解全部必要信息，他的买方身份产生了一个信息问题。戴尔掌握了全部信息并且很清楚公司的真实价值。一旦拍卖完成，任何比戴尔出价更高从而中标的投资方都会感到后悔，因为最了解情况的那个人并没有给出更高的价格。正是这个赢家诅咒导致了一个激烈的竞争过程，最终却得到廉价成交的结果。

交易过程

让我们来看一下这笔交易的实际情况。首先，2013年2月3日，迈克尔·戴尔和银湖资本提议以每股13.65美元的价格收购。股东当即感到沮丧。3 月 5 日，卡尔 · 伊坎和伊坎企业对冲基金宣称戴尔公司应该执行一项杠杆资本重组（通过每股 9 美元的分红和每股 13.81 美元的回购来进行；要了解有关杠杆资本重组的情况，请参见第 6 章）。3 月 22 日，投资公司黑石集团宣告了每股 14.25 美元的收购提议，但又以没有“一个更公平的竞争环境”为由撤回。6 月 19 日，伊坎提交给戴尔公司董事会一项提议，要选举新董事，选择那些能够阻止这次收购的人做董事。

作为回应，7 月 31 日，迈克尔 · 戴尔和银湖资本提高报价至每股 13.96 美元，并提出了一个修正的投票机制——只需要少数股东同意交易即可。董事会于 8 月 2 日同意了这些条件，在 2013 年 9 月 12 日召开的特别股东大会上，57% 的股东投票同意了本次收购。

然而很多股东依然不满意。有些投资者对迈克尔 · 戴尔提出的近期股价低迷的解释并不买账，他们声称迈克尔 · 戴尔故意操纵公司股价以降低其控制公司的成本。有时管理层可能会操纵经营方式或会计价值以使公司看起来更好（见第 3 章）；在这种情况下，股东们声称迈克尔 · 戴尔利用自己作为管理者的权力使公司看起来更糟糕，为他自己在收购过程中以低价中标累计筹码。

戴尔公司的最大股东——美国东南资产管理公司表达了自己的担忧，认为这笔交易“远未达标”，并且补充道：“它似乎是以公众股东的损失为代价，以远低于内在价值的价格获得了戴尔的实际控制权的。”

我们来看一下戴尔股价从 2011 年至 2012 年的表现（见图 5–7）。戴尔的股价在 2012 年一整年都受到糟糕业绩的影响，在 8 月 16 日发布了业绩指引后进一步下跌。在那一天，戴尔公告了它的收入增速预测值从 5% ~ 9% 下调至 1% ~ 5%。迈克尔 · 戴尔是戴尔当时的 CEO，并在 8 月 14 日当天决定他要将公司私有化。

股东对董事会操作这项收购的方式也感到不满。在一个特别沮丧的时刻，伊坎这样评论戴尔公司董事会："我们开玩笑地问，'戴尔公司与独裁政权有何区别?' 答案是：大多数运行良好的独裁政权只需要把选举推迟到确保胜出之时……戴尔公司董事会，就像这个国家里的众多董事会那样，让我想起了《飘》那部电影里，克拉克 · 盖博说的最后一句台词——他们仅仅是认为'不关我的事儿'。"

最终，股东拒绝认可竞标流程。由于迈克尔 · 戴尔本人掌握了公司全部信息，谁还会与他展开竞争？在接下来的法律诉讼中，法官这样评价赢家诅咒的难题："你不会去跟别人打赌他的钱包里有多少钱，因为你的对手自己很清楚这一点。"

无论从何种角度考虑，要执行一个公平的竞标流程似乎都是不可能的。如果你是迈克尔 · 戴尔，你会采取哪些措施来创建一个"公平的竞争环境"？

尽管全程公开所有文件看起来是一个好的解决方案，但它还是不太可能消灭迈克尔 · 戴尔在谈判中的优势地位，实现公平竞争。最佳方案可能是让迈克尔 · 戴尔完全置身于整个流程之外，无论是作为 CEO 还是作为竞标方。如果不是这样，有关信息的顾虑是不可能消除的。华尔街分析师利昂 · 库珀曼把这笔交易称作"管理层对抗股东的大型内幕交易"。以上所有顾虑的结果就是诉讼。股东要求法院裁定每股 14 美元的价格是否公允。

在这种类型的诉讼案中，控辩双方通常都会雇用专业团队为公司估值，并协助公司判断正确的价值。两派专家给出了差异巨大的数字以证实己方观点，尤其是银湖资本和迈克尔·戴尔一方的专家，得出的结论是公司价值还不到每股 13 美元，这意味着他们每股 14 美元的报价是非常公平的。相反，认为受到蒙蔽的股东聘请的专家团队则给出了两倍于中标价的价值，每股接近 29 美元。

因此，最终两派专家团队给出的估值区间为 13 ~ 29 美元，这导致公司整体价值差异高达 280 亿美元！为什么两拨专业人士会给出差异如此巨大的结果？在案件审理过程中，两派人马提供的估值过程和佐证材料成为证据，这些材料为我们提供了审视有关估值过程的绝佳机会。

为什么这些专家团队会得到如此不同的估值结果？他们是怎样做到的？

首先，也可能是最重要的一点，他们用完全不同的方式使用波士顿咨询公司提出的情景分析假设。股东方专家团队使用了极端乐观的成本节约假设，迈克尔·戴尔和银湖资本方的专家团队则使用了相对消极的假设。

除了在情景假设方面的不同，他们还在模型中使用了一系列不同的参数。特别是在终值计算上，两派专家分别使用了 1% 和 2% 作为永续增长率。此外，股东方专家采用了 21% 的税率，而迈克尔·戴尔和银湖资本的专家则使用了 18% 的税率，但在计算终值时又将之提升到

36%。他们在公司适用的资本结构、公司适用的贝塔系数，甚至使用的市场风险溢价等方面也产生争议。股东方专家使用了更小的市场风险溢价水平，为 5.5%；而银湖资本和戴尔方专家使用的此项数据则高达 6.4%。最后，双方专家对运营需要的资金以及产生的净现金金额也无法达成一致意见。

最终，法院裁定戴尔的合理价值并非每股 14 美元，在交易达成时，公允价格应为每股 18 美元。法院认为公司以低于公允价格的 25% 成交。最终的判决是戴尔和银湖资本需要向股东额外支付每股 4 美元。

未来

这个决定引发了很大争议。股东方当然欢呼雀跃，但其他人则担心这个判决开创了一个先例。《纽约时报》表达了自己的担忧，认为这可能“导致在接下来的大型并购中产生大量诉讼和有关交易价格的事后修正”。

有趣的是，法官特别在案例中指出，他相信迈克尔·戴尔和戴尔公司管理层的行为符合道德规范；但是，这个价格是不公允的。法官认为，“需要着重强调的是，与本法庭在此前遇到的案例不同，并没有证据表明戴尔先生和他的管理团队主动造成股价与内在价值的背离。相反，他们试图使市场确信这家公司值得更高的市值”，但是“摆在面前的证据和其他证据，一起证实了公司普通股的市值与其真实价值之间存在着巨大鸿沟”。

最后，这个案例反映出估值常见的哪些问题？当你完成一项估值后，你应该对它做些什么？

第 3 章中介绍的有关动机和信息重要性的一系列内容，都在戴尔公司管理层收购的案例中体现得淋漓尽致。首先，迈克尔·戴尔同时作为买卖双方的动机并不明确；这种利益冲突是造成矛盾的根本原因。其次，公司即卖方，站在迈克尔·戴尔的角度来看同样也可以被理解为买方。这导致了赢家诅咒的问题，没有人愿意报出比迈克尔·戴尔和银湖资本更高的价格。

这个案例同样展示了有关估值的诸多问题。首先，它指出了情景分析和现金流预测的重要性。其次，它显示了在计算当前价值时，所有不同的假设是如何影响最终结果的。最后，可能也是最重要的，这个故事生动地说明了估值是艺术而非科学。两家备受尊重的专业机构基于不同的假设得出了截然不同的结果。

小测验

注意：有些问题的正确答案可能不止一个。

1. 你在一家多元化的企业集团工作，该集团有意向收购一家钢铁公司。在不同的情景假设下运行你的估值模型后，你计算得出了三个结果。首先，最差情景出现的概率为 25%，公司估值为 500 亿美元。中性情景出现的概率为 50%，公司估值为 1 000 亿美元。最后，最佳情景出现的概率为 25%，公司价值为 2 000 亿美元。在收购该公司时，你给出的最高报价是多少？

A. 500 亿美元　　B. 1 000 亿美元

C. 1 125 亿美元　　D. 2 000 亿美元

2. 你在一家造纸公司工作，你的公司想要收购一个伐木公司以降低成本。你根据伐木公司现有的经营情况，利用现金流折现法估算其现值为 5 亿美元。你认为购买伐木公司产生的成本节约和垂直整合所产生的协同效应的现值是 5 000 万美元。伐木公司已公开上市，市场估值为 4 亿美元（考虑股价、股份数量以及债务和现金后的结果）。如果你想为造纸公司保留全部的协同价值，那么你对伐木公司的最高出价是多少？

A. 5 000 万美元　　B. 4 亿美元

C. 5 亿美元　　D. 5.5 亿美元

3. 表 5–9 显示了三家样本快餐公司——麦当劳、温迪和百胜在 2016 年 8 月 1 日的市盈率情况。以下哪一项是产生三家市盈率差异的可能原因？

表5–9　三家快餐连锁公司的市盈率对比

公司	市盈率
麦当劳	22.0
温迪	20.7
百胜	27.4

A. 市场认为百胜比温迪和麦当劳有更多的增长机会

B. 麦当劳的折现率比温迪高

C. 温迪的折现率比百胜低

D. 麦当劳的盈利水平比百胜和温迪高

4. 你所在的公司刚刚收购了你们的竞争对手之一。在公告后，你公司的股价立刻下跌了 10%，导致公司市值损失了 5 000 万美元。目标公司的股票上涨了 15%，市值增加了 2 500 万美元。在收购中出现了以下哪种情况？

A. 价值创造，价值从收购方转移到目标公司

B. 价值创造，价值从目标公司转移至收购方

C. 价值毁灭，财富从收购方转移至目标公司

D. 价值毁灭，财富从目标公司转移至收购方

5. 以下哪一项不是估值倍数？

A. 市盈率

B. 企业价值与息税折旧摊销前利润之比

C. 流动资产与流动负债之比

D. 市值与息税折旧摊销前利润之比

6. 2016 年 12 月 31 日，固特异轮胎和橡胶公司的企业价值与自由现金流之比为 16.1。以下哪一个隐含的假设最可能是正确的？

A. 折现率为 5%，增长率为 4%

B. 折现率为 12%，增长率为 0%

C. 折现率为 9%，增长率为 3%

D. 折现率为 20%，增长率为 5%

7. 为了计算到底应该为一个教育项目付出多少成本，你做了一次估值。你预计这个项目将会使你的收入每年增加 1 000 美元，并随着工资的增长保持每年 3% 的增速。考虑其他类似风险的投资，你认为选取 13% 的折现率比较合理。方便起见，假设你将永远生存下去（这个假设其实和 20 ~ 30 年的现金流假设并没有太大区别）。你最多愿意为这个教育项目支付多少费用呢？

A. 1 000 美元　B. 3 000 美元　C. 5 000 美元　D. 10 000 美元

8. 你只能从两个项目中选择一个：第一个项目的内部收益率为 15%，另一个项目的内部收益率为 25%。加权平均资本成本为 12%，你应该选择哪一个项目呢？

A. 内部收益率为 15% 的项目

B. 内部收益率为 25% 的项目

C. 两个都不选——两个项目都在毁灭价值

D. 内部收益率为 25% 的项目可能更好，但你需要进行现金流折现分析再进一步判断

9. 你在一个评估糖果工厂的并购团队里，并试图在整个行业里寻找比 2% ~ 4% 的增长率更好的投资机会。你的助理已经准备好了初步的估值模型。你可以看到他基于行业平均水平假设了前两年保持 6% 的增长率，接着在终值计算时也使用了 6% 作为永续增长率，而终值的现值占据了公司价值计算结果的 80%。根据这些数字，他预计公司的企业价值为 1 亿美元。进一步，他估计协同价值的现值为 2 000 万美元。公司目前有 5 000 万美元的债务和 1 000 万美元的现金。你的助理建议为公司的权益支付 1.2 亿美元，因为这是企业价值和协同效应之和。你的助手最有可能犯了以下哪些错误？（选择全部正确的答案）

A. 计算终值时使用的增长率过高

B. 基于行业水平选择增长率

C. 基于公司价值而非权益价值给出参考收购价格

D. 为协同效应支付价款

10. 以下哪个项目一定会为你的公司创造价值？

A. 净现值为 1 亿美元的项目　　B. 投资回收期为 2 年的项目

C. 内部收益率为 15% 的项目　　D. 现值为 2 亿美元的项目

本章总结

估值是财务和管理的核心问题。我们讨论的某些方法（比如倍数法）

是简化了的方法。另外还有一些方法（比如内部收益率法），很有用但容易出错。幸好，我们还有一个黄金法则，现金流折现法，可以提供理解公司价值的方法，即计算所有现金流的现值。

接着，预测未来的练习让我们回到了本章的重点课程上——估值是披着科学外衣的艺术。估值过程中包含了一些科学的方法，但是在本质上，估值是非常主观且带有情感色彩的判断。我们必须确保自己不犯系统性错误，比如高估协同效应或低估一项业务的资本强度。有关估值的最后一课是，全面了解一项业务的最好方法就是对它做一次估值。只有仔细分析一项业务的未来前景、现金流情况、资本强度以及业务的风险，你才能真正理解这项业务。

现在我们已经讨论了价值与自由现金流和折现率的关系，还有一个问题需要应对。公司要利用这些自由现金流做些什么？它们应该如何回报资本提供者？它们应该投资于新业务吗？它们应该如何在不同的业务和资本提供者之间分配自由现金流？这些问题就是我们下一章的主题。

6.

资本配置

CEO和CFO如何做出重要决策？

2013 年，苹果股东向蒂姆 · 库克发起了抗议，他们对苹果不断攀升的现金水平表示不满，要求库克将现金分配给股东。现金躺在苹果的资产负债表上和揣在股东的兜里到底有什么不一样？从那时开始，苹果已经向股东分配了超过 2 800 亿美元的现金，大多数是通过股票回购的形式进行的。这个决策明智吗？

在反对声浪高涨之际，Alphabet（谷歌的母公司）改变了它的股权结构以保证自己不会因关键股东投票权增加而遇到类似的挑战。从那时起，Alphabet 虽然创造了大量现金，但几乎没有向股东分配，而是重新投资于公司内多元化的业务。这个决策明智吗？

在前面的章节里，我们已经弄清楚了创造自由现金流对一家公司创造价值有多么重要。但是这又引发了另一个问题：在一家公司产生了自由现金流后，它要利用这些现金流做什么？管理层应该将现金投资于新项目吗？他们应该去收购公司吗？还是说，他们应该把现金分配给股东？近年来，我们已经看到，回购股票的行为发生的数量迅速增长。为什么公司会选择回购股票？

每一个 CEO 和 CFO 都必须回答这些核心问题。这些问题汇集在一起，构成了资本配置的过程。随着公司利润和现金流水平达到了历史新高，如何配置资本变得越来越重要，股东们对错误的容忍度也越来越低。资本配置问题重塑了我们看待第 3 章强调的委托代理问题的方式：资本提供者委托公司管理层管理他们的资本，设置相关指标，并把指标完成度作为评价管理层工作成果的核心指标。

资本配置决策树

资本配置问题可以被理解为一个层层递进的决策系列，如图 6-1 所示。一个管理者必须解决的问题包括寻找净现值为正的可投资项目。创造价值是管理者的核心任务，这个过程正如第 4 章里描述的那样，年复一年地跑赢资本成本并保持增长。

如果找到净现值为正的项目，那么你应该选择投资。那些项目可能既包括内生式增长（比如开发新产品或购置新的固定资产），又包括通过兼并收购进行的外延式增长。如果无法寻求价值创造的机会，即找不到净现值为正的项目，那么管理者应该通过分红或股票回购的形式向股东分配现金。如果选择了分红，你就必须决定是要进行常规分红还是要进行特殊的一次性分红。

尽管图 6–1 的决策树看起来很简单，但在决定每一步怎么走的时候，管理层可能会遭遇不计其数的危险和谬误。在本章中，我们将遍历整个决策树并领悟如何做出权衡，以及怎样避免各种错误。

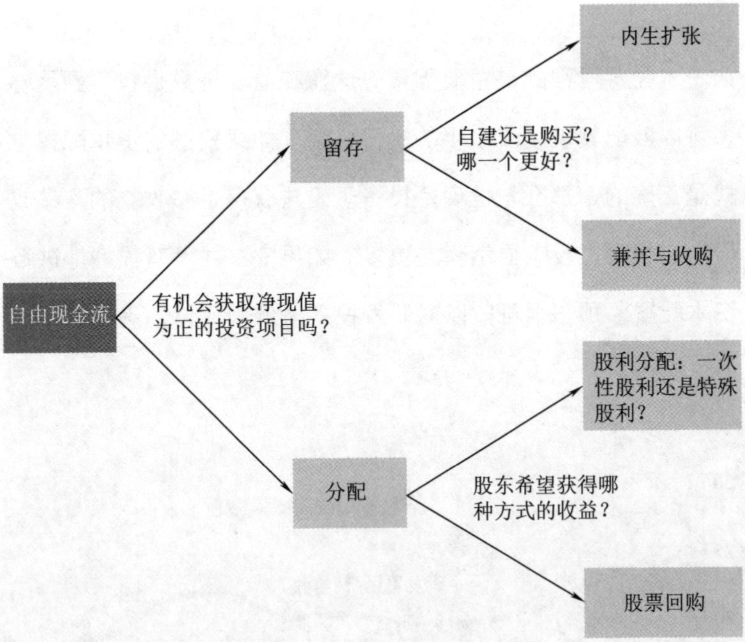

图 6-1 资本配置决策树

制药行业的资本配置

图 6-2 显示了生物制药公司安进的研发和现金分配总额（分红和股票回购）占销售额的比例。在关于安进和整个制药行业如何进行资本配置的问题上，图 6-2 告诉了你什么？为什么你认为其路径在发生改变？研发支出水平在这个阶段保持稳定甚至有所下滑，然而现金分配在 2010 年以前从未进行过，成

为资本配置过程的最主要因素。这意味着安进只是找不到足够多可以匹配其现金流水平的投资机会。如果安进的资本配置方式是正确的，那么与把现金投资于无法获得足够收益的产品或研究中相比，股东显然获益更多。如果安进并没有很好地进行资本配置，那它很可能以对研发投入过低为代价，满足没有耐心的股东。

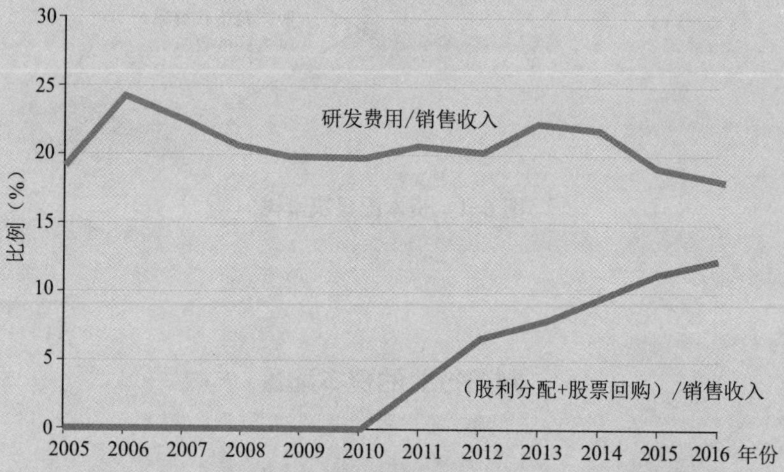

图 6-2 安进公司的研发费用和现金分配占销售收入比例

内部留存收益

如果你的工作职责是做投资，那么在做决策时你要用到一些基本准则。首先，你需要计算出众多备选项目的净现值，以判断哪一个是最佳的价值创造机会。它们可以是内生式或外延式机会，尽管这个简单的规则可以为公司实现最高收益，但你仍需要权衡一些因素。

比如，我们在前面的章节里讲过，当推进一项并购时，你要考虑很多问题，这些都会使净现值评估复杂化。

…………

真实世界观点

渤健公司的前任 CFO 保罗·克兰西评论道：

我将资本配置定义为管理层利用公司产生的超额现金流所做的事情。如果一家公司在长期内持续投入研发，那么这也应该被归类在资本配置的定义中。这里既包括使用现金进行战略部署，又包括向股东返还现金形式的资本配置。战略性配置是指投资于工厂建设等不影响短期利润表但会在长期为公司贡献利润的资本支出。收购对于一家现金流充沛以及有大量研发支出的公司来说也是很重要的一部分。每年进行的大额研发开支当然也是资本配置决策。它使用的是本来可以分配给股东的资本。

…………

外延式增长的缺陷

相对于内生式投资而言，收购与兼并的诱惑在于通过购买既有资产而形成的资产规模增长速度明显快于自行建造这些资产的情况；并且，并购的逻辑在于，人们认为外购资产远比自行构建更安全，因为失败的风险已经被排除。尽管很多人认为兼并是达成增长更为快速和安全的方式，但是公司在进行一项交易之前以及完成之后都要应付很多复杂的问题。

兼并完成前

当购买一项既有资产时，卖方拥有的信息比买方更多，而买方只能凭经验或其他证据进行推测（第 3 章里介绍过）。这就是尽职调查在并购进程中如此重要的原因。买方需要理解他们正在收购的资产。但最重要的是，他们必须对卖方拥有巨大的信息优势保持清醒的认识。

卖方为了达成出售目标可能会做哪些事情？他们可能减少对资产的投资以低估业务的资本强度；他们可能加速确认收入并延迟确认成本；他们还可能掩盖一些问题，比如已破产客户的应收款项仍挂在账面上，并声称可以收回等。顾问和投行等中介机构可以协助买方发现这些问题，买方自己的交易团队也应该可以找到问题究竟藏匿于何处。

不幸的是，本次交易涉及的所有人，无论是卖方还是买方内部的人员，以及它们聘请的中介机构都有足够的动机促成交易。如果不小心，你就很容易被他们的热情感染，最终报出天价。因此，那种认为并购比内部投资更安全的想法是很不准确的，现实中，并购失败率的数字也站在反对的那一面。

惠普收购Autonomy公司

2011 年 8 月 18 日，计算机硬件制造商惠普公司公告称它即将收购一家搜索和数据分析公司 Autonomy。惠普为本次收购支付 111 亿美元的对价，相当于标的公司息税折旧摊销前利润的 12.6 倍。这个价格相当高；甲骨文公司在意向收购 Autonomy 时给出的最高报价是 60 亿美元。就连惠普的 CFO 凯茜·雷丝杰科都曾公开反对此笔收购。

市场对这笔交易的反馈相当直接而残酷。惠普股价在公告当天从 29.51 美元迅速跌至 23.60 美元（市值整体下降 50 亿美元）。惠普董事会主席雷·莱恩曾被问及该笔收购所依据的现金流折现模型及其假设的具体情况。作为回应，他声称自己并不熟悉现金流折现模型而是强调了惠普的战略视野。在宣告收购后不到一个月的时间，惠普的 CEO 被解聘了。

一年后，惠普对 Autonomy 项目计提了 88 亿美元的减值准备（换句话说，它在资产负债表上核销了相应的商誉资产，同时在利润表上计提了一笔一次性的损失），包括惠普声称的所谓 Autonomy 管理层“会计违规”造成的 50 亿美元。惠普声称 Autonomy 管理层夸大了财务指标以误导潜在买家。到 2012 年 8 月，惠普的市值自宣告收购之日起已经蒸发了 43%。

惠普在收购 Autonomy 的过程中犯了什么错误？

惠普的错误包括但不限于：

- 无效的尽职调查
- 对会计准则应用情况的调查不完整
- 缺乏对传统估值模型的应用
- 对内生式和外延式机会的评估不充分

并购完成后

尽管在评估时，并购产生的协同效应似乎很诱人，但要真正实现协同可没那么简单。在这一过程中，过高估计协同效应而低估实现协同效应所需要的时间是很常见的。更糟糕的是，收购方可能会在相当长的时期内为两个主体保留独立产能，结果消耗的成本比预期高很多。实现协同效应所耗费的时间将对并购创造的价值产生巨大影响。

最后，可能也是最重要的，将两个组织整合在一起时的文化冲突问题可能需要更深层次的考虑。文化整合层面的内容在试算表中无法体现，因此也很容易被忽略，但文化差异导致的问题是最核心的，并且对最终的财务结果产生巨大影响。人们很容易忘记，试算表上的内容是几乎不考虑人类行为等因素的，但忽略这些因素将带来致命后果。这些问题回答了为什么看起来比内生增长更快速而安全的并购实际上是一个错觉。

多元化企业

激进的并购策略可能导致多元化企业的形成，多元化企业也称多分部公司，其掌管的众多成员企业在行业上高度分散化，几乎没有共同点。比如，在20世纪60年代，国际电话电报公司试图收购美国广播电视公司，但最终联邦反垄断机构强制终止了该项交易。为了避免反垄断法的限制、实现进一步扩张，国际电话电报公司购买了很多类型各异的公司，比如喜来登酒店、安飞士租车以及制作“奇迹面包”的烘焙公司等。最终，国际电话电报公司购买了超过300家公司。多元化企业目前在世界上的部分地区仍然很流行，它给我们提供了一个重新审视重要财务概念的机会。

成为多元化企业主要基于两个理由。首先是资本成本的考量。这个理由的逻辑在于:“通过多元化收购，我可以把自己的资本成本适用于目标企业。比如，我的折现率或资本成本为10%，而目标公司的资本成本接近15%。那么，如果购买了这家公司，将其并入我的主体，它就会按照我现有的资本成本进行重新估价，新的价值将超过原有价值——这将创造巨大的收益。”这种归因显然是错误的，因为正确的资本成本是根据业务本身来确定的。你不可能输出自己的资本成本。

第二个理由是管理风险。通过在不同行业控制不同类型的公司，股东似乎可以从分散化中获益。这种思路是把收购与股票组合等同起来：如果一家公司业绩下滑，组合里的其他公司就会抗衡这种趋势。但这种逻辑的错误在于没有认识到是管理层在执行分散化，而股东自己在投资的层面上实际上本身就可以做到通过分散化来管理风险。金融的逻辑在于你不应该为你的股东做任何他们可以自己做的事情。公司层面的分散化就正是如此。

实际上，多元化公司更多的是在毁灭价值而非创造价值。多元化企业的市值通常有折价，这意味着所有分部联合在一起的价值要低于独立价值的总和。为什么会这样？一部分原因在于，一个多元化企业内部的资本配置被公平对待所有业务分部的要求扭曲了。在这个过程中，资本被平均分配给所有业务分部，而不是按照最佳的投资机会进行排序——薄弱的业务分部得以扩张，有前景的业务分部反而得不到资金支持。结果就是，各业务分部分别独立的价值总和要大于整体价值。

多元化企业并非总是有问题的。在一些新兴市场，多元化公司可能非常有利，因为它们通过交易内部化的形式克服了资本市场和劳动力市场的不完全市场问题。但多元化绝非灵丹妙药，多元化企业的管理层必须时刻对公司内部资本社会化的问题保持警醒。

美国在线与时代华纳的合并

2000年年末，美国在线与时代华纳公告了互联网时代最大的一笔兼并案——这笔交易价值高达3 500亿美元。在兼并开始前，市场上对两家公司的合并抱有高度期待。当时，美国在线在拨号上网业务上有着绝对优势，时代华纳拥有众多内容但对互联网一无所知。双方的协同看起来非常清晰也很容易达成。这笔交易意在“对等合并”，但是美国在线在并购时处于优势地位。

兼并完成后不久，麻烦开始了。美国在线以销售为导向，因而它的文化非常激进，而时代华纳则是一家比较传统的公司。时代华纳发现了美国在线会对其预期业绩产生影响的财务违规行为。当嫌隙滋生时，时代华纳开始抵制美国在线的合作并开始寻找其他可以在线上分发其内容的合作伙伴。当2001年互联网泡沫崩塌时，力量的天平开始向时代华纳一侧倾斜。

本次并购最终以失败告终，两家公司的价值总和仅是合并前的一小部分。2009年3月，时代华纳剥离时代华纳有线电视，2009年12月，美国在线和时代华纳彻底分家。美国在线于2015年被威瑞森无线通信收购，美国电话电报公司于2016年10月22日达成对时代华纳的收购协议。美国在线的CEO史蒂夫·凯斯评论道：“缺少执行的愿景只是幻想。”这是对美国在线与时代华纳合并案最好的总结。

捷豹路虎收购案

2008 年 3 月末，印度汽车制造商塔塔汽车从福特汽车手上收购了捷豹、路虎，支付了 23 亿美元的对价（福特曾为两个品牌合计支付了 54 亿美元：1989 年收购捷豹花费 25 亿美元，2000 年收购路虎花费了 29 亿美元）。市场对此并不认可，塔塔汽车的股价在 2008 年迅速下滑（在公告收购前，公司市值为 69.3 亿美元，当年年底则跌至 17.2 亿美元，在大盘整体下滑 33% 的情况下，塔塔公司的市值下降了 75%）。

在收购完成后，塔塔汽车选择不对捷豹、路虎进行整合。反之，它让捷豹、路虎作为独立公司运营。塔塔为捷豹路虎设定目标，并在新兴市场提供支持，但并不直接控制它的运营。结果表明，这一战略避免了本可能出现的潜在文化整合困境。

一些分析师认为捷豹、路虎现在贡献了塔塔公司 90% 的估值。事后来看，塔塔不整合捷豹、路虎的决策是非常正确的。但事前考虑风险仍有价值，因为当把收购标的作为完全独立的主体运营时，还要考虑在产品和劳动力市场与原有业务开展竞

争的支出等。（见图 6-3）

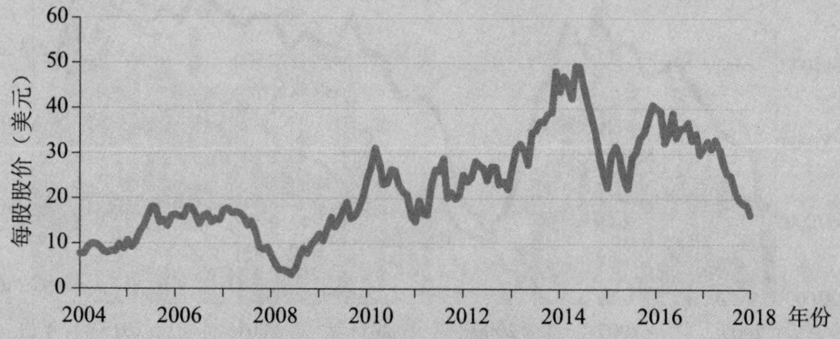

图 6-3 塔塔汽车的股价走势（2004—2018）

向股东分配现金

假设一家公司当前并没有值得投资的项目，它需要向股东分配现金，它具体应该怎么做？有两种基本方式：分红和股票回购。分配现金最直接的方式就是支付股利。公司只需要按照股权比例进行分配就可以了。股利可以作为一种稳定可预测的现金流，也可以作为一次性的大型支出，即所谓的特殊股利。

第二种分配现金的方式股票回购就不那么直接了。一家公司会在公开市场上购买自己的股票然后注销。结果就是，那些选择不出售股票的投资者会增大持股比例，同时现金也被分配出去了。股票回购在过去几

十年里变得特别流行。（见图 6–4）

数据来源：辉盛

图 6–4　美国公司股利分配和股票回购的规模对比（2005—2016）

所以哪一种分配现金的方法更好，分红还是股票回购？这个问题没有标准答案，但让我们先揭示一些错误概念，如此，你可以获得一些关于这个问题的更好的启示。比如，有些人认为股价在股票回购后会上升，因为剩余股东持股比例提升。而另一些人则认为分红是很糟糕的，因为对于股东来说他们的股票价值会下降。为了揭穿这些观点的谬误，弄清决策的本质，我们将从展示一家公司是否选择分配现金对公司价值并无影响开始。

从机制本身的原理来说，分红和股票回购两者并无差别，但每种方法传达给市场的信号不一样，这才是事情的关键。首先，我们来证明两种选择并不影响公司价值，产出完全等同。我们来看一下图 6–5 这张基于市场价值的资产负债表。

图中显示的公司账面上有大量现金，公司正考虑通过分红或股票回购的方式分配现金。由于这张资产负债表是基于市场价值的，权益价值可以很容易被转换为股价，营运资产的价值也是市场价值。如果公司把 70 美元的现金作为股利分配给股东，这张基于市场价值的资产负债表会发生什么？发行在外的股份为 100 股，每股股利为 0.7 美元。（见图 6-6）

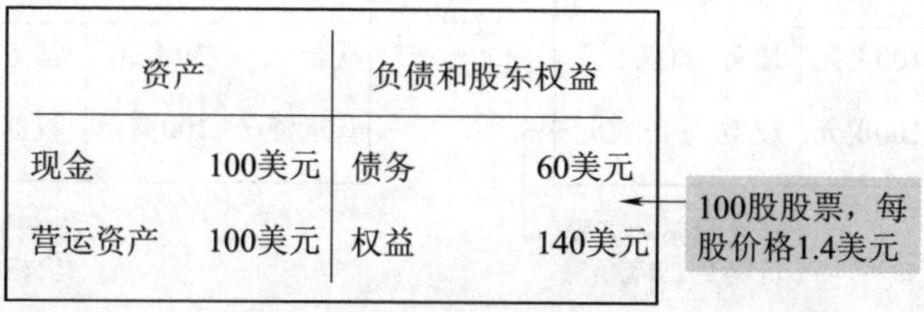

图 6-5 筹备现金分红

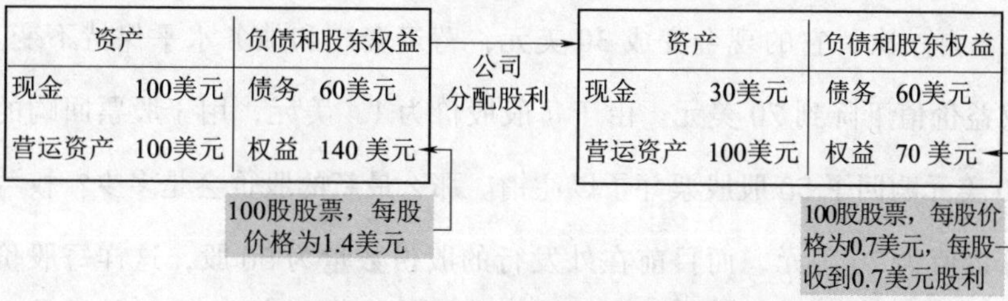

图 6-6 分红后，基于市场价值的资产负债表

公司持有的现金从 100 美元降到 30 美元，但是营运资产的价值仍保持不变。由于债务也保持不变，因此权益价值下降 70 美元以保证资产负债表的平衡。每股价格也从 1.4 美元变成了 0.7 美元。作为一个股东，你可能看起来受到了影响。但是当你把收到的 0.7 美元现金考虑进来时，你得到的还是 1.4 美元。股东们拥有的经济价值依然与之前没有区别。这完全是价值中性的。他们可以利用收到的 0.7 美元再买一股公司股票，这样他们持有的股票价值依然为 1.4 美元。

现在让我们考虑如果公司将用于分配股利的 70 美元拿来回购股票会是怎样的情况。（见图 6–7）

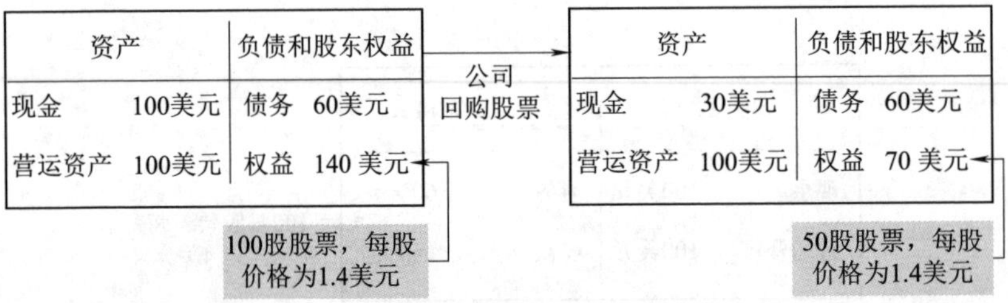

图 6–7 回购后，基于市场价值的资产负债表

再一次，它的现金变成 30 美元，营运资产和债务水平保持不变。权益价值下降到 70 美元。由于每股股价为 1.4 美元，用于股票回购的 70 美元购回了 50 股股票并予以注销。那么最新的股价会是多少？权益总价值为 70 美元，而目前在外发行的股份数量为 50 股，这样每股价格依然为 1.4 美元。那么股东们会怎么想？那些将股票出售给公司的股东得到 1.4 美元的现金，保留股票的股东每股价值仍是 1.4 美元。什么也没有改变——这也是价值中性的。（见图 6–8）

这个练习里有一个重要的核心概念。价值并不会因为现金从一个地方转移到另一个地方而提升。价值来自对正净现值项目的追逐。如果保留或者分配现金对公司价值并不产生任何影响，那为什么还需要有如此多的考量？为什么人们担心公司究竟是保留现金还是进行分配？为什么他们这么担心公司是否分配股利？为什么越来越多的公司选择回购股票？

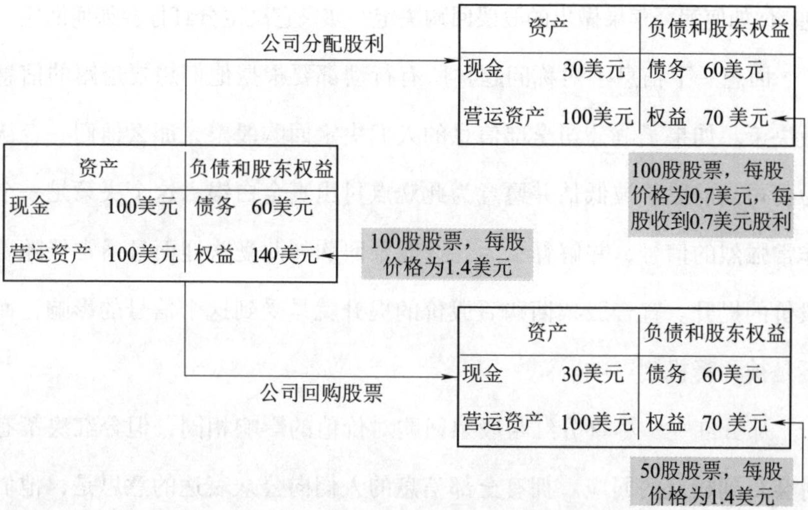

图 6-8 现金分配：股利分配和股票回购的对比

分配现金的决策

保留或分配现金的价值中性结论在理想化条件下是成立的，所谓莫迪利亚尼和米勒定理有三个假设条件：不考虑所得税、完全信息、没有交易成本。在这些条件下，无论选择股利分配还是股票回购都不会对公司价值产生任何影响。

然而，真实世界的考量会对这些决策产生影响。首先，所得税会影响价值。比如，在执行股票回购时，投资者必须卖掉他们的股份实现资本利得，资本利得的税率相对较低，而分红所得的所得税率比较高。很多人认为税率的影响是股票回购优于股利分配的原因之一。

现实世界中的重要因素还包括第 3 章讨论过的信息不对称和激励问

题。你如何解释苹果做出的股票回购决定？如果它决定分红你会如何回应？

回想一下信息不对称问题，所有行动都要根据他们想要透露的信息做决策。如果了解公司全部信息的人们决定回购股票，那么他们一定认为公司当前股价被低估并愿意为此观点付出真金白银。这个决策是一个非常强烈的信号，并解释了为什么股票回购如此受欢迎而且通常伴随着股价的提升。宣告股票回购后股价的提升就是受到这个信号的影响，而不是被稀释机制影响。

那分红呢？尽管分红与股票回购对价值的影响相同，但分红决策有时会得到相反的回应。拥有全部信息的人们向公众表达的意思是，他们没有找到好的投资机会也并不认为公司股价被低估。实际上，他们也没有办法用你的钱去做任何更好的事情，因此他们选择把钱还给你。这可不是积极的信号。

但股利增长是一个积极的信号。由于股利是相对刚性的（一旦公司开始分配股利就很难停止），增加股利可能意味着公司对利润增长的可持续性有着强烈的信心。进一步来讲，如果公司将维持这个股利水平，那么它也是对管理层的约束，有些投资者认为这在一定程度上缓解了第3章中讨论的委托代理问题。

实际上，代理人因素也是现金分配会产生价值变动的另外一层原因。管理层可以在公司内部使用现金以满足自己的目的，但这一目的未必与股东利益一致。比如，随着现金的积累，CEO可能被收购其他公司的愿景诱惑，因为扩大公司规模会提升他自己在人力资源市场的地位，但这个决定可能在毁灭公司的价值。因此将现金剥离出公司体内会对公司价值产生影响，但绝不是因为分配机制本身，而是因为它弱化了代理人因素。

代理人因素同样也为股票回购提供了另外的解释。如果信号理论就是故事的全部，那么我们希望管理层掌握股票回购的时机，在市场低估期买入。从图 6–4 中可以看到，这种情景似乎并没有出现，因为上一次市场峰值的时期也是股票回购的高峰期。因此很显然，有些公司选择股票回购的时机很好，而有些则比较糟糕。

引入代理人视角可以解释这个现象。股票回购可以用来达成各种不同的运营指标。假设管理者距离某给定季度的每股收益目标还差 1 美分，并且他很清楚股价会因每股收益未达预期而受到惩罚，这很可能会导致他无法得到奖金。他如何“制造”出来这 1 美分的每股收益？股票回购会减少在外发行的股票数量并增加每股收益。但是每股收益因股票反稀释形成的短期增长未必符合股东利益。

简而言之，现金分配机制通常误导人们讨论分红或股票回购对公司价值产生的影响，而这其实毫无意义。股票回购和股利分配的内在机制都是价值中性的。这些决策会受到如此关注的原因在于它们提供了信息，并对第 3 章中讨论的委托代理问题产生影响。

. . . .

真实世界观点

喜力 CFO 劳伦斯 · 德布鲁评论道：

有些人认为，分配股利或进行股票回购，意味着你手上并没有好项目值得投资。其实这更多的是一种权衡。你可以是一个成长型公司，但同时分配高额股利。10 年前，有些机构股东对分红并不感兴趣。他们不知道拿到现金之后要做什么，要进行再配置实在太复杂。有些股东甚至在分红前出售股票然后在分红完成后买回来，这样就不需要处置分红收到的现金了。

…………

融资决策的神话与现实

价值中性的概念可以协助我们理解一系列金融交易——股票发行、股票分割、杠杆资本重组和风险资本融资等，以及与之相关联的幻觉和错误。从资本配置切换到融资交易的介绍会帮助你巩固理解我们已经介绍过的众多观点。

股票发行

很多人都认为发行股票会稀释现有股份，从而对价值产生影响。具体来说，发行股票会使投资者持公司股票的比例降低，从而导致股价下滑。

让我们回到样本公司身上，看一下发行股票如何对公司产生影响。同样，我们看的依然是一张基于市场价值的资产负债表。（见图 6–9）

资产		负债和股东权益	
现金	100美元	债务	60美元
营运资产	100美元	权益	140 美元

100股股票，每股价格为1.4美元

图 6-9 交易前，基于市场价值的资产负债表

如果公司决定多发行 70 美元的股票，基于市场价值的资产负债表和股价分别会发生怎样的变化？（见图 6-10）

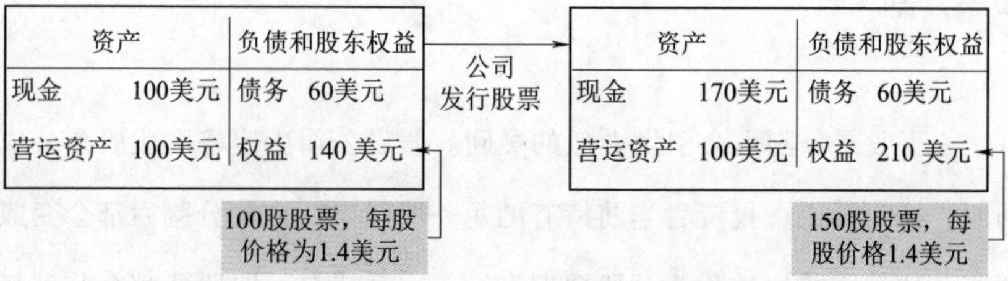

图 6-10 融资后，基于市场价值的资产负债表

在公司发行 70 美元的股票后，账面现金增至 170 美元；它的营运资产和负债水平保持不变，因此股票的市场价值现在变成了 210 美元。那么股票现在值多少钱呢？要弄清楚这个问题，我们需要知道发行新股后的公司发行的股票的总数是多少。每股当前交易价格为 1.4 美元，因此，要募集 70 美元，公司需要发行 50 股股票（70 美元 /1.4 美元）。结果就是 150 股发行在外的股票平分 210 美元的股权。股票必须以 1.4 元每股（210 美元 /150 股）的价格出售，结果与以前完全一致。

发行股票并没有对公司股价产生影响——与之前完全一样。总之，这说明价值是从资产负债表的资产端创造出来的，而非通过融资产生。

那稀释效应呢？股东们的持股比例可能会降低，但是蛋糕变大了。

即便如此，当公司发行股票时，股价通常会下跌。为什么会出现这种情况？在第 3 章中，我们分析了资本市场中信息问题的本质。当公司发行股票时，它们是股票的卖方。这不可避免地会引发疑问，为什么它们选择发行股份的方式来募集资金而不使用债务或内部留存收益？简而言之，股票发行释放了负面信号。

股票分割

关于股票分割也会引发类似的疑问。假设公司决定将一股股票分成两股。换句话说，投资者当前持有的每一股股票，在被分割后都会变成两股。这种方式也被称为“股票股利”——每持有一股股票都会收到额外一股股票。公司基于市场价值的资产负债表会发生什么变化，每股股票价值会怎样变动呢？（见图 6–11）

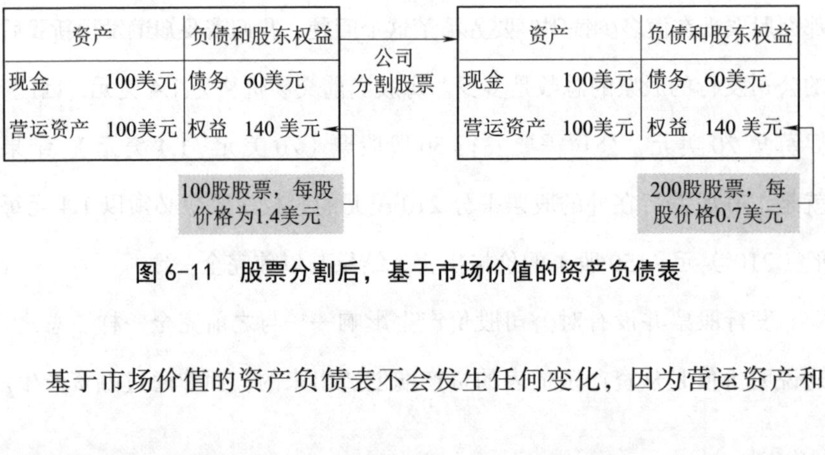

图 6–11 股票分割后，基于市场价值的资产负债表

基于市场价值的资产负债表不会发生任何变化，因为营运资产和融资来源并没有任何变动。那么每股股票的价值呢？权益价值仍为 140 美元，但是现在股份数量变为 200 股，因此现在的每股价值是 0.7 美元（140 美元 /200 股）。投资者过去持有的 1 股股票价值 1.4 美元。现在他们有两股股价为 0.7 美元的股票，合计仍是 1.4 美元。在股票分割的过程中并没有创造或者毁灭价值。

有些公司分割股票是为了让它们的股价对中小投资者更加友好，但是沃伦·巴菲特就拒绝分割自己的股票。他的伯克希尔·哈撒韦公司的 A 类股票当前交易价格为每股 21.5 万美元。他的理由在于，股票分割本身并没有意义，只会鼓励那些认为股价比较亲民从而买入的短期投资者。1983 年，巴菲特问道："通过把思路清晰的现有投资者变成那些认为拥有 10 张 10 美元钞票比 1 张 100 美元钞票更富有的敏感投资者，我们真的能改善投资者群体吗？"（1996 年，巴菲特的确引入了售价为 A 类股票价格的 1/30 的 B 类股票，以吸引更多投资者购买他的股票。这些 B 类股票自此开始进行股票分割。）

这些行为在某些情况下可以消除摩擦。2011 年，花旗银行执行了一项反向股票分割：每 10 股股票合并为 1 股。花旗集团这样做的原因在于它的股价已经下跌至 4 美元，很多机构投资者遵循的准则不允许他们购买股价低于 5 美元的股票。通过执行反向股票分割，花旗银行将股价拉升至 40 美元，使自身得以保留机构投资者这一重要群体。股票分割本身并不创造价值，但是由于市场的不完美，这一行为会对价值产生影响，与股票发行的情形一样。

杠杆资本重组

杠杆资本重组听起来像一个非常复杂而可怕的交易，但是它仅仅是我们已经了解过的几种交易的结合体。本质上说，它是公司大规模借债用于回购股票或分配特殊股利的行为。想一下，实际控制公司的私募股权基金想要进行杠杆资本重组。公司将借入 60 美元同自有的 40 美元一起向股东分配一笔 100 美元的特殊股利。基于市场价值的资产负债表会发生怎样的变化？当前股票价值是多少？（见图 6-12）

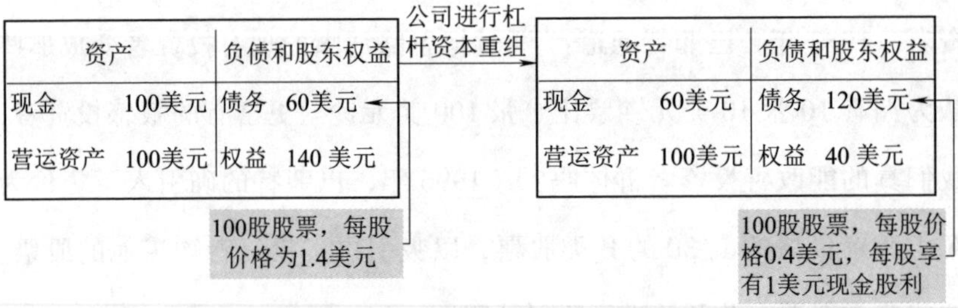

图 6-12 杠杆资本重组后，基于市场价值的资产负债表

首先，债务会增加 60 美元，现金增加 60 ~ 160 美元。接着，现金会减少 100 美元，因为它被用于支付股利。将运营资产和剩余现金加总并减去债务，公司的权益价值为 40 美元。这对于股东来说意味着什么？每股价值仅为 0.4 美元（40 美元 /100 股），但是股东同样获得了 100 美元的股利，即 1 股 1 美元。股东当前拥有的价值总和与之前也别无二致。

这项交易的机制对价值并无影响，但其他因素会发生作用。具体来说，该公司的股票现在有了更高的风险，因此相对应的预期回报也随之增加（我们在第 4 章里介绍了这一点），从而导致更低的价值。

风险资本融资

随着公司的成长，公司对资金的需求也越来越大，创始人开始寻找投资者——天使投资人。这个过程通常不止一次，不同的融资轮次被称为 A 轮、B 轮等（以此类推），投资人的角色也可能由专业的风险投资机构扮演。

我们假设有这样一个刚启动创业的公司。在第一轮外部融资开始前，它的资产负债表不是那么清晰。创始人拥有全部股权，创始人的商业想法就是公司的全部资产。创始人为他自己筹集了 100 股股票，但公司完全是私有的。

公司需要 100 美元来投资于一项正净现值的项目，于是公司找到风险资本家进行筹资。风险资本家说："我会给你你需要的 100 美元，但是我希望换取公司 20% 的股权。"通过这个报价，风险投资家实际上已经对公司进行了估值。

如果公司的 20% 股权价值 100 美元，那整个公司的股权就价值 500 美元。如果资产负债表要平衡，那么资产端的总价值也应该是 500 美元。由于公司在融资之后会立刻拥有 100 美元的现金，这意味着剩余资产（创始人截至目前创造的）价值 400 美元。权益端的 500 美元被分割为创始人拥有的 80% 和风险资本家拥有的 20%，因此创始人的股权价值 400 美元（500 美元 ×80%），而风险资本家的股权价值 100

美元（500 美元 ×20%）。最后，数量为 25 股的股票被发行给风险资本家以代表他们对公司持有的比例，现在公司股票总数为 125 股（创始人现在拥有 100 股，即 125 股的 80%；同样，25 股是 125 的 20%）。这轮融资的两部分实际上就是融资前对公司的估值（又被称为投前估值）以及获得资金后公司的估值（也被称为投后估值）。（见图 6–13）

资产		负债和股东权益		
现金	100美元	权益（创始人）	400美元	125股股票，每股4美元
企业价值	400美元	权益（投资者）	100美元	

图 6–13 A 轮融资后，基于市场价值的资产负债表

现在，让我们假设公司在几年后开始了第二轮融资（B 轮）。公司账面上已经没有任何现金（账面现金为零），但它准备进行一项 1 000 美元的投资。B 轮投资者可以提供 1 000 美元，但要求持有公司 50% 的股权。在本轮融资完成后，资产负债表会变成什么样子？创始人的股权现在价值多少？

B 轮投资者提供 1 000 美元以换取公司 50% 的股权。在投资完成后，账面现金为 1 000 美元，股权价值也是 1 000 美元。如果公司 50% 的股权价值 1 000 美元，也就意味着全部股权价值 2 000 美元。这说明当前这家公司的企业价值为 1 000 美元（2 000 美元的总资产价值 –1 000 美元的现金）。

创始人持有 100 股，A 轮投资者持有 25 股。这 125 股合计价值

1 000 美元，每股 8 美元（1 000 美元 /125 股）。这意味着创始人持有的股权现在价值 800 美元（8 美元 ×100 股），A 轮投资者的股权现在价值 200 美元（8 美元 ×25 股）。最终 125 股被发行给 B 轮投资者以代表他们价值 1 000 美元的对公司 50% 的所有权。（见图 6–14）

资产		负债和股东权益	
现金	1 000美元	权益（创始人）	800美元
		权益（投资者A）	200美元
企业价值	1 000美元	权益（投资者B）	1 000美元

250股股票，每股价格8美元

图 6–14　B 轮融资后，基于市场价值的资产负债表

创始人认为自己的股权被稀释了吗？创始人从拥有价值不确定的公司 100% 的股权，到拥有公司 80% 的股权（A 轮融资结束以后）时，每股价格为 4 美元（合计 400 美元）；再到拥有公司 40% 的股权（B 轮融资结束后）时，每股股价为 8 美元（合计 800 美元）。随着每一轮融资的进行，他的股权虽然被稀释，但是股权价值始终在增长，因为这个蛋糕在变大。

创业公司股票发行的过程其实非常具有欺骗性，因为融资过程实际上告诉了创业者他们到底值多少钱。但股票融资的机制本身并不会影响公司价值。同样，股利分配本身不改变价值，但是股利分配改变了股权的风险，比如杠杆资本重组，正如我们在第 4 章里介绍的那样，它们对价值产生影响的原因在于改变了风险、预期收益以及股票价格。

资产负债表上的现金

如果公司既不向股东分配现金又不进行投资怎么办？如果他们就是在囤积现金呢？在过去 10 年里，这种情况越来越普遍，很多公司都是如此。为什么要持有现金？囤积现金的原因有若干个。首先，也是最重要的，对于美国公司来说，如果在境外持有的现金要进行分配将被课以重税（2017 年年末，美国国会放松了相应的课税力度）。其次，正如我们在第 1 章里看到的那样，现金可以在困难时期作为公司的救命药。再次，公司可能只是在等待适合的投资机会。

开市客分配现金的选择

自2000年起，开市客使用了一系列现金分配方案（常规股利、特殊股利以及股票回购）。图6-15显示了开市客的股票表现与不同方案使用情况的对比。

你可以看到开市客在缓慢提高常规股利分配力度的同时也在尝试其他方式，比如从2005年到2008年进行大规模的股票回购，以及从2013年到2015年进行一轮大力度的一次性特殊股利分配。

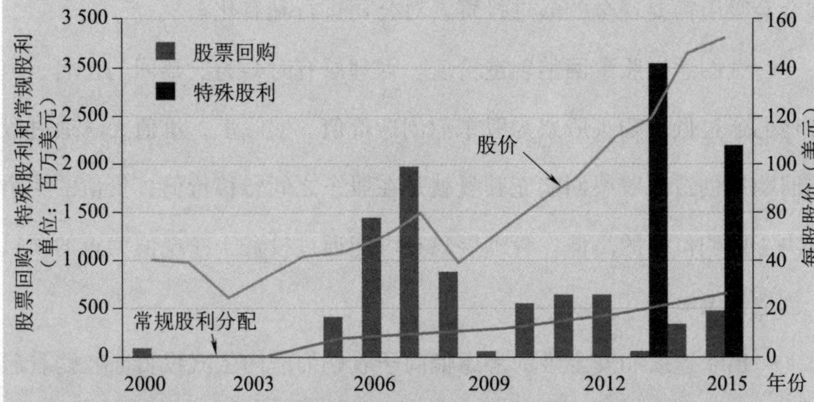

图 6-15 开市客的现金分配情况（2000—2015）

你认为开市客关于股票回购和分红时机的选择怎么样?

看起来开市客的股票回购很明智，因为后续的股价得到提升。同时，它也在使用常规股利分配和特殊股利分配的方式。

资本配置的6个主要错误

由于资本配置的重要性，认清事情可能出错的地方非常重要。在资本配置的过程中，以下 6 个错误是影响最大且最常见的。

• 推迟决策。不做任何资本配置决策导致的结果，就是公司资产负债表上的现金持续增加。日益增长的现金水平通常让股东感到沮丧，因为他们会质疑为什么管理者没能配置这些资本。此外，资产负债表上的现金会吸引需要现金的激进投资者对公司进行私有化。

- 试图通过股票回购创造价值。管理层有时会为股票回购正名，声称他们通过低价购买股票为股东们创造价值。实际上，价值无法通过股票回购被创造。股票回购充其量就是在股东之间转移价值，价值的大小取决于回购价格的高低。管理层只有可能通过投资于净现值为正的项目来创造价值。

- 出于速度和安全性的考虑偏向于收购而非内生式投资。收购看起来更快也很安全，但实际上可能恰好相反。由于买方和卖方之间存在信息不对称问题，收购其他公司可能风险更高，与收购伴生的整合问题也可能抵消任何所谓的收益。

- 股票回购相对于股利分配更自由，因此倾向于进行股票回购。实际上，股东们也会习惯于稳定的回购，正如他们习惯于分红一样。而且，股东们更看重公司对分配股利的承诺，因为这会增加股东的收益。最后，特殊股利是分配现金的简单方式，并且这不会使投资者对未来分红产生预期。

- 以构建更大规模的公司为目标进行再投资。规模，而非价值创造，会很容易成为管理层的目标，因为运营一家大公司显然更有吸引力。建造一个帝国可能会成为管理层的主要目标，但这与他们作为资本管理者的职业定位相违背。

- 为满足短线股东而超额分配现金。忽视正净现值的项目与追求规模而非价值创造，这两者存在的问题同样严重。只关心短期收益的股东带来的业绩压力可能导致管理者忽略好的投资机会。

IBM的股票回购和每股收益

近年来，IBM开始使用股票回购的方式分配现金。自2005年以来，它通过股票回购合计分配了超过1 250亿美元的现金，并分配了320亿美元的股利。与之形成对比的是，IBM同期研发开支为820亿美元，资本支出为180亿美元。

2007年，IBM宣告了一项将在2010年提升每股收益至10美元的计划，这一目标将通过结合利润提升、收购、增长以及股票回购等方式实现。2010年，公司将目标提高为到2015年实现每股20美元的收益，至少1/3的每股收益增长将来自股票回购。

看图 6-16，你认为国际商业机器公司在此期间使用股票回

图 6-16 IBM 股价与标准普尔 500 指数的对比（2010—2018）

购方式的优缺点分别是什么？

鉴于 IBM 股票在后续的表现以及云计算的兴起，很难不去怀疑公司是否错过了投资机会以及股票回购的时机选择是否恰当。

理论联系实际

渤健公司对Convergence制药的收购——整合的风险

2015 年 1 月，渤健公司宣告对 Convergence 制药的收购。Convergence 制药是一家专注于研发治疗神经性疼痛的药物疗法的小型生物公司，总部位于英国剑桥。葛兰素史克——制药行业的头部玩家之一——决定放弃对疼痛药物疗法的优先投入，剥离了 Convergence 制药，给了这家小公司一笔种子基金继续它的研究。与此同时，渤健公司开始将治疗神经性疼痛的疗法和药物研究放在优先位置，并试图寻找并购机会。

在一次论坛活动上，渤健公司的一位科学家了解到 Convergence 制药和它对一种使人虚弱的面部疼痛——三叉神经痛的疗法研究。当时 Convergence 制药展示的是他们的临床二期数据，从那组数据来看，公司的新药已经接近成功。

对于这样的小规模并购，渤健公司从分析科学原理开始，然后评估疗法推向市场的可能性以及确认该项疗法是否受到专利保护。紧接着，财务专业人员开始介入。他们从销售和市场入手，考虑开发成本，开始形成计算净现值模型的数据基础。他们考察了各个维度的产出，来判断这到底是不是一项值得推进的并购项目。

你如何在并购的估值中包含一项新药品的技术风险？潜在的协同效应是如何影响你的初始和最终报价的？

在进行估值时，你应该通过构建不同的情景假设为技术风险建模。基于这些假设情景发生的可能性（这些情景应该涵盖从技术彻底失败毫无价值到取得巨大成功等多种场景），你可以对这些情景的产出进行加权平均以得到最终的期望价值。

你还可能想要计算出标的公司本身的价值和能够为公司提供的附加价值。当报价时，包含了附加值的期望价值应该是你的最高报价，你可以将初始报价设定在仅考虑目标公司自身独立的价值上。

Convergence 制药是被渤健公司前任 CFO 保罗·克兰西称为“单一分子产品”的公司，即一项疗法仅针对单一疾病。由于这项产品的用途实在太过狭窄，风险极高，因此渤健公司力求转移部分风险。Convergence 制药是一家急需更多资金的小公司，渤健公司决定向它提供刚好覆盖其支出的现金，作为回报，渤健公司分享 Convergence 制药一定比例的未来收益。这样，渤健公司和 Convergence 制药共担风险，因此有了合作基础。

如果使用了或有价值权利（CVR）工具，卖方的收益取决于未来，比如药品销售业绩或收购标的公司的业绩等。或有价值权利是如何重新分配渤健公司和 Convergence 这项交易中的风险的？为什么克兰西想要使用它？

相对于整体收购而言，通过使用或有价值权利，渤健公司将部分风险转移给了卖方。这个转移行得通，原因有几点。当面对一个或有价值权利提议时，只有非常有信心的卖方才会愿意接受，因此这项工具本身就会筛掉对未来没有坚定信心的卖方。此外，渤健公司保证，如果该技术未能获得成功，那么它不会浪费更多的资金。最后，或有价值权利会激励卖方更加努力地工作以保证药品最后得以成功。或有价值权利在这个案例中解决了深层次的信息不对称问题——Convergence 制药比渤健公司更清楚这个单一分子的价值，从而在交易中心占据优势地位。

收购完成后，渤健公司进入整合阶段。问题出现了：Convergence 制药应该继续留在英国还是搬迁到美国？一开始，渤健公司决定让 Convergence 制药留在原地。如果它变成了一项有市场前景的项目，就重新考虑。渤健公司认为将 Convergence 制药团队留在英国有助于维持团队的创业精神。

如果渤健公司决定整合 Convergence 制药，那么它会面临哪些挑战？

挑战非常多：

• 开发这项疗法的科学家们可能并不想搬到波士顿，如果强制执行，这可能导致专业人员流失以至无法继续开展研发工作。

• 如果 Convergence 制药团队不再独立，那么文化冲突可能会阻碍整合进程。

• Convergence 制药团队成员希望作为独立的整体继续努力工作，并获得成功。但如果完全整合，那么这个团队的活力可能会丧失。

最终，渤健公司让 Convergence 制药在两年内保持独立，直到公司关停了 Convergence 制药的原始设施，将它的药物研发和生产部门搬到其他地方。

喜力在埃塞俄比亚——在其他国家扩张的风险

与渤健一样，喜力也是一家经常通过并购来扩大版图的大型公司，它也试图开辟其他国家的新市场。2012 年，作为非洲市场拓展计划的一部分，喜力购买了埃塞俄比亚的两家公司。喜力认为埃塞俄比亚经济增长迅速，年轻人口多，而且啤酒消费比例相对较低，因此值得投入。

除了收购公司需要考虑的通用因素，在其他国家进行收购需要考虑的财务因素有哪些？

境外收购有一些潜在风险，包括：

• 外币敞口风险。收入是以业务所在地的货币计价的，因此在将当地货币转换为本国货币时，当地货币价值的变动可能会对公司整体现金流产生影响。

• 交易协议或税收相关的风险。

• 由于不同文化的消费者口味不同，实际实现的收入可能低于预期的风险。

- 所在国的政治风险。存在政府在未来建设国有啤酒厂的可能性。

当公司在新进入的国家开始运营时，物流可能是个大问题。像喜力这样的大公司有物流专家和谈判专家，从而可以得出最佳成本估计。但是物流成本可能会对财务预测造成巨大影响。比如，从轮船上卸货需要支付卸货费用；如果你没能及时将货物装载到卡车上，供应商将对你的延迟按天收费。这些额外的成本可能使实际结果与预测值产生偏差。

在类似于非洲这样的新兴市场，经常会产生意料之外的成本，比如物流成本。你如何将这些问题反映在拟收购项目的初始净现值中?

如同评估新药推向市场的风险一样，你可以使用情景分析，分析最差情景出现的可能性。要正确分析这些情景，你需要深入研究标的公司和其所在的国家。这些结合了各自情景得出的加权平均值，就是你可以得到的在不确定的环境下的最佳估值。

你认为一项境外并购为公司整合带来了哪些挑战?

文化差异的可能性会更高，不仅仅是业务和工作层面的差异，更是国家文化的差异。协同效应会比预期更难实现。比如，如果存在语言障碍，那么你不可能整合一个 IT（互联网技术）呼叫中心。此外，要整合一家远在数千英里之外的公司本身就困难重重。当地管理层可能并不想合作，甚至可能拒绝你的改变。将这些潜在的问题都包含在情景假设中对做出正确决策至关重要。

. . . .

真实世界观点

喜力公司 CFO 劳伦斯·德布鲁评论道：

没有什么比把两个组织强行拼凑在一起更糟糕的事情了。你对他们说："我们将充分利用两个世界的优势，我们慢慢来选择 ERP 系统，来看看能利用 IT 做些什么。"员工会因此丧失工作的动力，也不知道他们到底应该做什么。让员工清楚自己的上级还没有被任命为未来的老板比让他们摸不着头脑更好一些。这样他们可以做出明确的选择——"是留下来，还是离开？如果留下来，我有足够的动力工作吗？我应该留下来与新任领导一起工作吗？"你需要知道。对这些问题予以明确的时间越早，你的业务和员工走上正轨的速度越快。

. . . .

渤健的股票回购

2015 年之前，渤健公司一直保持增速为 20% ~ 40% 的直线型增长。受益于治疗多发性硬化症的富马酸二甲酯缓释胶囊的成功，渤健公司的业务规模扩展了近一倍。由于公司正在积累现金而且未来前景将依然强劲，投资者迫切地想知道公司要利用多余的现金做什么。

2015年，保罗·克兰西与董事会开会，并得到了一项规模为50亿美元的股票回购计划的授权，公司准备在未来很长一段时间内持续实施该计划。当董事会批准这项计划时，公司股价非常高，在350～400美元之间波动，因此公司决定推迟实施该计划。

几个月后，随着富马酸二甲酯缓释胶囊的增长开始平稳，公司股价下滑到250美元左右。根据克兰西的估算结果，市场定价出错了，对公司低估了20%。按照克兰西的说法，公司当前正在“进行一系列外延式和内生式投资，这些投资都将在未来几年开花结果”。

在对渤健公司进行估值时，与分析师和投资者相比，克兰西对自己公司估值的方法有哪些优点和缺点?

与外部投资者不同，克兰西对公司和药品的未来前景了解得更清楚。但缺点在于他缺乏外部视角，他作为内部人士的观点可能有失偏颇。由于股价下跌，克兰西及其团队决定立刻出手，迅速落实股票回购计划。

在短期内实施股票回购计划的主要优势是什么?（提示：想想信号理论。）

好处在于公司可以传递关于股价被低估的强烈信号。有规律地进行股票回购只能说明股票回购是公司的常规现金分配政策，而迅速回购大量股票则会立刻释放公司认为股价被低估的信号。图6-17显示了渤健公司自2015年以来的股票回购项目，包括数量以及公司的股价表现。

直到2017年6月，渤健公司股价一直低于300美元，而一项关于治疗阿尔茨海默病疗法的消息一经公告，公司股价立刻飙升至350美元。

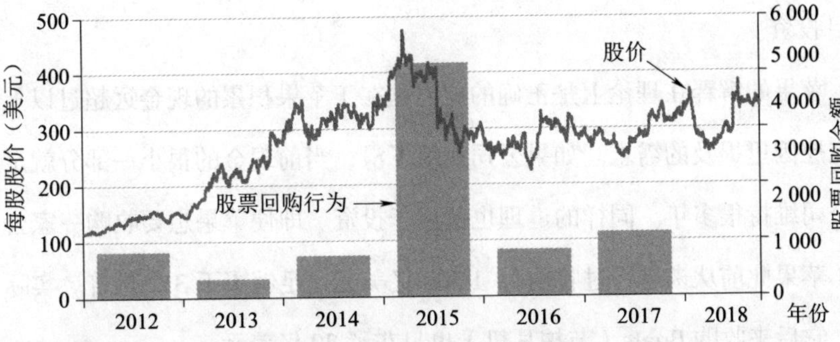

图6-17 渤健公司的股票回购项目与股价表现对比（2012—2018）

你认为公司的股票回购成功吗？为什么？

渤健公司合计进行了规模达54.6亿美元的股票回购，回购的平均股价为303.66美元。2018年年末，渤健公司的股价是325美元。

苹果股东的抗议

激进型投资者越来越多地向管理层施压，要求他们认真审视资本配置决策。2012年，正当苹果在产品市场攻城略地之际，它的股东们发起了抗议。当时，苹果持有的现金总额超过1 300亿美元。苹果股票的市值为5 600亿美元，这意味着公司的价值是4 300亿美元（市值减去盈余现金）。由戴维·艾因霍恩和卡尔·伊坎为首的投资者们决定抗议。

在艾因霍恩和伊坎的观点里，苹果正在扮演银行的角色，但是苹果的现金却以零息进行储存。他们要求苹果分配部分现金。苹果出于两个原因拒绝了提议。首先，全球经济环境尚不稳定，现金是抵御未来可能出现的困境的必要手段。其次，公司保留现金以应对未来可能进行的新项目投资。

苹果的解释在理论上是正确的。问题在于苹果积累的现金远超过以上两点原因里提及的需求。如果公司业绩下滑，当前现金的很小一部分就足够公司维持很多年。同样的道理也适用于投资。即便苹果想要收购一家公司（苹果此前从未进行过收购），1 300 亿美元也足够买下 3 个惠普。实际上，它后来收购 Beats（节拍耳机）也只花了 30 亿美元。

其实苹果拒绝分红和股票回购另有原因。苹果的大部分现金都在爱尔兰，将这部分现金转回美国境内可能要面临高额的课税，这是苹果不希望承担的成本。要避免这个问题，艾因霍恩提出了他称为“iPref”的方案。艾因霍恩认为，苹果当前的股价为每股 450 美元，每股收益为 45 美元，市盈率为 10 倍。艾因霍恩建议拿出每股收益中的 10 美元以 iPref 分红的方式分配给股东。具体来说，股东所持有的每一股苹果普通股都将得到 5 份 iPref 分红，分红金额为每份每年 2 美元。实际上，艾因霍恩是将 45 美元的每股收益分割成与普通股相联系的 35 美元收益和与 iPref 分红相联系的 10 美元收益。

为什么要搞得这么麻烦？根据艾因霍恩的说法，这会释放大量价值。新的普通股依然适用 10 倍市盈率，价值为 350 美元。由于现金位于爱尔兰，新的 iPref 将被视为一项安全债券进行估值，投资者们对每年 4% 的收益率应该会满意。4% 的收益率意味着每 5 份 iPref 的价值为 250 美元（250 美元 ×4%=10 美元）。也就是说，iPref 的估值倍数是 25 倍，也就是 4% 的年收益率。因此，之前每股价值 450 美元的普通股被分割为两部分，合计的价值变成了 600 美元（250 美元 +350 美元）。

艾因霍恩是如何利用这套金融工程手段凭空创造出每股 150 美元的？这个计划的问题在什么地方？价值中性的观点出错了吗？

艾因霍恩认为通过将 45 美元收益拆分为 35 美元收益的普通股和 10 美元收益的 iPref，价值就会跃升。他是如何做到的？问题的关键就在于他想当然地假设 iPref 的价值倍数是 25 倍，新普通股的市盈率仍然是 10 倍。

哪个假设有问题，25 倍还是 10 倍？首先，25 倍的假设看起来是有问题的，但其实考虑到普通债券的安全性和收益支付周期，它实际上很合理。问题出在普通股的市盈率依然会保持 10 倍的假设身上。这其实是说，原有普通股产生的 45 美元收益要与新普通股产生的 35 美元收益被同等对待。

但是这两笔收益可能一样吗？由于 iPref 在苹果资本结构中占据了一席之地，新普通股实际上比原有普通股的风险更高。也就是说，艾因霍恩认为你并不在意风险。你会为新普通股支付同样的价格，即 10 倍，正如之前一样。这实际上是假设你不会为自己承担的额外风险要求额外的收益。这个假设实在可疑。普通股的市盈率会降低，因为投资者会针对自身承担的更高风险要求更高的收益（见图 4–14）。

假设你是苹果公司。艾因霍恩创造了 iPref 进行抗议，你的股东要求你必须做点儿什么。即便你知道无法达到艾因霍恩的预期，你也会同意 iPref 的想法吗？你会试着向你的股东们解释他的计算是不可信的吗？你会分配股利，还是会回购股票？

尽管艾因霍恩的逻辑不太可靠，苹果实际上还是让步了，它还实施了有史以来最大规模的股票回购计划，并且逐步提高分红比例。它承诺到 2015 年年底将分配超过 1 000 亿美元的现金。在同意分配现金的同一时间，苹果借入了 200 亿美元。为什么坐拥巨额现金的同时还要借入现金？其中一个原因可能是它要避免从爱尔兰调回资金以减少税费。这个模式一直在持续。2018 年，苹果的债务规模约为 1 150 亿美元，通过回购股票分配了 2 900 亿美元，账面现金规模为 2 800 亿美元。它向股东分配现金的主要来源是债务。

随着时间的流逝，尤其在宣告分配现金后，苹果的股价上升了很多，股票也进行了拆分。艾因霍恩的逻辑是错误的，他很可能也清楚这一点。但是他成功地为苹果的现金难题点燃了指路明灯。苹果管理层最终表态："好的，我们会分配这些现金，沿着资本配置树的分配枝节走下去。"

小测验

注意：有些问题的正确答案可能不止一个。

1. 2017 年 2 月 14 日，瑚玛娜公司公告了一项规模为 20 亿美元的股票回购计划，其中 15 亿美元将在 2017 年第一季度加速执行。一经公告，公司股价立即从205美元上涨到207美元。以下哪一项是公告回购计划后股价立刻上涨的原因？

A. 信号传递效应　　B. 反稀释

C. 价值创造　　D. 税的影响

2. 2016年9月，拜耳宣布以660亿美元收购孟山都，以下哪一项是拜耳在完成收购后需要考虑的内容？（选择全部你认为正确的选项）

A. 尽职调查　　B. 协同效应的实现

C. 文化整合　　D. 确定终值增长率

3. 你的公司有100万美元的自由现金流，现在正在内生式增长机会、分红和股票回购之间选择资本配置方案。公司内生式增长机会需要投入100万美元，净现值为230万美元；或者公司可以向持有全部100万股股票的股东每股分配1美元的股利；或者公司可以以每股10美元的价格回购10万股股票。你的公司应做何种选择？

A. 将100万美元投入内生式增长机会

B. 将100万美元用于向股东分红

C. 通过股票回购的方式向股东分配现金

D. 每股分配0.5美元，用剩下的50万美元购买5万股股票

4. 从财务视角看，有关多元化企业的说法哪一个是正确的？

A. 他们可以获得有价值的分散化收益，为股东创造价值

B. 他们有能力进行横向整合，获得价格控制权

C. 对多个行业的广泛经验会使他们得到更高的估值

D. 股东可以自己进行分散化投资，不需要公司替他们做这件事情

5. 2016 年 10 月，微软宣告了一项规模为 400 亿美元的股票回购计划。以下哪一项是股东更喜欢股票回购而非分红的原因呢？（选择全部你认为正确的选项）

A. 股票回购适用的税率比分红更低（适用资本利得税率而不是收入所得税率）

B. 股票回购释放出公司认为股价被低估的信号

C. 分红稀释了现有股票的价值

D. 分红会降低公司的现金水平从而毁灭价值

6. 以下哪一个估值技术减少了在并购中支付过高价格的风险？

A. 信号传递

B. 文化整合

C. 最大化协同效应的估值

D. 情景分析

7. 2016 年，加拿大的公司发行了有史以来最大规模的股份，为什么发行股份通常会导致股价下跌？

A. 稀释效应

B. 信号传递效应

C. 发行股票总是会毁灭价值

D. 投资者们喜欢公司通过发行股票筹集的资金进行回购

8. 为什么一个不负责任的 CEO 可能选择回购股票？（选择全部你认为正确的选项）

A. 提升每股收益水平以达到目标

B. 传达错误的信号，让股东们误以为 CEO 认为股价被低估

C. 股利分配和股票回购适用的税率不同

D. 股利分配被证券交易委员会监管，而股票回购行为不被劳工部监管

9. 以下哪一项是创造价值的？

A. 净现值为正的项目

B. 股利分配

C. 股票回购

D. 以上都不是

10. 以下哪一项是一个收购项目会失败的原因？（选择全部你认为正确的选项）

A. 协同效应未实现

B. 为收购标的支付了过高的对价

C. 文化冲突

D. 资本成本不同

本章总结

资本配置越来越成为管理者的核心任务。糟糕的资本配置决策（比如计划不周的兼并或时机不对的回购等）可能带来的价值毁灭的规模，会让其他管理决策黯然失色。图 6-18 的资本配置树对资本配置的机会和陷阱进行了总结。

资本配置的核心驱动力与其他任何决策一样，应该是对价值创造的追逐。以低价回购股票不是在创造价值，而是对价值进行重新分配。如果你能接触创造价值的机会，那么重要的决策内容是选择内生式增长还是外延式增长。这个三岔口实际上潜伏着危险——“并购速度更快”以及“考虑协同效应”等传统逻辑通常会让人们误入歧途。

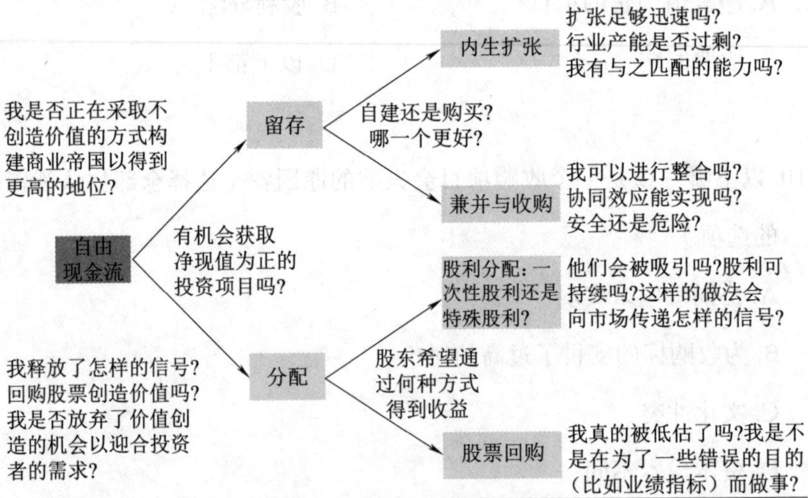

图 6-18 资本配置决策总结

另一条分配现金的岔路上也同样埋伏着很多谬误。请记住，无论是来自公司内部还是外部的现金都一样——价值从资产负债表的资产端产生，而不是来自融资决策。这些选择只有在市场不完美的情况下才对公司价值产生影响，比如税率差异和信息不对称等。在这条岔路上，思考决策的信号传递效应、代理成本以及税率影响是非常重要的。使用多元化的分配策略和使用特殊股利可能产生尤为强大的作用。

结论

恭喜你！我希望你发现跟随本书学习的过程是自发的、严谨的、充满乐趣的。我希望你已经对各种金融工具不再陌生，比如现金流折现法、比率分析以及倍数法等，也理解了金融领域的重要概念。以下是一些对重要观点的总结以及送给你的继续探索金融世界的建议。

- 资本市场和金融是关于信息和激励的，而非货币。金融的核心要义就是试图解决现代资本主义潜藏在最深处的问题——委托代理问题，或者叫所有权和控制权相分离的问题。
- 资本配置是 CFO 和 CEO 面临的最重要的财务难题。何时对现金进行分配或再投资，选择内生式增长还是外延式增长，通过股票回购还是分红的方式分配现金等问题既可能创造巨大的价值，也可能引起价值毁灭。
- 所有的价值都来源于未来，今天的价值反映的是对未来价值创造的预期。价值创造只来源于资本收益长期超过资本成本，以及将现金流进行再投资以获取高收益。

- 净资产收益率是衡量业绩的重要方法，这些收益是由盈利能力、营运效率和杠杆驱动的。分析财务表现需要可比的和相对的框架；不参考其他对象也不考虑行业和时间动态，任何数字都是没有意义的。
- 盈利能力的概念是不完整而且有问题的，因为它忽略了现金的概念。经济收益用现金衡量是更准确的；有很多种衡量现金的方法——息税折旧摊销前利润、经营性现金流以及应用最广泛的自由现金流。
- 估值是一项艺术而非科学。它是披着科学外衣的艺术，但是它最重要的部分是主观的而且容易出错的。一定要注意估值过程中隐藏的偏差，尤其是协同效应的诱惑以及建议者的动机。
- 收益应该与风险相匹配，风险应该在分散化投资组合的背景下讨论。超额收益是很难实现的，也很难确定你是否真的实现了超额收益。
- 公司管理层扮演了为资本提供者管理资本的角色。延迟获得收益必须与相应的回报相关联，以对资本所有者承担的风险进行补偿。
- 将现金返还给股东以及其他各种各样的财务决策本身不会创造或毁灭价值。这些决策之所以重要，是由于管理者和资本市场之间存在信息不对称问题以及其他缺陷。

接下来的计划

我希望你把这本书作为学习的开始而不是结束。有了在这里学到的工具和技能，你可以开启理解金融世界的终身学习之路。只要你按照以下步骤思考，价值创造的方法就会一直为你所用：

- **首先，利用好你的宝贵时间。**选择一组想研究的公司，追踪它们的财务业绩，参加他们的电话会议，利用财经媒体。与你们公司的财务经理坐下来讨论财务问题。
- **其次，保持成长。**让这些概念成为你进一步学习金融知识的基础。向其他人讲授你学到的内容。试着与你的亲友一起做一做第1章的练习。检验一下你从事财务工作的朋友们是否真正理解他们使用的语言。
- **最后，继续坚持。**学习金融是毕生的工作，你投入的时间和精力越多，收获的成果越丰厚。

答案

1

1 C：杠杆也会放大亏损，因为它增加了公司承担的风险。杠杆既会放大收益又会放大损失，并且增加整体风险。从积极方面来看，这种放大效应可以增加利润；但是在净利润为负的情况下，杠杆会增加损失程度。

2 B：稳定可预期的行业里具有稳定现金流的公司。由于杠杆增加风险，最可能增加杠杆的公司是那些商业模式本身风险最低的公司。新兴行业的公司通常风险比较高，财务风险会加剧经营风险。

3 D：优先股股息率必须是偶数（比如2%、4%等）。优先股是权益的一种形式，因此代表了公司的所有权。然而，它在公司破产时是“优先”的，优先股股东在普通股股东之前得到偿付，在分红时，也必须优先于普通股股东得到分配。

4 A：吉列德科学公司自行研发的丙肝疗法——一项能带来高额收益的专利。专利是一种知识产权，通常并不作为资产体现在资产负债表上，除非研发主体被另外一家公司收购。在这种情况下，它可能会作为商誉资产的一部分体现出来。现金账户里的资产（比如D选项里描述的）属于现金资产；建筑物属于固定资产，应收其他公司的款项属于应收账款资产。

5 A：赛百味，快餐连锁公司。存货周转率衡量的是一家公司每年全部出售存货的次数。售卖食品的公司，比如杂货店或快餐连锁公司，通常很快会出清存货，因此存货周转率比较高。由于杂货店通常还销售非食物货品（比如灯泡和纸巾等），因此快餐连锁公司最可能有最高的存货周转率。书店的书可以布置在书架上很久而无须考虑变质等问题，航空公司通常没有实体存货。

6 B：较短的应收账款回收期。零售公司的应收账款回收期通常比较短，因为绝大多数顾客都会在购买商品时直接支付现金。应收账款回收期是判断一家公司的客户主体是企业还是个人的好方法（企业客户为主体对应着较长的应收账款回收期，个人客户则刚好相反）。净资产收益率、存货周转率以及债务水平都在很大程度上被所出售商品的类型影响，在所有零售商之间，这些商品构成都不可能是相同的。

7 D：美国钢铁公司，钢铁制造商。对于需要向必和必拓付款的公司来说，它必须定期采购这家矿业公司的产品——需要进一步加工的原矿石。必和必拓可能对美国银行负有债务，对矿业招聘机构和西斯科有欠款（它们可能是必和必拓应付账款的一部分），在4个选项中，只有炼钢的美国钢铁公司最有可能欠必和必拓的货款（构成必和必拓的应收账款）。

8 B：供应商。流动比率衡量的是一家公司的流动资产支付流动负债的能力。换句话说，它度量的是公司支付其账单的能力。尽管4个选项的主体都对公司的流动比率感兴趣，但最感兴趣的可能是供应商，因为他们是给公司开账单的主体。

9 B：错误。尽管高净资产收益率是令人向往的，但它并不总是一件好事情——构成净资产收益率的因素会帮我们判断净资产收益率水平到底是可持续的，还是建立在毁灭公司价值的基础上的。添柏岚的案例就说明净资产收益率可能是由高杠杆水平而不是真实的盈利能力支撑的。

10 A：债务有明确的利率。债务之所以是一项特殊的负债，是因为它有明确的利率。与权益不同，单纯的债权人对公司剩余价值没有索取权，而权益所有者则享有剩余索取权。债务可以是欠任何向公司借款的主体（比如银行）的款项，而不仅仅局限于供应商。

2

1 B：增加销售额。资金缺口的计算公式为存货周转天数 + 应收账款回收期 − 应付账款账期。你可以通过减少存货周转天数、缩短应收账款回收期或延长应付账款账期的方式缩小资金缺口。尽管增加销售额会增加你的营运资本需求，进而增加需要融资的总额，但不会影响资金缺口，因为资金缺口是以天数进行衡量的。

2 ABD：A. 构成经济收益的内容（是净利润还是自由现金流）；B. 资产的计量方式（是历史成本还是未来现金流）；D. 对权益进行估值的方式（是账面价值还是市场价值）。财务和会计的分歧在于经济收益、资产计量、权益的估值。财务和会计的相同之处在于二者都认为存货应该反映在资产负债表上。

3 BC：B. 4 亿美元；C. 5 亿美元 。公司应该投资现值大于投资成本的项目，换言之，它们应该投资净现值大于 0 的项目。在本例中，只有 4 亿美元和 5 亿美元的现值超过了 3.5 亿美元的投资成本。

4 B：23 万美元。要想确定一项投资的现值，应该将与投资相联系的全部经折现的现金流加总。在本例中，折现现金流合计为 48 万美元（9 万 +8 万 +7 万 +6 万 +18 万）。投资的净现值是它的现值减掉成本，即 23 万美元（48 万 – 25 万）。

5 C：折旧并不是现金开支。折旧并不产生现金流出，但的确会减少净利润。因此，着眼于现金的经济收益指标，必须把折旧与摊销加回来。

6 A：脸书从业务中获取的未来现金流经折现后的现值加总，扣除现金和债务差额后所得的价值，除以股本总额后，每股脸书股票的价值为 150 美元。任何有能力做投资的人都应选择净现值大于零的投资项目。对于公开市场的股票来说，其价格应该使净现值为 0，即股票未来给投资者创造的现金流的现值刚好等于当前股价。脸书的股票如果在 150 美元的价格水平交易，就意味着投资者认为脸书股票为投资者创造的所有未来现金流的现值刚好是 150 美元。

7 B：52天。资金缺口的计算公式为存货周转天数＋应收账款回收期－应付账款账期。对于美国钢铁公司来说，它产生的资金缺口为52天（68天+33天－49天）。

8 C：2%。如果你提早支付，你的资金缺口就会扩大，现在，如果不接受这笔2%的折扣，你需要从银行贷款以满足这部分资金需求。因此供应商提出的2%的折扣实际上向你提供了一笔隐含利率为2%的为期20天的贷款。

9 B：不应该关停，因为现值仍有0.5亿美元。在财务领域，沉没成本对决策并没有影响，因此投资的初始成本与原计划的现金流情况已与后续决策无关。只有当下的情况才有意义。在本例中，投资的成本现在是0（因为在过去已经支付过了），该投资的现值为0.5亿美元，大于0，因此公司应该选择继续运营而不是关停。

10 B：自由现金流是针对全部资本提供者而言的扣除了所得税的现金流。自由现金流是针对全体资本提供者而言的扣除了所得税的现金流——同时包括债务和权益。它们用以下公式计算：

自由现金流＝息前税后利润＋折旧与摊销 ± 营运资本变动额－资本支出

3

1 A：买入通用汽车，做空福特汽车。当构建一个对冲组合时，你应该找到两家类似的公司，买入（做多）你认为会表现得更好的股票，同时卖出（做空）你认为表现得相对较差的股票。在本例中，这意味着你要买入（做多）通用汽车，卖出（做空）福特汽车。

2 B：相对于收益水平而言，它降低了你的投资组合的风险。分散化是利用增加投资组合中的股票种类来降低整体风险的过程。由于不同公司的表现路径不同，它们并非完全相关。因此分散化可以在不影响股票收益水平的情况下降低股票收益的波动性，从而有利于投资者。

3 D：投资者无法确认公司业绩未达预期是因为偶然或坏运气，还是因为公司正在面临更大的问题。公司股票可能因为公司未达到业绩预期而遭到抛售，因为投资者们并不确定业绩未达预期的真正原因是什么。由于投资者和管理层之间存在信息不对称，投资者们经常为盈利异常的原因做出最糟糕的猜测。2016 年 11 月，辉瑞制药报告了每股 61 美分的收益，未达到之前预测的每股 62 美分的收益。尽管仅相差 1 美分，辉瑞的股价在业绩公告当天还是下跌了约 3.5%。

4 A：拜耳公司，一家跨国化工和制药公司。当构建一个对冲组合时，你通常希望找到一个非常近似的可比的公司。在本例中，你应该将陶氏化学与另一家制药公司拜耳匹配在一起。分散化可以降低你的整体风险，但是它并不能将陶氏化学的风险精准区分并进行对冲。

5 B：分析师们不敢给一家公司“卖出”评级，因为目标公司以后可能不会把业务再交给他们的雇主。公司可能会通过将业务转移给其他机构的方式进行报复，而公司的业务是分析师雇主的主要收入来源。投资者投资于绩优股、养老基金投资于优质公司都是好动机的案例，当个人财富的大部分是股票期权时，CEO 们通常会选择降低风险，而且非常可能是过度降低风险。

6 C：卖方机构。大多数股票分析师受雇于卖方机构。卖方机构，比如投资银行，会雇用股票分析师为买方机构的投资客户提供分析意见，这可以吸引投资者将更多交易放在分析师所在的投行进行。

7 ABD：A. 分析师会努力工作以提供准确的估值；B. 排位较高的分析师可能甘做“群羊”，选择与其他分析师相近的估值结果，以保住自己的排位；D. 排名靠后的分析师会做出稀奇古怪、博人眼球的预测，一旦蒙对了结果，他们就会直接冲上榜单前列。由于分析师的薪酬与排位相关，因此他们会努力争取更高的排名。这可能会产生好的激励效果，比如更加努力地研究以提供准确的估值，但也会产生负激励，比如做一只“群羊”以保住自己的位置，或者做出稀奇古怪、博人眼球的预测以快速冲上榜单。人们发现，分析师群体的羊群行为会降低分析报告的质量，制造更多的盈利预测偏差，从而加剧信息不对称问题，最终导致更大的市场波动性。

8 C：卖方。IPO 是出售股票的一种方式。就其本身而言，它们是由卖方机构经营管理的。脸书 IPO 的最高市值达 1 040 亿美元，是互联网历史上最大的一笔，同时由三家投资银行（摩根士丹利、摩根大通和高盛）承销。

9 B：购买公司，提升公司业绩后将它出售给其他私人投资者或公开市场。私募股权行业在过去几十年里增长迅猛。麦肯锡的一份报告称，2017 年，私募股权管理的资产规模已增至 5 万亿美元。

10 D：委托代理问题。在本例中，房地产经纪人作为代理，并没有像出售自己的房屋那样对其他房屋所有人即委托人尽职尽责。迈克尔·阿诺德于1992年发表在《美国房地产和城市经济协会》杂志的一篇文章里分析了房地产经纪人薪酬结构的三种方式（固定比例佣金、固定价格和定价委托销售），他发现急于出售的卖家在给经纪人固定比例佣金（房地产经纪人根据成交价格收取佣金回报）的情况下会得到最满意的结果，而不急于出售的卖家在定价委托销售（卖方与经纪人事先约定固定售价，经纪人可以获得超过固定售价的部分）的情况下会得到最好的结果。

4

1 AB：A. 资本收益率超过资本成本；B. 将利润进行再投资以保持增长。价值创造有三个来源：资本收益超过资本成本；将利润进行再投资以实现增长；长期做到以上两点。每股收益是一个会计指标，并没有反映价值创造，而毛利，即销售收入减销售成本，并没有告诉我们营运费用是否与其相互抵消。

2 B：衡量股票随着整体市场变动程度的方法。在分散化可以无成本进行，大多数投资者垄断整个市场的情况下，衡量公司风险的相关指标是其股价表现与市场组合表现的相关性——贝塔系数。比如，如果苹果的贝塔系数为1.28，那么这意味着平均而言，当市场整体上涨10%时，苹果股价会上涨12.8%；当市场整体下跌10%时，苹果股价会下跌 12.8%。

3 C：分部 C。使用过高的贝塔系数会导致权益资本成本过高，最终导致资本成本过高。结果是被评估项目的现值过低，公司会选择避开这些项目。相反，使用过低的贝塔系数则会导致权益资本成本和资本成本过低、项目现值过高，致使公司过度投资。在本例中，使用 1.0 的贝塔系数对于分部 C 来说过低了，因此公司过度投资了该分部。

4 A：你的债权人会告诉你当前的借款成本。债权人会结合无风险利率和基于你公司风险状况确定的信用价差来确定债务资本成本（并不是将公司的流动比率乘以信用评级并加上无风险利率）。从加权平均资本成本中减掉权益资本成本来计算债务资本成本的方法是倒推过来的，但你是从债务资本成本出发来计算加权平均资本成本的，而不是相反的情况。

5 B：小于 1。当资本收益率低于资本成本时，市净率小于 1。在本例中，未来每一年度的自由现金流都被以比其增速（资本收益率）更高的折现率（资本成本）进行折现。在这样的情况下，公司的所有者应该考虑停止运营，因为公司在持续运营的过程中其实是在毁灭价值。

6 B：错误。在到达某一点之前，公司的确可以通过提高杠杆来增加利息费用，以享受税盾效应，实现价值的提升（前提是公司所在国家和地区允许利息费用税前抵扣）。但在到达临界点时，公司实现了最优资本结构；进一步加杠杆的话，公司财务困境风险的增速将超过节税收益。

7 B：无风险利率加上权益贝塔系数与市场风险溢价的乘积。根据资本资产定价模型，权益资本成本 = 无风险利率 + 贝塔系数 × 市场风险溢价。

8 A：有更高的权益资本成本。根据资本资产定价模型，权益资本成本 = 无风险利率 + 贝塔系数 × 市场风险溢价。更高的贝塔系数值会产生更高的权益资本成本。由于权益资本成本代表了股东期望从公司获取的收益，这意味着相对于贝塔系数较低的行业，股东期望从贝塔系数较高的行业获得更高的收益。

9 D：因为它们的资本收益高于资本成本，可以创造价值。正净现值项目的资本收益大于资本成本，正如我们在第 2 章里介绍的那样，净现值是衡量项目是否创造价值的一种方法。当所有的自由现金流用该方法加总后，只有项目资本收益大于资本成本，才会得到大于零的正数。

10 A：尽量多地把净利润再投资于公司。价值创造有三个来源：资本收益超过资本成本；将利润进行再投资以实现增长；长期做到以上两点。由于公司获取的资本收益已经超过其资本成本，在这种情况下，它应该尽可能多地把净利润再投资于公司，以创造最大的价值。

5

1 C：1 125 亿美元。当进行情景分析时，我们的目标是确定期望价值。期望价值是基于每种情形出现的可能性进行加权计算后得到的平均值。本题中，500 亿美元乘以 25% 的可能性，加上 1 000 亿美元乘以 50% 的可能性，加上 2 000 亿美元乘以 25% 的可能性，得到 1 125 亿美元的结果。这个结果就是你的最高出价，因为它是你预期这个公司的价值。如果你完全基于最佳情景报价，即便最佳情景出现，你的净现值也不过是零。

2 C：5 亿美元。你对公司的估值是 5 亿美元，认为协同效应的现值为 5 000 万美元，如果你想自己享用全部的协同效应，那你最多只能支付 5 亿美元的对价。如果你报价超过 5 亿美元，比如说 5.5 亿美元，那么你其实是把协同效应的收益转让给了伐木公司的股东。

3 A：市场认为百胜比温迪和麦当劳有更多的增长机会。市盈率是一个与永续增长年金公式相关的倍数。公式下方的分母项是折现率与增长率之差。因此，拥有更高市盈率的公司需要有很低的折现率或更高的增长率水平。尽管我们无法确定这些公司的确切价值，但只有百胜因为有更多的增长机会，所以更有可能有比其他两家更高的市盈率水平。

4 C：价值毁灭，财富从收购方转移至目标公司。你的公司损失了价值而你的标的方增加了价值，这意味着价值从收购方转移至标的方。标的方股东获得了 2 500 万美元的价值增量，而你的股东损失了相应的价值，因此这不是一个分配协同效应的案例，完全是价值的转移。并且，你失去的价值比标的增长的价值更多，这意味着价值毁灭。想象一下，如果两家公司合为一体，那么两家公司合计得到了 2 500 万美元，但损失了 5 000 万美元——减少的 2 500 万美元就是价值毁灭。

5 C：流动资产与流动负债之比。市盈率、企业价值与息税折旧摊销前利润之比、市值与息税折旧摊销前利润之比都是估值倍数。这些参数——股票价格、企业价值或市值等，都是价值的表达方式，因此这些倍数都是价值倍数。流动比率，即流动资产与流动负债之比并不代表价值。尽管它是一个有用的指标，尤其是对于公司的供应商而言，但它并不会为公司估值提供任何有用的信息。

6 C：折现率为 9%，增长率为 3%。企业价值与自由现金流之比可以等同于 $1/(r-g)$（因为该倍数乘以自由现金流就等于企业价值）。如果企业价值与自由现金流之比为 16.1，那么固特异的 $r-g$（折现率与增长率之差）等于 1/16.1，结果约为 6%，因此折现率减去增长率等于 6%。选项里只有 C 符合这个标准。

7 D：10 000 美元。使用永续增长年金公式，你可以计算这个教育机会的价值为 1 000 美元 /（13%–3%）=10 000 美元。这个价格就应该是你愿意付出的最大值。

8 D：内部收益率为 25% 的项目可能更好，但你需要进行现金流折现分析再进一步判断。内部收益率法的第一个准则就是永远不要投资内部收益率低于加权平均资本成本的项目。由于两个项目的内部收益率均比加权平均资本成本高，因此你需要进一步比较。然而，内部收益率法并不是衡量价值创造的好方法，仅凭内部收益率高低无法判断出究竟哪个项目可以创造更多的价值。内部收益率为 25% 的项目可能更高，但仍需要进行现金流折现分析才能给出正确答案。

9 ACD：A. 计算终值时使用的增长率过高；B. 基于行业水平选择增长率；C. 基于公司价值而非权益价值给出参考收购价格。在计算终值时如果使用了超过经济整体增速的永续增长率，就意味着这家公司最终要“统治”整个世界。在经济整体增速约为 2% ~ 4% 的环境里，选择 6% 作为永续增长率实在是太高了。此外，你的助理建议报价中包含协同效应，而这样做无疑是在把并购产生的全部价值转让给标的方而不是保留在你的公司。最后，他建议的价格并没有考虑 5 000 万美元的债务和 1 000 万美元现金的影响，这部分债务和现金实际上会导致权益价值比公司价值低。不过他做对了一件事情——基于行业情况选择了短期增长率，因为同行业公司的增长率情况大概率趋同。

10 A：净现值为 1 亿美元的项目。拥有正净现值的项目是能够创造价值的，因为在考虑了项目成本和资本成本后仍然有价值。投资回收期和内部收益率都存在一定问题，不能 100% 确定一个项目是否创造价值，因此我们不会选择这两个项目。现值是衡量项目价值的准确方式，但是不会告诉你一个项目是否创造了价值，因为它没有考虑初始投资成本（比如，如果该项目花费 2.5 亿美元，那么它是在毁灭价值）。

6

1 A：信号传递效应。回购股票并不创造价值，但它可能向市场传递了一个信号，即公司管理层认为当前股价被低估，因此这可能导致股价上涨。这个解释回到了信息不对称的问题上。如果了解信息的人认为当前股价值得投资，其他投资者就可能想要跟随。

2 BC：B. 协同效应的实现；C. 文化整合。收购完成后，尽职调查和准确的终值增长率不再重要，因为估值和报价已经完成；价款也应支付。文化整合和协同效应的实现却仍然是拜耳需要重点关注的问题。如果不给予适当的关注，收购产生的价值很可能达不到 660 亿美元的估值水平和交易价格。

3 A：将 100 万美元投入内生式增长机会。公司永远应投资于净现值为正的项目，因为它们为公司创造价值，而以分红或股票回购的形式分配现金本身无法创造价值。

4 D：股东可以自己进行分散化投资，不需要公司替他们做这件事情。金融的准则是，管理者不应该为股东做那些他们自己可以做到的事情。但在一些国家，多元化企业可能会克服劳动力、产品或资本市场的部分缺陷，从而创造价值。

5 AB：A. 股票回购适用的税率比分红更低（适用资本利得税率而不是收入所得税率）；B. 股票回购释放出公司认为股价被低估的信号。股东可能倾向于股票回购，因为出售股票适用的是税率较低的资本利得税，而分红适用的是税率较高的收入所得税；同时这个行为也向市场传递了管理层认为股价被低估的信号。分红本身并不稀释股份的现有价值，也不会毁灭价值——它是市场中性的。不同的股东群体可能倾向于选择不同的资本配置方案，这被称为“追随者效应”，公司会根据股东偏好选择相应的决策。

6 D：情景分析。出价是否过高是在并购报价前需要考虑的问题，情景分析让公司在出价前能够更准确地确定标的物价值。文化整合的问题出现在并购完成后，而在估值过程中对协同效应的最大化评估最可能导致出价过高的风险而不是降低该风险。

7 B：信号传递效应。发行股票是一项价值中性的行为，然而它经常造成股价下跌，这是由于信号传递效应的影响，投资者认为公司没有足够信心使用债务或内部融资方式投资项目。如果公司认为目标项目会创造价值，那么为什么不把这部分价值留给现有的资本提供者？由于信息不对称，股东们可能推论，公司引入新投资者是因为它们缺乏对价值创造的信心。

8 AB：A. 提升每股收益水平以达到目标；B. 传达错误的信号，让股东们误以为 CEO 认为股价被低估。股票回购会减少公司发行在外的股票数量从而导致每股收益增加（因为股票数量是分母）。一个不负责任的 CEO 可能通过回购以达成目标（可能是为了奖金）。同样，由于投资者将回购视为管理层释放的认为股价被低估的信号，一个不负责任的管理者可能利用这个假设操纵股价，寄希望于信号效应可以提振股价。

9 A：净现值为正的项目。股利分配和股票回购是价值中性的，只有净现值为正的项目才能够创造价值。尽管回购后，股价可能由于信号效应的影响而上涨，但这本身并不创造价值；它几乎不会向股东提供更多能够佐证公司价值可能比股东预期更高的实际有用的信息。

10 ABC：A. 协同效应未实现；B. 为收购标的支付了过高的对价；C. 文化冲突。一项收购可能会因为所有以上三种原因而失败。不同的资本成本应该在估值过程中被考虑，但无法用来判断收购的成功与否。

专有名词释义

应付账款（accounts payable）

一个负债类科目，列报的是因在采购商品或服务时享受账期而应付给供应方的款项。

应收账款（accounts receivable）

一个资产类科目，列报的是由于商品和服务交付而产生的客户在信用期内拖欠公司的款项。

权责发生制会计（accrual accounting）

由美国公认会计准则（GAAP）和国际财务报表准则（IFRS）规定的、大多数公司需要遵循的会计准则。是指凡当期已经实现的收入和已经发生的或应当负担的费用，不论款项是否收付，都应记为当期的收入或费用；凡不属于当期的收入和费用，即使款项已经在当期收付，都不作为当期收入和费用的一种会计规则。

收购（acquisition）

一家公司购买另一家公司或资产的过程。

主动管理型共同基金（active mutual funds）

共同基金的一个门类，主动管理型共同基金的基金经理可以主动选择投资的股票或资产品种。

激进型投资（activist investing）

要求获得上市公司相当一部分股票的一种投资策略，其目的在于变更公司的重要战略。

阿尔法系数（alpha）

是指在一定风险水平下，证券的实际收益率与预期收益率之间的差异。

摊销（amortization）

将一项无形资产的成本分摊到整个使用年限或允许年限的会计核算方法。也可以指借款人将货款或贷款分期偿还。

要价（ask）

出售某种证券或金融衍生工具时的报价。

资产周转率（asset turnover）

杜邦分析法中衡量营运效率的指标，是指一个企业一年的收入与该年度平均总资产的比值。

资产（assets）

企业或个人拥有或控制的、能够为其提供经济收益的资源，例如现金、厂房和设备。

信息不对称（asymmetric information）

是指参与同一笔交易的不同主体所掌握的信息不完全一致。在资本市场，这可能表现为公司、卖方或代理方相对于委托方的信息优势。

资产负债表（balance sheet）

反映在某一特定时间点上公司的资产、负债、所有者权益状况的一张财务报表。该报表反映了公司拥有和控制的资源以及为筹集资源所采取的融资方式。

破产（bankruptcy）

企业因无力支付各种债务而导致无法继续经营，因而需要解决这一困境的过程。

贝塔系数（beta）

衡量特定分散化组合中某项资产风险的方法，它衡量的是资产收益与市场整体收益水平之间的关系，是衡量系统性风险的指标。

出价（bid）

买方向卖方提出的购买货物的最高报价。

董事会（board of directors）

一个代表和保护股东权利的机构。董事通常通过选举产生，但在某些特殊情况下可以被直接任命。董事会是公司的最高管理机构，负责制订公司管理政策，监督公司运行并雇用权威人士或机构监督高管团队。

账面价值（book value）

一项资产的会计价值。由于遵从谨慎性原则并以历史成本计量，账面价值区别于资产的市场价值。

经纪商（brokers）

代表客户进行上市公司股票买入卖出交易的代理中介。

买方（buy side）

购买公司股票的一类机构投资者。它们通常从公众手中筹集资本，代表一个大群体购买并持有股票，比如共同基金。

并购（buyout）

参见“收购”。

资本配置（capital allocation）

自由现金流被配置使用的方式和过程；可能通过并购或内生式投资被用于发展新的商业项目，或者通过股利分配或股票回购的方式被分配给股东。

资本资产定价模型（capital asset pricing model，CAPM）

在分散化投资组合的前提下，对风险进行定价的框架。

资本支出（capital expenditures）

公司用于购买固定资产或其他长期资产的支出。

资本强度（capital intensity）

衡量为产出未来现金流所需要投入资本数量的相对指标，更高的资本强度意味着更高的资金需求量。

资本市场（capital markets）

权益和债务等金融工具进行买卖和交易的市场。从本质上来说，资本市场将资本提供者（投资者）与资本使用者（商业主体）匹配起来。

资本结构（capital structure）

一家公司融资总额中债务和权益所占的相对比例。

市值（capitalization）

一家公司权益和债务的总价值，通常指市场价值。

附带权益（carried interest）

为私募股权和对冲基金管理者提供的一项激励制度，他们可以根据为投资者创造的收益获取一定比例的报酬。

现金（cash）

一个资产科目，其中包括货币、支票以及现金等价物（存款或通常在 90 天内到期的短期投资）。

现金循环周期（cash conversion cycle）

衡量一项业务从支付供应商款项到能够从客户手中收到现金所消耗的时间，计算方法是将存货周转天数和应收账款回收天数相加，再减去应付账款周转天数。

现金分配（cash distribution）

现金通过股利分配或股票回购的方式被分配给股东。

现金流（cash flow）

衡量一项业务产生现金的指标；可能指的是息税折旧摊销前利润、经营性现金流或自由现金流。

筹资活动产生的现金流（cash flow from financing activities）

现金流量表的一部分，描述了公司融资的全部来源和使用情况。包括筹集或偿还债务本金（贷款、债券、本票）以及发行或回购股票。

投资活动产生的现金流（cash flow from investing activities）

现金流量表的一部分，描述了公司全部投资活动（比如收购和剥离资产）。包括对固定资产等实体资产的投资，也包括对其他公司进行股权投资。

经营活动产生的现金流（cash flow from operating activities）

现金流量表的一部分，描述了在公司运营过程中产生和消耗的现金。包括在产品或服务的销售过程中产生的现金，以及在制造产品或提供服务的过程中消耗的现金。

首席财务官（chief financial officer，CFO）

对公司所有财务交易和管理负责的高级管理人员。向 CEO 汇报并最终向董事会负责。

普通股（common stock）

代表公司所有权的最典型的股票或股份。尽管普通股有众多类别，但共同特征在于这些股份的所有权人通常有特定的权利，包括与持股比例相匹配的公司的利润分配权、选举董事会成员的权利以及对董事会提交给股东大会的提议进行表决的权利。

公司（company）

为获取利润而生产产品或提供服务，进行经营活动的法律主体。其法律结构因所有者权益和负债的不同而有所区别，通常有独资企业、合资企业、有限公司等类型。

利益冲突（conflict of interest）

个人的职业利益与公众利益相违背的情况。

多元化企业（conglomerate）

由若干业务不相关且独立运营但最终受同一方实际控制的主体组成的公司。

或有价值权利工具［contingent value right（CVR）instrument］

给予被收购公司股东的一项权利，该权利允许其选择持有更多的被收购公司股票或得到现金。

控制权溢价（control premium）

由于拥有公司控股权而产生的、超过当前公司股价的附加价值。

相关性（correlation）

衡量两个随机变量之间的线性关系（互相影响彼此变化程度）的方法。

成本会计（cost accounting）

准确计量公司生产成本的方法。

资本成本（cost of capital）

公司使用资本提供者提供的资本所需付出的成本。

债务资本成本（cost of debt）

公司举借债务所付出的成本，通常以借款利率的百分比的形式计量，也可以用货币形式的年化收益金额计量。

权益资本成本（cost of equity）

公司筹集权益资本所付出的成本，该成本并非明确给定的，通常以预期收益率（%）计量，也可以用货币形式的年化收益金额计量。

财务困境成本（cost of financial distress）

公司在财务困境时期承受的损失。比如人力资本流失，或供应商取消账期要求立即付款产生的损失等。

销售成本（cost of goods sold，COGS）

已经实现向客户销售的产品的存货成本，也称主营业务成本。

成本结构（cost structure）

对产品或服务的组成部分进行成本分析的框架，包括固定成本和可变成本。

信用价差（credit spread）

由于自身业务风险而导致的公司必须支付的高于无风险利率水平的利率差异或风险溢价。

流动资产（current assets）

现金以及预期一年以内（如果公司的经营周期超过一年，则在一个经营周期以内）可以转换成现金的其他资产。

流动负债（current liabilities）

负债科目中需要在一年以内（如果公司的经营周期超过一年，则在一个经营周期以内）解决或清偿的债务。

流动比率（current ratio）

衡量公司短期偿债能力的指标，是流动资产除以流动负债得到的比值。

存货周转天数（days inventory）

是现金循环周期的组成部分，是指企业从取得存货开始至存货消耗、销售完成为止所经历的天数。计算公式为销售成本除以平均存货，或 365/存货周转率。

债务（debt）

债务人对债权人负有的还本付息的金融义务。债务本金需到期或按约定计划偿还。如果公司遭遇财务困境或破产，债权人可优先于股东要求债务人进行偿付并控制债务人的资产。

养老金固定收益计划（defined benefit）

由雇主根据雇员的年龄、薪酬水平和工作年限来确定雇员退休后向其定期支付固定金额养老金的退休金计划，该种退休金计划的风险由雇主承担。

养老金固定缴款计划（defined contribution）

由雇主为在职的雇员建立养老金个人账户，资金由雇主和雇员定期按一定比例共同缴纳。个人账户的本金及投资收益全部归雇员所有。这种退休金计划的风险由雇员承担。

折旧（depreciation）

一种会计核算方法，是指固定资产等有形资产在持有或使用过程中因有形损耗等因素，其价值发生减少反映在会计账面上的情况。

折现率（discount rate）

计算未来现金流的现值时使用的百分比率。折现率应包含影响货币时间价值的因素，通常包括通货膨胀和风险溢价等。

折现（discounting）

把未来一系列现金流折算成现值的方法，折现率代表了与资本提供者相关的机会成本。

分散化（diversification）

将资金分散投资于不同公司及不同资产，而不是集中于某一项资产，从而避免投资者过多地受到特定风险的影响。

股利（dividend）

公司按照股东持股比例向股东分配的由公司经营产生的自由现金。

尽职调查（due diligence）

在达成任何协议以前，对项目整体进行全面调查的过程，调查内容包括价值、风险及对未来收益的预测等。

杜邦分析法（duPont framework）

是指通过把净资产收益率分解为三部分以考察净资产收益率的一种方法。这三个部分分别是盈利能力、运营效率和杠杆水平。

息税前利润（earnings before interest and taxes，EBIT）

净利润加上借款利息和所得税后得到的结果，也被称为经营利润。

息税折旧摊销前利润［earnings before interest, taxes, deprection and amortization（EBITDA）］

一种计算企业现金流的近似方法，不考虑非现金支出和融资成本对净利润的影响，通常是由息税前利润加上折旧与摊销得到的。

每股收益（earnings per share, EPS）

公司净利润除以流通在外的普通股数量所得到的值。

息税折旧摊销前利润率（EBITDA margin）

衡量盈利能力的一种方法，用息税折旧摊销前利润代替净利润作为分子除以收入，以强调公司对股东的现金贡献。

有效市场理论（efficient market theory）

是一种投资理论，该理论认为市场上证券价格能够快速反映有关证券的所有信息，投资者不可能持续获取超过市场基准水平的收益率。更具体来说，从该理论延伸出去的多种形式表述了市场在不同发展程度下的信息传递效率。

捐赠基金（endowment funds）

通常由大学、医院等非营利性机构管理的，为达成长期发展和投资业绩产出双重目标而设立的投资机构。

企业价值（enterprise value）

通过计算公司未来产生的全部现金流的净值得出的公司总价值。它等于公司市值加上债务市场价值减去公司的超额现金。

股票分析师（equity analyst）

为机构投资者提供上市公司研究服务的个人，他们通常受雇于投资银行。分析师评估股票的价值，并建议客户买入、卖出或持有股票。

股票发行（equity issuance）

公司发行代表所有权的股票以筹集现金的行为。

预期收益（expected return）

投资者在判断投资项目的风险后，期望在某项投资上得到的收益。

预期价值（expected values）

预期价值是一项资产或收购项目在各种可能情况下的收益乘以相应情况发生的概率的结果之和。

公司价值（firm value）

参见“企业价值”。

预测（forecasting）

使用可获取的数据和假设以建立起一套有关未来收入、费用和现金流等指标的预测。

自由现金流（free cash flow，FCF）

是指可以自由使用，无须用于运营和再投资，作为日常营业收付的现金流。自由现金流不考虑公司融资结构的影响。计算方式为：自由现金流 =（1－所得税率）× 息税前利润 + 折旧与摊销 － 资本支出 － 营运资本变动额。

商誉（goodwill）

由于收购其他公司而产生的无形资产的价值。商誉反映了收购价格超过被收购公司账面价值的部分。

毛利率（gross margin）

是衡量企业盈利能力的一种指标，指扣减了销售成本后的剩余收益占总收入的比例。计算方法是用当期毛利除以当期总收入。

永续增长年金（growing perpetuity）

类似年金（预计可以永远持续下去的一笔现金流），但以固定速率永远保持增长。

对冲基金（hedge funds）

是一种通常只向成熟投资者开放认购的投资基金。与普通共同基金相比，它们受到的监管较为宽松，因此可以利用杠杆并将大量头寸集中于少数投资标的身上，同时也可以采用做空的方式进行投资。

对冲（hedging）

一种投资策略，利用买卖方向相反的头寸组合以降低证券组合未来价值不确定性的风险。

激励（incentives）

为鼓励个人做好相应工作而向他们提供的收益。

利润表（income statement）

呈现一家公司在一段时期内盈利情况（收入减去成本费用）的财务报表。利润表展示了所有科目在这段时期的累计成果。

行业（industry）

由国民经济体系中众多从事相似业务、提供相似产品的公司组成的组织结构体系。

首次公开募股（initial public offering，IPO）

公司第一次在公开市场上发行销售证券并在证券交易所挂牌，由私有公司变成上市公司的过程。

外延式增长（inorganic growth）

通过收购其他公司整体或部分股权的形式获得的增长。

机构投资者（institutional investors）

从各类主体手中筹集资本并代表投资者对外投资的实体。

无形资产（intangible asset）

没有物理实体的资产（比如品牌、专利、版权等）。

整合（integration）

将两个公司合并为一个主体的过程。

利息保障倍数（interest coverage ratio）

通过评估公司盈利是否足以覆盖利息费用来衡量公司财务状况可持续性的指标。计算公式为息税前利润 / 利息费用或息税折旧摊销前利润 / 利息费用。该比率越高，公司支付利息费用的能力越强。

利率（interest rate）

由债务人承担的支付给债权人的收益率。在分析货币的时间价值时，可以等同于折现率来使用。

内部收益率（internal rate of return，IRR）

在计算净现值的公式中，使最终净现值等于 0 的折现率水平即为内部收益率。因此，如果内部收益率大于公司要求的最低收益率，那么该项目就值得投入。

存货（inventory）

是一项资产科目，包含了企业生产过程中使用的原材料或用于销售的产成品等内容的货币价值。存货的最终形式是待售的产成品。当销售完成后，存货成本被确认为销售成本，成为利润表上的一项支出。生产制造型企业的存货中包含了不同完工阶段的物品，比如原材料存货、在产品存货以及产成品存货等。

存货周转率（inventory turnover）

衡量企业管理存货效率水平的比率。计算方法是用一段时间内的销售成本除以该期间的平均存货成本，它代表了单位存货在一段时间内被出售了多少次。存货周转率 = 销售成本 / 平均存货成本。

投资银行（investment banks）

协助公司举借债务或发行权益以筹集资本，以及为公司提供并购咨询服务的金融机构。

投资者（investor）

将自有资本投入金融产品而参与资本市场投资的个人或实体。

准时生产（just-in-time）

最小化原材料、在产品、产成品等存货在公司体内留存时间的一种存货管理方法。换言之，是使存货周转率最大化的存货管理方式。

杠杆（leverage）

使用债务作为融资来源。在杠杆水平较高的公司的融资结构中，债务占比高于其他资金来源占比。

杠杆收购（leveraged buyout，LBO）

通过大量举债从公司现有股东手中收购股票的行为，目的通常在于将上市公司私有化。通过这种方式，仅用少量权益资本就能实现对大型公司控制权的购买。

杠杆资本重组（leveraged recapitalizations）

增加企业承担债务的同时向权益持有人分配现金的财务策略。

负债（liability）

公司承担的必须向其他主体支付现金的义务，这些主体包括银行、供应商、政府或雇员。该项义务也包括公司在未来需要向其他方提供的商品或服务。

流动性（liquidity）

是指资产转换成现金的速度和便利程度。举例来说，应收账款的流动性比存货更高，因为存货首先要售出，变成应收账款，然后经清收后才能够变成现金。因此应收账款比存货离现金更近，所以流动性更强。

市场效率（market efficiency）

市场有效率的概念是指所有可知的信息已经全部反映在股价中了。参见“有效市场理论”。

市场不完全性（market imperfections）

是指由于信息不对称、交易成本或税费等原因导致的现实情况与完美市场之间的偏离程度。

市场指数（market index）

衡量一个股票组合股价表现的指标。比如，标准普尔 500 指数衡量的是全美最大的 500 家上市公司的股价走势。

市场风险溢价（market risk premium）

投资者承担市场资产风险时所期望的超额收益。

市净率（market-to-book ratio）

公司市场价值与净资产的比值。

市场价值（market value）

一个公司或一项资产在公开市场出售时可得的价格。它通常与基于历史成本计量的账面价值有区别。

有价证券（marketable securities）

任何可以很容易转变成现金的证券。到期日通常在一年以内，可能包括存款单、国库券或其他货币市场证券。

到期日（maturity date）

债券本金偿付日，即债券权利与义务终结之日。

合并（merger）

两家公司结合成为单一主体的过程。

倍数法（multiples）

一种估值方法。将可比公司的价值与经营指标相除之后得到的比值，乘以被估值公司相应的经营数据，得到估值结果。

共同基金（mutual funds）

将众多个人投资者的资金集合在一支基金里，执行特定投资策略的基金。共同基金涵盖了投资特定行业的基金和广泛投资的指数基金。基金以净值定价，投资者按净值购买或出售共同基金份额。

净债务（net debt）

一个包含公司持有现金金额的杠杆指标，它将现金视为负债务。

净现值（net present value，NPV）

从某个项目的未来现金流现值中扣减初始投资额后得到的结果。净现值为正的项目可以被认定为有潜力的投资。

净利润（net profit）

一家公司的总盈利（或利润）。尽管净利润可能为负，但这并不总是意味着公司的财务状况堪忧。净利润是从收入中减去所有成本费用（包括现金和非现金）的结果。

应付票据（notes payable）

一项负债科目。记录将在短时间内到期并需要公司支付的负债。

经营利润（operating income）

参见“息税前利润”。

机会成本（opportunity cost）

是指为得到某项收益所放弃的其他机会的最大价值。

内生式增长（organic growth）

通过投资于公司内部项目产生的正现金流而获得的增长。

其他资产（other assets）

无法被归类于某一项特定资产科目（比如存货或应收账款）的资产。其他流动资产是不包括现金、证券、应收款项、存货及预收资产等资产且可以在一个经营周期（通常为一年）内转换成为现金的流动资产。其他非流动资产是指除长期资产（比如固定资产）以外的资产。

被动管理型共同基金（passive mutual funds）

仅投资标准普尔500等指数的共同基金，被动管理型共同基金不允许基金经理主动选股。

应付账款周期（payables period）

现金循环周期的组成部分，可衡量供应商给予公司推迟支付采购款项的等待期。

投资回收期（payback period）

项目、资产或公司开始运营后，产生的一系列正现金流补足初始投资款项所需要的时间，计算投资回收期时通常不考虑货币的时间价值。

养老基金（pension funds）

一种基金形式，其资金来源于机构组织为雇员养老而专门拨备的款项。养老基金在资本市场投资的目的不仅在于规模增长，还在于保证当前及未来现金流的可持续增长能力。

完美信息（perfect information）

每个市场参与者都可以获取相同信息的一种情况。

永续年金（perpetuity）

一笔恒定不变的、可以永远维持的固定金额的现金流。

优先股（preferred stock）

一种特殊的股票，与普通股在若干方面有所区别。比如优先股股东有优先获得股利的权利、投票权以及清算权等。

现值（present value）

以预先确定的折现率对一笔未来现金流进行折现得出该笔现金流当前价值的结果。

市盈率（price-to-earnings ratio）

一家公司的每股股价与每股收益之比。

委托代理问题（principal-agent problem）

由于代理人和委托人利益不完全一致、目标不一致以及信息不对称导致的问题。

谨慎性原则（principle of conservatism）

会计估计需要遵守的一项原则，会计应选择更谨慎而不是更乐观的估计。对于资产来说，它意味着要按孰低法确认价值，而对于负债，则按价值孰高确认。对于收入和所得，要在非常确定能进入公司体内时才予以确认；但对于费用和损失，它意味着只要有出现的可能性就要确认。

私募股权（private equity）

在非公开资本市场中向私人公司提供权益或债务投资的资本来源。其主体包括私募股权公司、风险资本公司和天使投资者。投资策略包括创业基金、企业成长基金、衰退公司转型、基金管理或杠杆收购等。

营运效率（productivity）

衡量任何形式商业活动的单位投入所能带来产出的一系列指标。比如单位员工每小时产出的收入或单位资产产生的收入等。

盈利能力（profitability）

用收入做分母，一个净值（即扣除部分或全部成本后剩余的值）做分子得到的一系列指标。典型净值包括毛利、经营利润及净利润等。

利润率（profit margin）

一个公司的经营利润或净利润与收入的比值。

财产、厂房和设备（property，plant and equipment，PP&E）

是指会计学上对固定资产的统称。反映公司在正常生产经营过程中直接或间接使用的有形资产价值的资产科目，其中包括土地、机器、建筑物、办公设备、汽车及其他价值较高的有形资产。总之，固定资产是指初始购置价格，固定资产净值反映的是扣除了资产累计折旧后的价值。

速动比率（quick ratio）

衡量企业偿付短期负债能力的指标，速动比率是比流动比率更严格的指标。计算方式是从流动资产中扣除存货后的值除以流动负债。

比率（ratio）

用将两个相关项相除得到的结果进行对比的方法。比如，总负债 / 总资产衡量了由债务融资支持的资产占比。

应收账款回收期（receivables collection period）

现金循环周期的一个组成部分，以天数计量公司从享受信用期的客户手中收回销售款的速度。

衰退（recession）

经济活动整体在较长时间内下降的情形。

收益（return）

从投资中获得的盈利和损失。

资产收益率（return on assets，ROA）

衡量一家公司在现有资产的基础上产生利润能力的指标。计算方法为净利润 / 总资产。

资本收益率（return on capital，ROC）

资本（债务和权益）提供者得到的收益除以总资本得到的比值。计算公式为息前税后利润 /（债务 + 权益）。也被称为普通股权益报酬率（ROCE）或投入资本收益率（ROIC）。

净资产收益率（return on equity，ROE）

所有权人基于其所投入的权益资本所获得的收益。计算方法为净利润除以在同一期间的平均权益总额。

收入（revenue）

从经营行为中获得的全部收益。

风险（risk）

风险是用于宽泛地描述大多数人出于风险规避的诉求竭力避免的产出波动性的术语。

无风险利率（risk-free rate）

当不存在任何违约风险时，借款人承担的利率水平。美国国库券的利率是最普遍使用的无风险利率标准。

融资轮次（rounds of funding）

创业公司依次发行权益以获取资金的次数。也被称作风险资本融资轮次。

情景分析（scenario analysis）

通过考虑各种可能发生的结果以及发生概率，分析项目未来产出的方法。

证券（security）

代表公司资产索取权的一种金融工具。

卖方（sell side）

买方的交易对手，包括创造和出售权益与债务等金融工具的所有相关方。投资银行家、交易员以及部分分析师都是卖方的组成部分。

股东权益（shareholders' equity）

属于企业股东所有的剩余资产所有权。在汇总企业所有资源（资产）并扣除全部第三方（如债权人和供应商）对资产的索偿权后，剩余资产即为股东权益。它包含两大因素：投入公司以换取所有权的权益资本和企业经营产生并留存在体内的收益。通常也被称为普通股、所有者权益、股票持有者权益、净资产或权益。

夏普比率（Sharpe ratio）

衡量承担单位风险所能获取的收益的指标，在此处风险通常被定义为收益率的标准差。

做空（short selling）

投资人借入股票，卖出之后在低价时重新购入，然后归还给出借方从而获得价差盈利的过程。该策略旨在从股价下跌的趋势中获利或出于对冲目的而进行。

信号效应理论（signaling）

通过股利分配或股票回购等金融交易向投资者或市场提供非直接信息

的理论。

主权财富基金（sovereign wealth funds）

由一个国家拥有的代表国民进行投资的基金，其资金通常来源于自然资源特殊使用权，比如石油收入等。该种基金的目标在于追求长期增长，从而为全体国民谋求未来保障。

现货市场（spot market）

指金融工具或商品可以即时交割的交易所或市场。与期货市场刚好相反，在期货市场中，买卖双方约定以某一价格成交但金融工具或商品在约定好的未来时刻进行交割。

现金流量表（statement of cash flows）

反映一个年度内现金净变化的财务报表。现金流量表分为三部分：经营活动产生的现金流、投资活动产生的现金流以及融资活动产生的现金流。

股票回购（stock buyback）

公司由管理层授意进行的在公开市场购买自己公司股票的行为，股票回购是公司资本配置策略的一部分。

股票期权（stock options）

以预先确定的价格在约定日期购买或出售股份的权利，持有者没有购买或出售的义务。

股票分割（stock split）

将现有股票拆分成新股票。原有的一股股票的价值被平均分配至被拆分的股份上。

沉没成本（sunk costs）

企业过去已经支付的成本，不应该成为任何决策的依据。

协同效应（synergies）

两家公司合并后产生的价值超出合并前单个公司市场价值之和的效应。

系统性风险（systematic risk）

通过分散化投资无法消除的风险。

终值（terminal value）

以未来某一时点为终点确定资产价值的方法，在该时点以后的全部现金流均不再予以考虑。

投资期（time horizon）

一项投资在清算之前投资者的持有期间。

货币的时间价值（time value of money）

单位货币在当下的价值比等量货币在未来时点的价值更大。两者差异来源于人们未能立刻收到货币所承担的机会成本。

交易者（traders）

通过自有资金买卖证券在短期内获取收益，并向市场提供流动性的个人。

估值（valuation）

评估一个公司、一个项目或某项资产价值的过程。

价值中性（value neutrality）

由于金融交易等特定变量的参与导致市场价值不会发生变化的命题假设。

风险资本（venture capital）

专注于创业公司和小公司投资的资本来源。它们通常具有高风险，同时伴随着潜在高收益。被投资企业是未在任何交易所挂牌上市的私人公司。

波动性（volatility）

衡量一个变量在长期内偏离其平均值的指标。

加权平均资本成本（weighted average cost of capital，WACC）

考虑了债务资本成本和权益资本成本以及相关债务产生的税盾效应之后得到的企业资本成本。

营运资本（working capital）

维持企业基本经营所需要的资本量，是流动资产与流动负债之差，或通过“存货 + 应收账款 − 应付账款”来计算。

收益率曲线（yield curve）

代表同等评级债券在不同期限情况下的利率或收益率水平的曲线。

注 释

第 1 章

1 Bill Lewis et al., "US Productivity Growth, 1995–2000," McKinsey Global Institute report, October 2001, https://www.mckinsey.com/featured-insights/americas/us-productivity-growth-1995-2000.

第 2 章

1 Barry M. Staw and Ha Hoang, "Sunk Costs in the NBA: Why Draft Order Affects Playing Time and Survival in Professional Basketball," *Administrative Science Quarterly* 40, no. 3 (September 1995): 474–494.

第 3 章

1 William Alden, "PepsiCo Tells Activist Investor Its Answer Is Still No," *New York Times DealBook* (blog), February 27, 2014, https://dealbook.nytimes.com/2014/02/27/pepsico-tells-activist-investor-its-answer-is-still-no/.

第 5 章

1 Michael J. de la Merced, "Southeastern Asset Management to Fight Dell's Takeover," *New York Times DealBook* (blog), February 8, 2013, https://dealbook.nytimes.com/2013/02/08/southeastern-asset-management-to-fight-dells-takeover/.

2 Dan Primack, "Icahn: I've Lost to Michael Dell," Fortune, September 9, 2013, http://fortune.com/2013/09/09/icahn-ive-lost-to-michael-dell/.

3 *In re*: Appraisal of Dell Inc. (Del. Ch., May 31, 2016), C.A. No. 9322-VCL, https://courts.delaware.gov/Opinions/Download.aspx?id=241590.

4 Sydra Farooqui, "Leon Cooperman on Dell, Taxes, Equity Prices, More" (video), Valuewalk.com, March 6,2013, https://www.valuewalk.com/2013/03/leon-cooperman-on-dell-taxes-equity-prices-more-video/.

5 Steven Davidoff Solomon, "Ruling on Dell Buyout May Not Be the Precedent That Some Fear," *New York Times DealBook*(blog), June 7, 2016, https://www.nytimes.com/2016/06/08/business/dealbook/ruling-on-dell-buyout-may-not-be-precedent-some-fear.html.

6 *In re*: Appraisal of Dell Inc.

第 6 章

1 "AOL-Time Warner—How Not to Do a Deal," *Wall Street Journal Deal Journal*(blog), May 29,2009, https://blogs.wsj.com/deals/2009/05/29/looking-

at-boston-consultings-deal-rules-through-an-aol-time-warner-prism/.

2 Philip Elmer-Dewitt, "Is Apple Ripe for a Stock Split?" Fortune, February 9, 2011, http://fortune.com/2011/02/09/is-apple-ripe-for-a-stock-split/; Mark Gavagan, *Gems from Warren* Buffett—*Wit and Wisdom from 34 Years of Letters to Shareholders* (Mendham, NJ:Cole House LLC, 2014).

答案，第 3 章

1 McKinsey & Company, "The Rise and Rise of Private Markets," McKinsey Global Private Markets Review, 2018, https://www.mckinsey.com/~/media/mckinsey/industries/private%20equity%20and%20principal%20investors /our%20insights /the%20rise%20and%20rise%20of%20private%20equity /the-rise-and-rise-of-private-markets-mckinsey-global-private-markets-review-2018.ashx.

2 Michael A. Arnold, "The Principal-Agent Relationship in Real Estate Brokerage Services," *Journal of the American Real Estate and Urban Economics Association* 20, no. 1 (March 1992): 89–106.

索引

致 谢

如果没有众多来自哈佛大学 MBA 和高层管理教育课程的同学的支持，这本书无论如何也不可能问世，他们始终用好奇心和坚毅鼓励和启发着我。在关于如何讲授金融课程的问题上，我的金融系同僚多次召开教研组会议，时常进行走廊讨论，帮助我厘清了撰写本书的思路。我在哈佛商学院的研究室主任辛西娅·蒙哥马利以及哈佛商学院院长尼汀·诺瑞亚在本书撰写的过程中给予了鼓励和支持。

本书的教学路径其实来源于我所筹备的哈佛商学院在线课程——“决策者的金融课”（*Leading with Finance*）。巴拉特·阿南德和帕特里克·穆兰一直鼓励我进行尝试，并最终成功推出这门线上课程。布莱恩·米萨摩尔是非常棒的搭档，她从无到有地帮我设置了课程体系，彼得·库利西斯提供了很多方面的帮助。我尤其要感谢所有的学生，是他们激发了我，让我将这些学习方法从一门课程转变成一本书。

编写本书的想法来自蒂姆·沙利文，他的鼓舞对于本书的最终问世至关重要。哈佛商业评论出版社的凯文·埃弗斯是非常优秀的合作伙伴。他对整个编写流程进行了指导，并且对书稿的成型做出了巨大贡献。安妮·斯塔尔是极为专业的编辑，她井井有条，很严格也很宽容。布莱恩·米萨摩尔和琳恩·范在我完成书稿的过程中承担了很多卓有成效的辅助研究工作，卢卡斯·拉米雷斯提供了很有价值的反馈意见。达琳勒发挥了她的专业组织能力，安排我做好手头工作。蒂娜·谢蒂、米娅、伊拉以及帕尔瓦蒂·德赛一直持续不断地为我提供灵感——关于这个世界运行的方式，他们教会了我太多。如果没有以上这些人的耐心、支持和鼓励，本书不可能与大家见面。